GOLDMANN
Lesen erleben

Der revolutionäre Lösungsansatz für Beziehungsprobleme: Ökonomisch denken! Mit viel Humor, Weitblick und unterhaltsamen Beispielen aus dem wahren Leben wenden Paula Szuchman und Jenny Anderson wirtschaftliche Prinzipien auf den Beziehungsalltag an:

Arbeitsteilung (oder: Warum Sie den Abwasch machen sollten): Die strenge 50:50-Aufteilung der Hausarbeit ist ein absoluter Trugschluss! Denn während der eine vielleicht nicht besonders gut darin ist, Pausenbrote zu schmieren, bekommt der andere schon beim Anblick eines Staubsaugers Panikattacken. So geht's: Das machen, worin man relativ gut ist und den Rest »eintauschen«.

Angebot und Nachfrage (oder: Wie man zu mehr Sex kommt): Endlose Diskussionen über Sex, die Warterei, bis die Kinder endlich schlafen, leugnen, dass man Strapse heiß findet – alles schlechte Angewohnheiten, die die Kosten in die Höhe treiben und die Nachfrage senken. Der Schlüssel zum erfüllten Sexleben: dafür sorgen, dass es »erschwinglich« bleibt.

Ein kluges, witziges, kurzweiliges und gründlich recherchiertes Buch, das uns der Lösung des jahrhundertealten Rätsels einer glücklichen Beziehung einen gigantischen Schritt näher bringt.

Autorinnen

Paula Szuchman ist Redakteurin beim *Wall Street Journal*. Sie lebt mit ihrem Mann und ihrer Tochter in Brooklyn, New York.

Jenny Anderson arbeitet für die *New York Times*, für die sie jahrelang über den Finanzmarkt berichtete. Mittlerweile ist sie für Erziehungsthemen zuständig. Sie lebt mit ihrem Mann und ihren beiden Töchtern in Manhattan.

Paula Szuchman ✿ Jenny Anderson

MEHR SEX,
WENIGER
ABWASCH

Aus dem Amerikanischen
von Regina Schneider

GOLDMANN

Alle Ratschläge in diesem Buch wurden von den Autorinnen und vom Verlag sorgfältig erwogen und geprüft. Eine Garantie kann dennoch nicht übernommen werden. Eine Haftung der Autorinnen beziehungsweise des Verlags und seiner Beauftragten für Personen-, Sach- und Vermögensschäden ist daher ausgeschlossen.

Verlagsgruppe Random House FSC-DEU-0100
Das für dieses Buch verwendete FSC®-zertifizierte Papier *Classic 95*
liefert Stora Enso, Finnland.

1. Auflage
Deutsche Erstausgabe August 2012
Wilhelm Goldmann Verlag, München,
in der Verlagsgruppe Random House GmbH
© der deutschsprachigen Ausgabe 2012
Wilhelm Goldmann Verlag, München,
in der Verlagsgruppe Random House GmbH
© 2011 Paula Szuchman und Jenny Anderson
Originaltitel: Spousonomics. Using Economics to Master Love,
Marriage, and Dirty Dishes
Originalverlag: Random House Inc., New York
Umschlaggestaltung: Uno Werbeagentur, München
Redaktion: Kerstin Uhl
Satz und Layout: Buch-Werkstatt GmbH, Bad Aibling / Kim Winzen
Druck und Bindung: GGP Media GmbH, Pößneck
BK · Herstellung: IH
Printed in Germany
ISBN 978-3-442-17305-1

www.goldmann-verlag.de

Für unsere Ehemänner

INHALT

EINLEITUNG

Der attraktive 38-jährige Unternehmer Robert aus San Francisco wollte unbedingt Sex. Nicht zuletzt deshalb, weil er einige harte Wochen hinter sich hatte: Einer der Hauptinvestoren seiner Getränkefirma war abgesprungen, sein Marketingleiter war zu einem Konkurrenzunternehmen abgewandert und obendrein hatte ihm ein Zulieferer am Nachmittag eröffnet, in Zukunft den doppelten Preis verlangen zu wollen.

Joanne hingegen, Roberts Frau, war nicht im Geringsten nach Sex zumute. Sie war genervt, hatte den ganzen Tag auf Konferenzen mit schlecht gelaunten Teilnehmern zugebracht, das Mittagessen auslassen müssen und hätte um ein Haar auch noch einen Unfall gebaut, als sie die Kinder vom Sport abholte. An diesem Abend wollte sie nur noch eines: es sich vor dem Fernseher gemütlich machen, Chips in sich hineinstopfen und früh zu Bett gehen.

Hätte Joanne mit Robert schlafen sollen?

Ja klar, würde seine Antwort lauten.

Sie war schließlich seine *Ehefrau,* in drei Herrgottsnamen. Da war ein gelegentliches Schäferstündchen doch wohl kaum zu viel verlangt, insbesondere, da Robert fix und fertig und das letzte Mal auch schon wieder drei Wochen her war. Merkte sie denn nicht, dass er gewisse *Bedürfnisse* hatte?

Hätte Joanne mit Robert schlafen sollen?

Nein, auf keinen Fall, würden Joannes Freundinnen sagen. Wäre ja noch schöner, jedes Mal zur Stelle zu sein, wenn ihm danach war. Joanne war doch keine Konkubine. Sie musste Robert Grenzen setzen und auf ihre eigene sexuelle Lust hören. Merkte er denn nicht, dass sie auch einen harten Tag hinter sich hatte?

Hätte Joanne mit Robert schlafen sollen?

Ja? Nein? Es gibt noch eine dritte Antwort auf diese Frage. Die Antwort des Ökonomen. Er würde Joanne raten, sich von allem inneren Unmut frei zu machen, nicht ständig darüber Buch zu führen, wer gerade müder ist oder mehr Lust auf Sex hat, die Sache nicht unnötig zu verkomplizieren und sie als ganz einfache Kosten-Nutzen-Analyse zu betrachten: Wiegen die Marginalkosten (etwas weniger Schlaf) schwerer als der Nutzen (ein glücklicher Ehemann und ein harmonisches Zuhause)?*

---

* Auf diese Frage gibt es keine richtige oder falsche Antwort. Alles hängt von einer Reihe von Faktoren ab – davon, wer die Antwort gibt. Wollen Sie wissen, wie Joanne darauf geantwortet hat? Ihre Antwort war »Nein« – die Marginalkosten würden den Nutzen *nicht* übersteigen. Demzufolge hatte sie nichts gegen einen Quickie nach dem Abendessen, woraufhin sie sofort einschlief und Robert den Abwasch überließ.

Willkommen bei *Mehr Sex, weniger Abwasch:* der Kunst, wirtschaftliches Denken zu nutzen, um Konflikte zu minimieren und die Gewinne in der größten Investition Ihres Lebens – in Ihrer Partnerschaft – zu maximieren.

Warum Ökonomie – warum nicht, sagen wir mal, Aromatherapie?

Was hat Ökonomie mit unserem Alltagsleben zu tun? So gut wie nichts, würden wohl viele Menschen sagen; es handelt sich dabei um eine langweilige, undurchsichtige und belanglose Angelegenheit. Und damit liegen sie gar nicht so falsch. Nicht umsonst bezeichnet man die Ökonomie auch als »trockene Wissenschaft«. Wirtschaftswissenschaftler sind bekannt dafür, seitenweise Papiere mit unverständlichen Gleichungen, griechischen Hieroglyphen und Begriffen wie Autarkie (wirtschaftliche) Unabhängigkeit, Satisficing (Anspruchserfüllung) oder Monopson (durch einen Käufer kontrollierter Markt) zu füllen – damit keiner mehr durchblickt, was sie eigentlich meinen.

Dabei ist die Ökonomie in ihrem Kern weitaus simpler. Sie erforscht, wie Menschen, Unternehmen und Gesellschaften knappe Ressourcen verteilen. Und damit kreist sie um genau das gleiche Rätsel, das Sie und Ihr Partner in einem fort zu lösen suchen: Wie lassen sich die begrenzten Ressourcen an Zeit, Energie, Geld und sexueller Lust einsetzen, damit man ein erfülltes Beziehungsleben haben kann?

11

Überlegen Sie mal: Sie sind zwei anspruchsvolle, eigenwillige und oft gestresste Erwachsene, die beschlossen haben, zusammen zu leben, zusammen erfolgreich zu sein, vielleicht auch zusammen Kinder zu haben und, mit etwas Glück, zusammen alt zu werden. Keine leichte Sache! Denn im Grunde genommen ist eine Partnerschaft eine Art Geschäft. Ein Geschäft, das sich zu Boomzeiten zwar prächtig entwickelt, sich hin und wieder aber auch anfühlt wie ein Marathonlauf am Morgen nach einer durchzechten Nacht – wie anstrengende Arbeit eben.

Allerhand Arbeit.

Als da wäre die Verwaltungsarbeit, die ständig darum kreist, das traute Heim instand zu halten – was sich für zwei Menschen sehr viel komplizierter gestaltet als für einen alleine. Der eine räumt immer sofort hinter sich auf, der andere hinterlässt eine Spur von Brotkrümeln, stört sich nicht an ungemachten Betten oder lässt seine verschwitzten Sportklamotten herumliegen. Sind dann auch noch Kinder da, muss ein Elternteil immer hinterher sein, dass sie ihre Hausaufgaben machen, genug zu essen und anzuziehen haben und beizeiten im Bett liegen. Das alles kann auch mal an einem Partner alleine hängen bleiben, weil der andere nach Feierabend spontan beschließt, mit ein paar Freunden etwas trinken zu gehen, woraus zu späterer Stunde ein geselliges Abendessen und zu noch späterer Stunde eine nächtliche Kneipentour wird.

Hinzu kommt die emotionale Beziehungsarbeit, die sich zwangsläufig ergibt, wenn man mit jemandem zusammenlebt, der nicht so tickt wie man selbst und infolgedessen andere Vorlieben und Kommunikationsweisen hat. Vielleicht möchte *sie* drei Tage lang nahezu ununterbrochen reden, um einen Streit zu klären, während *er* am liebsten flüchten würde. Oder *er* möchte lieber zum Campen, *sie* jedoch lieber in die Oper. Und da Sie beide nur das Wochenende zur gemeinsamen Freizeitgestaltung haben, gibt entweder einer von Ihnen beiden nach oder aber der Samstag und Sonntag verstreichen, während Sie zu Hause vor dem Fernseher herumgammeln.

Es sind die vielen kleinen Dinge im Beziehungsleben, die Mühe kosten: Wie soll das perfekte Zuhause aussehen? An welcher Stelle kann gespart werden, wenn man knapp bei Kasse ist? Ist es dem ersten Kind wirklich zuzumuten, es nach Tante Gisela zu nennen? – Es sind aber auch die vielen großen Dinge im Beziehungsleben, die jede Menge Arbeit machen und einem manch schlaflose Nacht bereiten: Wie kann man sich nach einem handfesten Streit wieder versöhnen? War es richtig, nur wegen ihrem/seinem neuen Job in eine andere Stadt zu ziehen? War es richtig, ihr/ihm die Erziehung der Kinder zu überlassen? Wann stur sein? Wann auf den anderen zugehen? Wann die Dinge einfach laufen lassen? Um diese Arbeit zu bewältigen, ist es erforderlich, die knappen Ressourcen, von denen eingangs die Rede war, anzuzapfen: Zeit, Energie, Lust und Liebe – ein ständiges Abwägen der Kosten gegen den Nutzen. Wann lohnt es sich, flexibel zu sein und nachzugeben? Und wann ist es besser, auf seiner Meinung zu beharren?

Ein wenig wirtschaftliches Basiswissen ist da hilfreich.

Mithilfe der Denkweise eines Wirtschaftswissenschaftlers lässt sich eine Partnerschaft führen, die nicht nur weniger Arbeit macht, sondern die man regelrecht als Erholung empfindet. Der Trick besteht darin, zunächst die kostbaren Ressourcen optimal zu fördern, um sie dann intelligent aufzuteilen. Probieren Sie es doch mal aus – im Handumdrehen werden Sie auf dem besten Weg zu einer höheren Rendite Ihrer Beziehung sein.

Wir glauben an die Ökonomie, da sie keinen Unterschied zwischen den Geschlechtern macht, nicht fragt, wer von beiden Partnern »richtig« oder »falsch« liegt und wer von beiden »besser« oder »schlechter« kommuniziert. Die Ökonomie macht uns keine Vorhaltungen und will uns auch keiner Psychoanalyse unterziehen. Es ist ihr völlig egal, wer als »Sieger« aus dem letzten Streit hervorgegangen ist oder wer gerade als Herrscher über die Fernbedienung an der Reihe ist. Stattdessen bietet sie objektive und logische Lösungen für häusliche Querelen, die nicht selten heikel, unlogisch und emotionsgeladen sind.

Mit diesem Buch wollen wir Ihnen zeigen, wie Sie grundlegende ökonomische Prinzipien anwenden können, um Ihre Ressourcen bestmöglich auszuschöpfen. Das heißt: mehr Sex, weniger Hausarbeit, konstruktives Streiten, mehr Sex, magere Jahre durchstehen, erfolgreiche Krisenbewältigung, mehr Sex … und, ob Sie es glauben oder nicht, Ihren Partner dazu zu bringen, Dinge zu tun, die er noch nie zuvor getan hat. Wie etwa, Ihren Ehemann dazu zu kriegen, die Dachrinne zu reinigen – oder Ihnen zuzuhören.

Warum wir dieses Buch geschrieben haben?

Weil wir den Großteil der vergangenen zehn Jahre damit zugebracht haben, uns in das *Wall Street Journal* und die *New York Times* zu vergraben, deren aktuelle Meldungen über Wirtschaft und Handel für uns wie die Luft zum Atmen sind. Weil wir finanzielle Super-GAUs aufgedeckt haben, über BIP-Daten gebrütet haben, Veröffentlichungen der US-Börsenaufsichtsbehörde studiert haben, Abkürzungen wie TARP (*Troubled Asset Relief Program*) und ABS (*Asset-Backed Security*) enträtselt haben und mit einigen Koryphäen aus dem Finanz- und Wirtschaftswesen, darunter Tim Geithner, Hank Paulson und Lloyd Blankfein, gesprochen haben.

Und nicht zuletzt, weil wir an einem bestimmten Punkt unseres Lebens geheiratet haben.

Was bedeutet, dass wir uns fortan mit genau den Problemen herumzuschlagen hatten, die wir von unseren verheirateten Freunden bereits zur Genüge kannten, die wir aber vorher entweder nicht verstanden oder sie in unserer blasierten Unwissenheit als halb so wild belächelt haben: Wie Zeit füreinander finden, wenn beide Partner eine 60-Stunden-Arbeitswoche haben? Wie damit umgehen, wenn der eine Partner schwanger ist und sich ständig übergeben muss und der andere … nicht? Wie die Hausarbeit aufteilen? Wie sich einigen, wer welche Rechnungen bezahlt? Wie Kompromisse finden, wenn der Fehler allein beim anderen zu liegen scheint? Wie einen stets höflichen Umgang mit den Schwiegereltern wahren, nun, da sie offiziell die Schwiegereltern sind? Wie sich einig werden, wenn man bei so »riskanten« Themen wie Elternschaft oder Motorradfahren uneins ist? Wie die Flamme am Lodern halten? Wie dem anderen genügend Raum lassen?

Wir sind auf der Suche nach Lösungen.

Unser Ansatz

Wir entschlossen uns zu einem zweigeteilten Ansatz: zuerst die Ökonomie, dann die Liebe.

Im Hinblick auf Erstere durchstöberten wir Bibliotheken und Standardwerke, gerieten tief hinein in die »econosphere« (jawohl, richtig gelesen, das ist ein Blog von und für Ökonomen), ackerten die neuesten Studien durch, lasen alles von wirtschaftlichen Anreizen über die Spieletheorie bis hin zur Kunst des Trade-off (Ausgleichs), der wechselseitigen Abhängigkeit von Kosten und Qualität. Wir tauchten ein in die verschiedenen Schulen des ökonomischen Denkens, in die neoklassische Theorie (wonach der Mensch rational handelt) ebenso wie in die behavioristische (die sich stark an die Psychologie anlehnt und wonach der Mensch ganz und gar nicht rational handelt). Wir haben unzählige, zum Teil sehr renommierte Wirtschaftswissenschaftler befragt, nicht nur über ihre Forschungsarbeiten, sondern vor allem auch darüber, wie sich diese auf das Beziehungsleben anwenden lassen. Und siehe da, keiner von ihnen hat uns schräg angesehen! Sie entpuppten sich vielmehr allesamt als überraschend romantisch und steuerten Ratschläge bei wie:

16

Ihr eigenes Glück darf das Ihres Partners nicht überwiegen. Versuchen Sie immer, seinen nächsten Schritt vorauszuahnen, bevor Sie in die Offensive gehen. Teilen Sie die Hausarbeit nicht halbe-halbe, sondern danach, wer was besser kann. Scheuen Sie sich nicht, Anreize zu schaffen, um das zu bekommen, was Sie wollen. Seien Sie offen dafür, ab und an als Verlierer aus einem Streit herauszugehen. Und legen Sie sich auch mal mit Wut im Bauch schlafen.

Nachdem wir die Wirtschaftswissenschaft erschöpfend bearbeitet hatten, machten wir uns an den nächsten Punkt – die Liebe. Wir engagierten Profis, um eine »Ehe-Umfrage« durchzuführen, in der etwa 1000 Amerikaner mehr als 60 Fragen zu den Höhen und Tiefen ihres Ehelebens beantworteten. Wir wollten von ihnen wissen, wie sie es anstellen, ihre jeweiligen Partner dazu zu bekommen, Dinge zu tun, zu denen sie keine Lust haben (Antwort: Sex haben). Warum sie Sex haben, wenn sie keine Lust dazu haben (Antwort: um den Partner dazu zu kriegen, Dinge zu tun, zu denen er keine Lust hat). Ob sie seit der Heirat zu- oder abgenommen haben (Antwort: zugenommen). Wie viel sie aufs Alter hin sparen (Antwort: nicht genug) und wie viel sie gerne sparen würden (Antwort: weitaus mehr).

Zu guter Letzt begaben wir uns auf Recherchereise durchs ganze Land, sammelten Tausende von Vielfliegermeilen, saßen unzählige Stunden im Auto und in fremden Wohnzimmern, wo wir von New York bis San Francisco, von Minneapolis bis Miami mit den unterschiedlichsten Paaren sprachen. Wir besuchten einen Ehe-Wochenend-Workshop in Seattle, bei dem wir die Experten John Gottman und Julie Schwartz-Gottman fragten, was eine funktionierende Beziehung ausmacht (die einmütige Antwort: »bedauerliche Vorfälle« auf sich beruhen lassen). Wir sprachen mit Bankern, Ärzten, Trainern, Autoren, Immobilienmaklern, Komikern, Anwälten, Lehrern, Architekten, Unternehmenschefs, Ingenieuren, Englischprofessoren, Bauarbeitern, Musikern, Hausfrauen und Müttern und Hausmännern. Wir baten Hunderte uns gänzlich unbekannte Personen ebenso wie einige enge Freunde, uns intime Details aus ihrem Privatleben zu verraten – was sie unter Beigabe eines guten Essens (und Bier!) auch wirklich taten!*

Als wir mit allem durch waren, waren wir überzeugt: Die Ökonomie ist der sicherste Weg zum Beziehungsglück. Zum Beispiel lassen sich die ewigen Streitigkeiten um die Hausarbeit ein für alle Mal lösen, sobald man das Konzept der Arbeitsteilung verstanden hat. Oder haben Sie das Gefühl, sich in letzter Zeit zu sehr gehen gelassen zu haben? Dann hat dies möglicherweise damit zu tun, dass Sie Ihren Partner ein klein wenig zu sehr als selbstverständlich betrachten. Moralisches Fehlverhalten heißt hier wohl das Problem. Oder haben Sie Schwierigkeiten, Versprechen über einen länger-

---

* Um Paare zu bewegen, über ihre Ehe zu erzählen, wähle man eine der folgenden todsicheren Methoden: 1) Bier, 2) Pizza, 3) Sushi, 4) die Partner getrennt voneinander befragen, 5) zu fragen, wie sie sich kennen gelernt haben und was sie aneinander mögen, 6) wertvolle Preise in Aussicht stellen.

fristigen Zeitraum einzuhalten? Alles eine Frage des Entscheidungsmanagements, um mittelfristig zu einer besseren und praktikableren Lösung zu gelangen. Und der Schlüssel für weitschweifige, scheinbar nie enden wollende nächtliche Auseinandersetzungen heißt: auch mal verlieren können. Und natürlich Sex. Sex! Sex, das wohl größte Rätsel des Beziehungslebens – lediglich eine Frage von Angebot und Nachfrage.

Herausgekommen ist dieser Beziehungsratgeber. *Mehr Sex, weniger Abwasch* enthält keine schwammigen Beschreibungen. Das Buch zielt nicht darauf, dass Sie sich gegenseitig in die Augen schauen, bis Ihnen beiden Tränen der Reue kommen. Es verlangt auch nicht, dass Sie ein Wut-Protokoll, ein Mut-Tagebuch oder einen Gefühlskalender führen. Dieses Buch ist geradlinig, sachlich und lösungsorientiert. Ein Buch für alle, die eine gefestigtere, glücklichere und entspanntere Partnerschaft wollen – und auf dem Weg dorthin gerne auch etwas über negative Steigungen der Nachfragefunktionskurve oder absonderliche Typen namens Schumpeter erfahren möchten.

Anmerkung zur Methode

Jede der Fallstudien, die wir in den folgenden Kapiteln vorstellen, ist aus dem wirklichen Leben gegriffen, Namen, personenbezogene Daten und Einzelheiten jedoch nicht zwangsläufig. Dies hat seinen Grund darin, dass unzählige

Leute uns bereitwillig Einblicke in überaus intime Details ihres Lebens gewährt haben. Und da wir nicht für eine Welle von Trennungen oder das Aus von Freundschaften verantwortlich sein wollen, haben wir diesen Menschen die Wahrung ihrer Anonymität zugesichert. Unseren eigenen Partnern haben wir eine solche Zusicherung nicht gemacht. Sie haben aber eine Kosten-Nutzen-Analyse durchgeführt und folgenden Schluss gezogen: Der Nutzen, uns glücklich zu machen (sprich: alles zu tun, damit wir dieses Buch schreiben können), übertrifft die Kosten, ihre persönlichen Eigenheiten (sprich: ihre liebenswerten Eigenschaften) für sich zu behalten, bei weitem.

ARBEITSTEILUNG

Oder: Warum Sie den Abwasch übernehmen sollten

Das Prinzip – Teil eins

Wer sollte was machen?

Auf diese Frage müssen auch Unternehmen, Regierungen und Tankstellenbetreiber eine Antwort finden, um ihre jeweiligen Ziele zu erreichen.

Betrachten wir einmal eine Tankstelle: Es würde sie gar nicht geben ohne all die LKW-Fahrer, die den Beton angeliefert haben, den Bauarbeiter dann in ein Fundament gegossen und ausgeformt haben – nicht zu verwechseln mit den anderen Bauarbeitern, die das Tankstellenhäuschen gebaut haben, in dem heute der Kassierer steht und all die Dinge verkauft, die die verschiedensten Lieferanten angeliefert haben. Dann gibt es da noch den Mann, der die unterirdischen Kraftstoffbehälter befüllt und seit neuestem auch wieder den Service-Mitarbeiter, der Ihr Auto betankt. Und nicht zu vergessen der Kranfahrer, der die Schilder mit den Wechselanzeigen anbringt, so dass Sie immer sofort sehen, welches Benzin Sie zu welchem Preis bekommen.

Jede Person hat ihre ganz bestimmte Aufgabe, um das Endprodukt zu schaffen, im Falle unseres Beispiels eine funktionsfähige (und sofern es für die Mineralölfirma gut läuft, auch eine florierende) Tankstelle. Der Service-Mitarbeiter, der die Autos betankt, kann den Schlauch nicht einfach fallen lassen und davonlaufen, ebenso wie der Kranfahrer, der beim Wechseln der Schilder aufpassen muss, kein Loch in das Dach des Tankstellenhäuschens zu reißen, in dem der Kassierer sitzt, Zeitungen verkauft und den Kunden den Weg in die Innenstadt erklärt.

Dies bezeichnet man als »Arbeitsteilung«, und genau diese macht funktionierende Ökonomien aus.

Sehen Sie sich doch einmal um. Jedes einzelne Möbelstück in Ihrem Haus, die Hähnchenbrust, die Sie sich zum Abendessen schmecken lassen, das Auto, das Sie fahren, die Kleider, die Sie tragen – das alles verdankt seine Existenz einer bestimmten Arbeitsteilung. Auch das Buch, das Sie gerade in Händen halten, konnte nur dank der auf die ein oder andere Weise daran beteiligten Holzfäller, Tintenhersteller, Druckmaschinenbetreiber, Leimproduzenten, Grafik- und Werbeleiter, nörgelnden Lektoren, talentierten Autorinnen, deutschem Herausgeber usw. entstehen. Die talentierten Autorinnen hätten nie im Leben einen Baum fällen können. Gut, eventuell hätten die Tintenhersteller eines Tages die Kunst der Leimproduktion erlernt, aber bestimmt nicht über Nacht, und der Leim wäre wohl nie und nimmer von gleich guter Qualität gewesen, und ... nun ja, Sie verstehen schon.

Dass Unternehmen nur dann gedeihen, wenn die Beschäftigten spezielle Aufgaben erfüllen, ist keine neue Idee. Schon unter den Höhlenmenschen der Steinzeit wusste man die Jäger mit schusssicherer Hand ebenso zu schätzen wie jene, die sich meisterlich auf das Häuten und Zerlegen der erjagten Bisons verstanden. In jüngerer Zeit jedoch wird das Konzept der Arbeitsteilung vor allem einem zugeschrieben: Adam Smith, dem Gründervater der modernen Ökonomie.

1776 erschien sein Hauptwerk *Der Wohlstand der Nationen*. Neben vielen anderen Erkenntnissen, die bis heute die Grundlage der Wirtschaftstheorie bilden, argumentiert Smith, dass das Geheimnis des Wohlstands einer Nation nicht im Geld, sondern in der Arbeit liegt und sich insbesondere aus einer Teilung der Arbeit ergibt, die auf einer Spezialisierung basiert.

Er begründet seine Theorie am Beispiel einer Stecknadelfabrik: An einem Tag lassen sich viel mehr Stecknadeln produzieren, wenn man die Arbeiter auf jeweils einige der 18 notwendigen Handgriffe spezialisiert, anstatt jeden Arbeiter alleine eine komplette Stecknadel fertigen zu lassen. Zehn spezialisierte Arbeiter können so täglich 48 000 Nadeln herstellen, ein nicht spezialisierter Arbeiter gerade mal zehn.

Ein äußerst kluger Kopf, den man kennen sollte

Geboren 1723 in Schottland. Philosoph, Professor, Privatlehrer, lebenslanger Junggeselle. Wohnte bei seiner Mutter. Sprach gerne mit sich selbst. Prägte den Begriff von der »unsichtbaren Hand«, um zu erklären, inwiefern Märkte natürlich effizient und selbstregulierend sind. Obwohl er nie verheiratet war, war Smith so etwas wie ein Dr. Sommer seiner Zeit, enthüllte ungelüftete Einsichten in die oft paradoxe Natur der Liebe. So glaubte er beispielsweise, dass wir alle in einen ewigen Kampf zwischen unseren Leidenschaften auf der einen und einem leidenschaftslosen »unparteiischen Zuschauer« auf der anderen Seite verstrickt seien. Und er glaubte, dass wir gleichermaßen angetrieben seien von Selbstinteresse und Selbstlosigkeit sowie von dem steten Drang, unser Leben verbessern und gleichzeitig anderen Gutes tun zu wollen. In etwa so, als wolle man auf dem Weg nach Hause noch Blumen für die/den Liebste/n besorgen, bleibt stattdessen aber bis spät abends im Büro, um dem Chef zu gefallen.

All das scheint heute, in einer Zeit, da wir die Spezialisierung für selbstverständlich halten, und in der wir iPods kaufen, die in China aus Teilen made in Japan und made auf den Philippinen zusammengebaut werden, offenkundig zu sein. Die einen sind dafür zuständig, Kunstwerke an die Wände unserer Büros zu hängen, andere dafür, verstopfte

Toiletten wieder frei zu bekommen. Doch bis zu dem Zeitpunkt, da Adam Smith seine Gedanken zu Papier brachte, war noch niemand darauf gekommen, welch enorme Vorteile es hat, Arbeitsprozesse in ihre Einzeloperationen aufzuteilen.

Das Prinzip – Teil zwei

Nun aber zurück zu unserer Ausgangsfrage: Wer sollte was machen? Die Arbeit aufzuteilen, gut und schön, aber das wäre hier bloß die halbe Antwort, die nichts weiter besagt, als dass eine einzelne Person nicht alles komplett alleine fertigen, sondern vielmehr ihre spezielle Aufgabe haben sollte. Diese Antwort sagt uns aber nicht, wie wir zu einer Entscheidung kommen, wem wir am besten welche Aufgabe übertragen – wer soll die Kunstwerke an die Wand hängen, wer die verstopften Toiletten frei pumpen? Oder: Welches Land fertigt am besten die Bildschirme und welches die Festplatten für die iPods? Wenden wir uns dem britischen Ökonom David Ricardo zu, der vier Jahre nach Smiths *Der Wohlstand der Nationen* eine Theorie entwickelte, die er als die »Theorie der komparativen Kostenvorteile« bezeichnete.

Diese Theorie besagt, dass es für den Einzelnen nicht lohnend ist, sämtliche Aufgaben zu übernehmen, in denen er gut ist, sondern nur diejenigen, in denen er – verglichen mit anderen Aufgaben – besser ist. Oder, wie der Wirtschaftswissenschaftler sagen würde: Was zählt, ist nicht die *absolute* Fähigkeit, Güter zu produzieren, sondern die Fähigkeit, *ein* Gut *in Relation* zu einem anderen herzustellen. Diese Dinge sind es, in denen wir einen komparativen Vorteil, also einen Wettbewerbsvorteil, haben.

Der komparative Vorteil ist die Grundlage für freien Handel. Die Idee dahinter ist die, dass nicht jedes Land sämtliche Güter, die es für seine Bürger benötigt, selbst herstellt, sondern dass es sich auf diejenigen Güter (oder Dienstleistungen) spezialisiert, die es – im Vergleich zu anderen Ländern gesehen – *besser* produziert, um dann mit diesen Handel zu treiben. Länder entwickeln aus allen möglichen Gründen Spezialisierungen. Etwa, weil sie über knappe Ressourcen verfügen – über Öl beispielsweise, wie Saudi-Arabien. Oder weil es Millionen Menschen gibt, die bereit sind, für einen geringen Lohn Flachbildschirme zu fertigen, wie in China. Oder weil es einzigartige Klimamuster gibt, wie in Spanien, wo in den windreichen Ebenen große Windkraftanlagen entstehen. Oder weil sie am anderen Ende der Welt liegen, wie Neuseeland, das nach den Anschlägen vom 11. September 2001 eine wahre Touristenflut erlebt hat, als Tausende nach Destinationen suchten, an denen sie sich vor Terroristen sicher wähnten.

Zugegeben, für David Ricardo, der 1817 auf seinem Gutshof im englischen Gloucestershire über die Idee des komparativen Vorteils sinnierte, waren Windkraftanlagen oder Flachbildschirme völlig undenkbar. Ricardo erklärt seine Theorie am Beispiel der Handelsnationen England und Portugal und der beiden damaligen Allerweltsgüter Tuch und Wein. In Portugal kann Wein und Tuch zwar schneller hergestellt werden als in England. Dennoch ist es Ricardos Meinung nach für Portugal lohnender, sich auf dasjenige Gut zu spezialisieren, das es *in Relation* besser erzeugen kann (den Wein), und diesen im Handel mit England gegen Tuch einzutauschen.

Sehen Sie sich zunächst den (hypothetischen) Zeitaufwand an, den die Menschen in England und Portugal jeweils aufbringen müssen, um eine Einheit Wein und eine Einheit Unterhemden (Tuch) zu produzieren, wenn sie alle Arbeitsschritte selbst vollführen und auf Handel verzichten.

OHNE HANDELSBEZIEHUNG		
Produkt	**Portugal**	**England**
1 Unterhemd	20 Minuten	30 Minuten
1 Flasche Wein	10 Minuten	60 Minuten
Zeit insgesamt	**30 Minuten**	**90 Minuten**

In Anbetracht der Tatsache, dass in Portugal beide Güter sehr viel schneller hergestellt werden können, möchte man doch meinen, die Portugiesen müssten beide auch selbst produzieren. Richtig? Falsch!

Im Alleingang braucht man in Portugal eine halbe Stunde, um eine Flasche Wein und ein Unterhemd herzustellen, in England benötigt man für selbiges 90 Minuten.

Angenommen, die beiden Länder entscheiden sich für einen Handel. In Portugal produziert man zwei Flaschen Wein, da man darin schneller ist als in der Herstellung von Unterhemden: Trauben wachsen in dem Land fast überall. In England fertigt man dagegen zwei Unterhemden, da es auf der Insel eindeutig mehr Schafe als Weinberge gibt. Dann treten beide Länder miteinander in eine Handelsbeziehung – ein Unterhemd wird gegen eine Flasche Wein eingetauscht … und plötzlich sieht die Sache dann ganz anders aus: Die Portugiesen kostet es nur 20 Minuten Arbeitszeit (statt 30) und die Engländer 60 Minuten (statt 90), um von beiden Gütern zu profitieren.

MIT HANDELSBEZIEHUNG		
Produkt	**Portugal**	**England**
2 Unterhemden	entfällt	60 Minuten
2 Flaschen Wein	20 Minuten	entfällt
Zeit insgesamt	**20 Minuten**	**60 Minuten**

Das ist Mathematik. Recht simple Mathematik, wohl wahr, denn all die anderen Dinge, die in den beiden Ländern produziert werden, oder die Preise, die sie für ihre Güter auf dem freien Markt verlangen könnten, kommen hier gar nicht vor. Wahr ist auch, dass die Engländer verglichen mit den Portugiesen für ihre Gegenleistung länger arbeiten. Trotzdem brauchen sie unterm Strich *in Relation* weniger Zeit, als sie einsetzen müssten, um den Wein selbst zu erzeugen.

Ricardos Modell veranschaulicht: Intelligente Handelsbeziehungen bringen große Vorteile für alle Beteiligten. Versucht man hingegen, alles im Alleingang zu machen, bringt das enorme Zeit- und Energieverluste mit sich – und das sogar im Falle einer Arbeitsteilung.

Und das führt uns zu dem Thema, auf das Sie wahrscheinlich gewartet haben – zu Ihrer Partnerschaft. Stellen Sie sich Ihre Liebes- als eine geschäftliche Beziehung vor, an der zwei Partner beteiligt sind. Sie sind nicht nur Geschäftspartner in dem Sinne, dass Sie zum Wohle Ihres Unternehmens zusammenarbeiten. Sie sind auch Handelspartner, die Dienstleistungen austauschen – oft in Form von Hausarbeiten. Wer soll was erledigen? Wer geht einkaufen? Wer putzt die Fenster? Wer erledigt die Wäsche? Wer kocht? Es wäre schön, wenn es auf all diese Fragen einfache Antworten gäbe. Doch Fragen rund um die Hausarbeit sind oft der Streitpunkt Nummer eins. Das muss nicht sein. Die Ökonomie bietet dafür klare Lösungen. Sie lernen in der Folge drei Paare kennen, die sich mit Hausarbeiten, die sie in jeder Hinsicht falsch verteilten, fast völlig aufrieben.

Das erste Paar, das sich die Hausarbeit halbe-halbe teilte, machte den Fehler, keinerlei Spezialisierungen zu haben. Das zweite Paar verkannte, welcher Partner welchen komparativen Vorteil hatte. Und das dritte Paar stellte fest, dass Spezialisierungen sich bisweilen ändern, so wie auch die Partnerschaft sich verändert.

DIE AKTEURE: *Eric und Nancy*

Als Eric und Nancy sich ineinander verliebten und beschlossen, eine Partnerschaft einzugehen, hatten sie noch nie etwas von David Ricardo gehört. Die Theorie des komparativen Vorteils sagte ihnen rein gar nichts, und wäre sie auf einer Party zufällig zur Sprache gekommen, hätten die beiden wohl nur mit den Augen gerollt. Eric arbeitete als Fotograf, Nancy war Modedesignerin. Die beiden waren also eher künstlerisch als ökonomisch orientiert.

Nichtsdestotrotz dominierte die Ökonomie – eine schlechte Ökonomie – ihr Leben. Ohne es zu wissen, wurden sie zu einem Paradebeispiel dafür, wie eine schlechte Arbeitsteilung einem ansonsten gut zusammenpassenden Paar schaden kann. Und das nur, weil Eric und Nancy die Arbeit nicht danach aufteilten, wer welche Aufgabe am besten macht, sondern danach, was ihnen gerecht erschien. Gerecht war es ihrer Ansicht nach, alle anfallenden Hausarbeiten strikt halbe-halbe aufzuteilen.

Sie hatten ein gemeinsames Girokonto, auf das ihre in etwa gleich hohen Gehälter eingingen, wovon sie sich jeden Monat einen jeweils gleich großen Betrag zur freien Verfügung auf ein eigenes Girokonto überwiesen. Sie hatten einen Hund, den sie jeden Morgen abwechselnd ausführten. Wenn Eric kochte, räumte Nancy auf. Wenn Nancy kochte, räumte Eric auf. Auch Tätigkeiten wie Wäsche machen, Rechnungen bezahlen, Verwandte anrufen oder Müll rausbringen erledigten sie immer abwechselnd.

Von außen betrachtet wirkten Eric und Nancy wie das perfekte moderne Paar. Ihre Freunde bewunderten sie dafür, wie sie den Klischees trotzten: Eric schwingt das Staubtuch! Und Nancy macht ohne Eric den Großeinkauf!

Es gab nur einen Haken: Eric und Nancy waren nicht glücklich.

DAS PROBLEM: **Das Halbe-halbe-Prinzip**

Stellen Sie sich ein erfolgreiches Unternehmen vor, dessen Mitarbeiter die exakt gleichen Arbeitszeiten haben, die exakt gleiche Arbeitsmenge leisten und exakt die gleiche Bezahlung bekommen.

Gar nicht so einfach, stimmt's? Außer einem Unternehmen, in dem ausschließlich Fließbandarbeiter tätig sind, mag einem keine auf diese Weise strukturierte Firma einfallen.

Das liegt daran, dass es nicht viele solchermaßen organisierte Unternehmen gibt.

Angefangen beim Supermarkt über eine Steuerkanzlei bis hin zur Internet-Suchmaschine sind Unternehmen auf Spezialisierung ausgerichtet. Die Mitarbeiter haben verschiedene Aufgaben, die verschiedene Kompetenzen erfordern und höhere oder niedrigere Löhne bedingen. Anlageexperten kennen den Aktienmarkt in- und auswendig, Börsenhändler kennen sich an der Börse aus. Manche Menschen verkaufen Werbeanzeigen, die auf der Website des *Wall Street Journals* erscheinen, andere schreiben Artikel, und beide wissen nicht viel vom Arbeitsalltag des jeweils anderen.

Stellen Sie sich vor, was passieren würde, wenn die Werbeleute plötzlich anfingen, die Hälfte ihrer Zeit mit dem Schreiben von Artikeln zuzubringen und die Reporter im Gegenzug den Verkauf der Werbeanzeigen übernähmen – alles um der lieben Gerechtigkeit willen. Eine Katastrophe wäre das!

Das Spezialisierungsmodell lässt sich auch auf andere Bereiche der Ökonomie anwenden. So bauen einige Länder Bananen an, einige stellen Autos her und wiederum andere Unterhemden.

Die gleiche Logik gilt für die Partnerschaft. Indem sie auf eine »gerechte« Arbeitsteilung pochten, hatten Eric und Nancy eine wahre Geißel kreiert: Ihre Gleichmacherei war schlicht *zu viel* des Guten. Da gab es oft Situationen wie diese:

Wenn beispielsweise der Wäschekorb mit Schmutzwäsche überlief und eine erschöpfte Nancy zu Eric, der gerade im Internet auf der Suche nach alten Kameras war, sagte: »Ich hab die Wäsche letztes Mal gemacht – jetzt bist du dran.«

Oder wenn Eric beim Zwiebelhacken für ein Lammgericht nach Nancy schielte, die vor dem Fernseher saß, und im Stillen dachte: »Moment mal, wieso halte ich mich eigentlich mit so einem raffinierten Gericht auf, wenn sie mir immer nur Käsebrote schmiert?«

Oder wenn sich die beiden den ganzen Tag lang darüber stritten, ob es wirklich zur »Hausarbeit« zu rechnen war, wenn Eric sein Büro aufräumte, während Nancy alle Böden wischte – schließlich war sein Büro »kein gemeinsamer Wohnbereich«, wie Nancy befand.

Jeder beobachtete mit Argusaugen das Arbeitspensum des anderen, verzeichnete im Geiste Balkendiagramme darüber, wer gerade vorne und wer im Rückstand lag und läutete den »Ungerechtigkeitsalarm«, wann immer die Aufteilung in – *Huch!* – Richtung 60:40 zu kippen schien. »Alles wurde diskutiert«, sagte Nancy. »Wir haben so viel Zeit damit verbracht, darüber zu streiten, wer mehr machte und wer aufholen musste, dass es ein Wunder ist, dass wir überhaupt etwas geschafft haben.«

»Es kam sogar so weit, dass ich, wenn ich gerade Staub wischte, und Nancy begann sich die Nägel zu lackieren, das Staubtuch fallen ließ und meine E-Mails checkte, nur damit ich am Ende ja nicht mehr gemacht hatte als sie«, meinte Eric.

An die Küchentür hängten sie zwei To-do-Listen mit den anfallenden Hausarbeiten, die sie regelmäßig kontrollierten, um sicherzugehen, dass der andere nichts weggestrichen hatte.

Wie auf der »To-do-Liste – Basics« unten zu sehen, die Nancy aufgestellt hatte, zählte sogar das Öffnen der Post als Hausarbeit. Als Nancy sich dann irgendwann klarmachte, wie viel Zeit sie mit

To-do-Liste – Basics

Eric	Nancy
Einkäufe	**Einkäufe** (abwechselnd alle zwei Wochen)
Wäsche (wöchentlich) eigene Wäsche Laken/Handtücher	**Wäsche** (wöchentlich) eigene Wäsche
Müll (wöchentlich)	**Staub wischen, putzen, feucht wischen** (wöchentlich)
Auto Wäsche (monatlich) Inspektion (monatlich)	**Bad** Waschbecken (alle zwei Tage)
Küche Spülbecken und Fußboden (täglich wischen)	**Küche** Theke und Herdplatten (täglich)
	Post öffnen und sortieren (täglich)
	Abwasch (täglich) **Betten machen** (täglich)

dem Erledigen der Post verbrachte, beschloss sie, dass es nur gerecht war, das Bettenmachen Eric zu übertragen.

Eric stand dem in nichts nach und verfasste eine »To-do-Liste – erweitert«, die »Einmalarbeiten« beinhaltete. Diese waren in aller Regel um einiges zeitintensiver als die regelmäßigen Haushaltsarbeiten. Und Eric betitelte die Aufgaben zusätzlich mit »leicht«, »mittel« und »mordsschwer«, damit Nancy nicht auf die Idee kam, er picke sich die Rosinen heraus.

Eric und Nancy wussten im Grunde, dass sie in Sachen Hausarbeit sehr kleinlich waren, aber trotzdem ging ihr Gerechtigkeitsfimmel mit ihnen durch. Nancy hatte Angst, zur »Nur-Hausfrau«

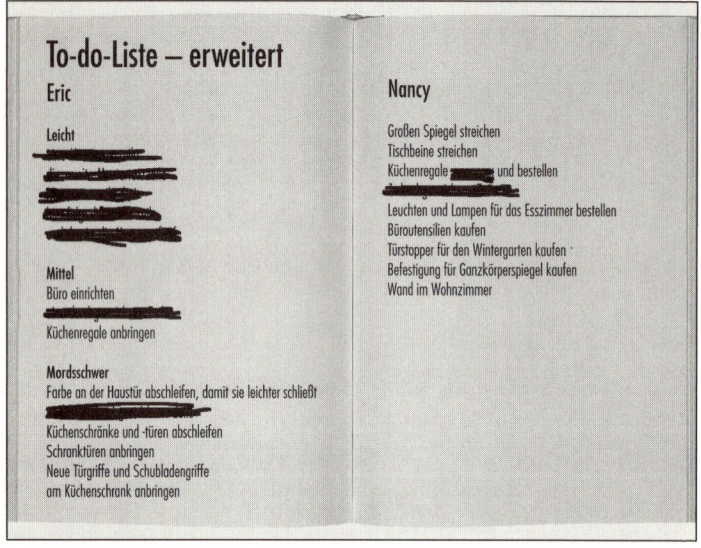

To-do-Liste – erweitert

Eric

Leicht

Mittel
Büro einrichten

Küchenregale anbringen

Mordsschwer
Farbe an der Haustür abschleifen, damit sie leichter schließt

Küchenschränke und -türen abschleifen
Schranktüren anbringen
Neue Türgriffe und Schubladengriffe
am Küchenschrank anbringen

Nancy

Großen Spiegel streichen
Tischbeine streichen
Küchenregale ▬▬ und bestellen

Leuchten und Lampen für das Esszimmer bestellen
Büroutensilien kaufen
Türstopper für den Wintergarten kaufen
Befestigung für Ganzkörperspiegel kaufen
Wand im Wohnzimmer

zu werden und so die Rolle einzunehmen, in der sie schon ihre Mutter erlebt hatte. Und was hatte Nancys Mutter davon? Einen kaputten Rücken und einen Ehemann, für den Danke ein Fremdwort zu sein schien.

Aber auch Eric hatte Angst, eine bestimmte Rolle aufgedrückt zu bekommen. Er war auf seine Art ein gebranntes Kind: Alle seine Exfreundinnen hatten seine lockere Art ausgenutzt und ihn dazu gekriegt, nach ihrer Pfeife zu tanzen. Nancy schien zwar nicht so geartet zu sein, aber Eric blieb doch lieber auf der Hut.

Die To-do-Listen waren aber nicht das einzige Problem bei ihrem strikten Halbe-halbe-Prinzip. Hinzu kam, dass sie die Aufgaben nicht gleich gern erledigten. Eric zum Beispiel hasste es, mit dem Hund rauszugehen. Nancy hingegen ging gern mit dem Hund Gassi, für sie war es die perfekte Gelegenheit, sich zu entspannen. Eric wusch helle und dunkle Sachen getrennt, Nancy schmiss alles zusammen in die Waschmaschine, worüber Eric sich stets ärgerte.

Warum also machte Nancy nach wie vor die Wäsche? Und warum ging Eric immer noch mit dem Hund Gassi?

Genau das haben wir sie gefragt. Und so haben sie geantwortet:

Nancy: »Dass es auch schön sein kann, mit dem Hund rauszugehen, auf diese Idee kommt Eric gar nicht. Er meint, wenn er nur lange genug jammert, dann gebe ich klein bei. Von wegen! Er bildet sich ein, er kann als Hundehalter nur die angenehmen Seiten genießen.«

Eric: »Es würde Nancy nur zwei Minuten kosten, die Wäsche in dunkel und hell zu sortieren. Zwei Minuten! Aber nein. Sie tut es nicht. Als wolle sie mich so dazu kriegen, die Wäsche selbst zu machen. Aber da falle ich nicht drauf rein!«

Eric und Nancy hatten sich einmal als »Partner« gesehen – sie wollten ihr Leben miteinander teilen und eine starke Gemeinschaft bilden. Doch mit der Zeit benahmen sie sich nicht mehr wie Partner – sie benahmen sich wie (schlechte) Buchhalter. Und das ist gleichbedeutend mit schlechter Ökonomie.

DIE LÖSUNG: *Spezialisierung und komparativer Vorteil*

Eric und Nancy mussten zu den ökonomischen Wurzeln der Partnerschaft zurückkehren. Jahrhundertelang funktionierten Beziehungen dank dem Prinzip der Spezialisierung. Ehemann und Ehefrau taten das, worin sie jeweils den vermeintlichen komparativen Vorteil hatten. Der Ehemann spezialisierte sich auf das Geldverdienen und Geschäftemachen, die Ehefrau auf Schmorbraten und unterdrückte Wut. Keiner wäre auf die Idee gekommen, sich darum zu streiten, wer mit der Wäsche dran ist, wo der Mann doch den ganzen Tag außer Haus und nicht in der Lage war, ein Waschbrett von einem Schachbrett zu unterscheiden.

Durch die gesellschaftlichen Veränderungen in den vergangenen 50 Jahren hat sich aber auch die Institution der Ehe verändert. Technische Neuerungen wie die Waschmaschine ließen den Waschtag der Vergangenheit angehören. Ein erschwingliches Kleidungssortiment in den Kaufhäusern machte das Nähen und Stopfen überflüssig. Und dank Tiefkühlkost und Mikrowellengerichten konnte im Handumdrehen etwas auf den Tisch gebracht werden. Die Frauen drängten auf den Arbeitsmarkt und die Männer sahen sich bisweilen genötigt, zu kochen oder Windeln zu wechseln.

Die Institution der Ehe, so beschreiben es die Ökonomen Betsey Stevenson und Justin Wolfers, begann sich zu verschieben – von der »gemeinsamen Produktion hin zum gemeinsamen Konsum«. Während Mann und Frau früher den Bund der Ehe schlossen, weil sie es mussten, tun sie es heute, weil sie es wollen. »Die moderne Ehe steht für Liebe und Gemeinschaft«, schreiben Stevenson und Wolfers. »Von den meisten Dinge hat man zu zweit schlicht mehr: angefangen bei Alltagsfreuden (gemeinsam fernzusehen) über soziale Bindungen (den gleichen Freundeskreis zu haben) bis hin zum gemeinschaftlichen Großprojekt Kindererziehung. In der Sprache der Ökonomie heißt der Schlüssel »konsumorientierte Komplementarität«, und das bedeutet: Aktivitäten machen mehr Spaß, wenn man sie mit dem Partner teilt.

Wir heiraten heute oder gehen eine Partnerschaft ein, weil es uns Spaß macht. Jawohl. Manchmal jedenfalls. Das Problem an der ganzen Sache ist, dass die Aufgaben heutzutage nicht mehr klar verteilt sind. Wer kümmert sich um den Haushalt? Wer um die Kinder? Wer um die Finanzen? Kurzum: Wer macht was? Hinter dem gesamten Unternehmen steht ein riesengroßes Fragezeichen. Bei allem Fortschritt gibt es immer noch viel zu viele Erics und Nancys, die sich über den Abwasch streiten.

Sie finden Streitereien um alltägliche Hausarbeiten kleinkariert? Hier einige Fakten: Im Jahr 2007 hat das Meinungsforschungsinstitut *Pew Research Center* eine Umfrage durchgeführt, um herauszufinden, was eine funktionierende Ehe ausmacht. Die häufigste Antwort lautete »Treue«, gefolgt von »Sex«. Klingt plausibel. An dritter Stelle – und damit noch vor den Themen Kinder, Geld und religiöser Glaube – kam: Hausarbeit gemeinsam erledigen.

Andere Studien stützen dieses Ergebnis. Laut einer Umfrage der *Boston Consulting Group* von 2009 zum Alltag berufstätiger Frauen stehen Ehestreitigkeiten rund um die Hausarbeit auf Platz zwei – und damit hinter dem Thema Geld, aber noch vor Sex, Arbeit und Kindererziehung. In unserer eigenen Befragung verheirateter Paare gaben 73 Prozent der Frauen und 40 Prozent der Männer an, mehr als die Hälfte der Hausarbeit zu erledigen. Auf die Frage, was sie bewege, mehr zu tun als der Partner, fielen die Antworten ebenfalls ziemlich unterschiedlich aus: Die Frauen brachten als häufigsten Grund vor: »Es macht sich eben nicht von alleine«; die meisten Männer hingegen sagten: »Es gibt mir das Gefühl, ein guter Partner zu sein.«

Dass Frauen in dieser Frage tendenziell einen Märtyrerkomplex zu entwickeln scheinen, irritiert ein wenig, während Männer einfach nur behilflich sein wollen – aber gut. Die Sache ist die, dass Eric und Nancy nicht das einzige Paar waren, das eine Pflichtenliste führte. Und hoffentlich nicht das einzige, das eine Lösung dafür gefunden hat.

»Wenn es auf Dauer mit uns beiden klappen soll«, so erzählte uns Eric, »dann müssen wir diese Pflichtenliste abschaffen.« Und dazu zogen sie eines der ältesten Prinzipien der Ökonomie heran: Sie teilten die Arbeiten nach dem komparativen Vorteil auf.

Nachdem sie herausgefunden hatten, wer von ihnen beiden in welcher Aufgabe den komparativen Vorteil hat (angefangen beim Abwasch über das Ausführen des Hundes bis hin zum Auswechseln der Glühbirnen), konnten Nancy und Eric entscheiden, wer sich künftig auf was spezialisieren wollte. Und so konnten sie auch zu einer »Entspannungspolitik« für ihre Beziehung finden.

Nancy zum Beispiel erledigte den Abwasch gründlicher und schneller und war auch fixer im Aufräumen und Putzen. Sie arbeitete sorgfältig und konzentriert und besaß die Gabe, die anfallenden Arbeiten quasi in Nullkommanichts zu erledigen. Nancy war nicht sonderlich stolz auf diese Talente, aber sie wusste darum. Und Eric auch. Im Wirtschaftsjargon hieße dies, dass Nancy über einen absoluten Vorteil im Abwaschen und Saubermachen verfügt.

TÄGLICHER ZEITAUFWAND		
Aufgabe	Nancy	Eric
Abwasch	20 Minuten	30 Minuten
Putzen	10 Minuten	60 Minuten
Gesamtzeit	30 Minuten	90 Minuten

WÖCHENTLICHER ZEITAUFWAND		
Aufgabe/Häufigkeit	Nancy	Eric
3 Mal Abwasch	60 Minuten	90 Minuten
3 Mal Putzen	30 Minuten	180 Minuten
Gesamtzeit	90 Minuten	270 Minuten
(SONNTAG = KEINE HAUSARBEIT)		

Stellt sich jetzt die Frage, ob es sinnvoll ist, Nancy den Abwasch und das Putzen zu übertragen, nur weil sie diese Arbeiten, die normalerweise sechsmal in der Woche anfallen, schneller erledigt? Nicht wirklich.

Was im Falle Nancy und Eric aber durchaus sinnvoll war, ist ein System, das auf dem komparativen Vorteil basiert. Und den hat Nancy beim Putzen, während Eric ihn beim Abwaschen hat.

Wenn sich also beide spezialisieren, anstatt bei allem strikt halbe-halbe zu machen, übernimmt Nancy sechsmal pro Woche das Putzen und Eric den Abwasch. Das Ganze sieht dann so aus:

KOMPARATIVER VORTEIL NACH DEM HANDELSPRINZIP		
Aufgabe/Häufigkeit	Nancy	Eric
6-mal Abwasch	entfällt	180 Minuten
6-mal Putzen	60 Minuten	entfällt
Gesamtzeit	60 Minuten	180 Minuten

Nach einer Woche hätte Nancy 30 Minuten Zeitersparnis herausgeholt, Eric sogar 90. Dieses neue System ist zwar nicht »gerecht« (nach ihrer herkömmlichen Definition des Begriffes), weil Eric unter dem Strich mehr Arbeit leistet als Nancy. Doch war das alte halbe-halbe-System »gerechter«, in dem Eric für die gleiche Arbeit drei Stunden länger als Nancy brauchte? Eric und Nancy hatten schlicht angenommen, das alte System sei gerecht, weil die ganze Arbeit nicht an einem alleine hängen blieb. Unter dem Strich aber haben sie damit viel Zeit verschenkt.

»Das Wunder besteht darin, dass jeder einen komparativen Vorteil davon hat, etwas zu produzieren«, erklärt der Ökonom Lauren F. Landsburg. »Das Ergebnis ist ganz außerordentlich: Vom

Handel hat jeder einen Vorteil. Selbst wer überall im Nachteil ist, hat immer noch etwas Wertvolles zu bieten.«

Im Wirtschaftsjargon: Die zusätzliche Zeit, die beide nun zur Verfügung haben (nämlich zwei Stunden), stellt den kollektiven Gewinn durch Spezialisierung dar. Mittels einer einfachen Grafik lässt sich dies gut veranschaulichen. Ein Arbeit-Freizeit-Diagramm zeigt ein grundsätzliches ökonomisches Verhältnis: Je mehr man arbeitet (Arbeitszeit), je mehr Geld man scheffelt, desto weniger freie Zeit (Freizeit) bleibt. Umgekehrt gilt, je mehr man sich ausruht und entspannt, desto weniger Zeit bleibt für die Arbeit und desto weniger Geld verdient man.

Üblicherweise steht die y-Achse (die senkrechte Linie) in so einer Grafik für die Menge an Geld, die man mit einer Arbeit verdient, und die x-Achse (die waagrechte Linie) für die Menge an Freizeit, die einem bleibt. In unserem Beispiel besteht die Arbeit darin, Woche für Woche für ein einigermaßen sauberes Haus zu sorgen. Die Freizeit besteht in der buchstäblich freien Zeit für Eric und Nancy. Je mehr Zeit sie auf das Putzen verwenden, desto weniger Zeit haben sie beispielsweise zum Fernsehen.

Ohne den komparativen Vorteil geht sechs Mal in der Woche jede freie Minute der beiden dafür drauf, das Haus blitzblank zu bekommen. Zeit zum Fernsehen bleibt da nicht. Wenn sie nur das Nötigste machen, damit das Haus einigermaßen ordentlich aussieht, bleiben ihnen immerhin zwei Stunden zum Fernsehen.

Doch wenn sie sich für den komparativen Vorteil entscheiden, dauert es zwei Stunden weniger, das Haus blitzblank zu bekommen. Und darüber hinaus bleibt noch zusätzlich Zeit zum Fernsehen.

Fernzusehen ist natürlich nur *eine* Art, den Gewinn (sprich die gewonnene Zeit) zu nutzen. Sie können auch Scrabble spielen, sich im Garten sonnen oder Sex haben. Die Moral von der Geschicht: Jeden Abend den Abwasch zu machen, führt dazu, dass Sie mehr Sex haben werden! Danke, David Ricardo!

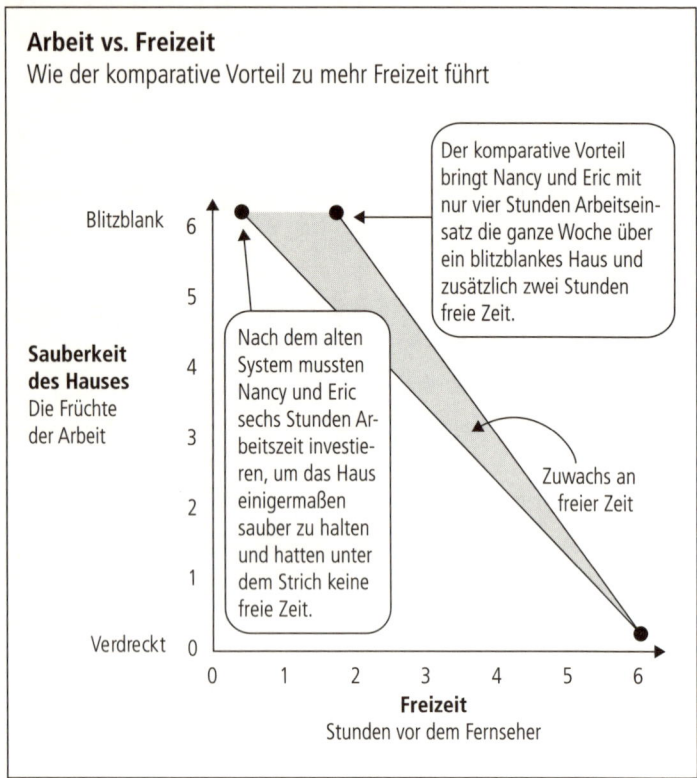

Arbeit vs. Freizeit
Wie der komparative Vorteil zu mehr Freizeit führt

Der komparative Vorteil bringt Nancy und Eric mit nur vier Stunden Arbeitseinsatz die ganze Woche über ein blitzblankes Haus und zusätzlich zwei Stunden freie Zeit.

Nach dem alten System mussten Nancy und Eric sechs Stunden Arbeitszeit investieren, um das Haus einigermaßen sauber zu halten und hatten unter dem Strich keine freie Zeit.

Zuwachs an freier Zeit

Sauberkeit des Hauses
Die Früchte der Arbeit

Blitzblank 6
5
4
3
2
1
Verdreckt 0

0 1 2 3 4 5 6

Freizeit
Stunden vor dem Fernseher

DIE AKTEURE: *Nora und Andrew*

Was passiert, wenn sich die Situation eines Paares ändert und ein exakt bemessener komparativer Vorteil schlagartig nicht mehr aufgeht?

Im Falle von Nora und Andrew waren es die Kinder, die die Gleichung über den Haufen schmissen. Nora und Andrew lernten sich mit Mitte zwanzig in Philadelphia kennen und waren ein Paradebeispiel für das Motto »Gegensätze ziehen sich an«. Andrew stammte aus der Stadt und hatte nie außerhalb seines heimatlichen Bundesstaates gelebt. Nora dagegen war als Kind alle paar Jahre umgezogen und hatte auch eine Zeitlang in Europa gelebt. Andrew war handwerklich sehr geschickt. Er verpasste nie eine Football-Übertragung, wofür er sich mit alten Freunden aus Highschool-Zeiten in Kneipen traf. Nora sprach Französisch und Deutsch und zählte Künstler zu ihrem Freundeskreis.

Sie wohnten beide im gleichen Viertel. Nora war Andrew aufgefallen, weil sie sich jeden Morgen im Lebensmittelladen an der Ecke einen Kaffee und die Zeitung holte. Er fand sie attraktiv und sprach sie an. Sie wechselten ab und an ein paar Worte, bis er sie schließlich um eine Verabredung bat.

Bei einem ihrer ersten Dates wollte Andrew wissen, was Nora in ihrer Freizeit so machte. Sie ginge öfter mit Freundinnen ins Café, meinte Nora. Als Andrew sagte, er habe noch nie ein Café von innen gesehen, wolle sie aber gerne mal in eines begleiten, war Nora schockiert, aber auch irgendwie von seiner Ehrlichkeit angetan.

»Zuerst dachte ich, von welchem fremden Planeten kommt *der* denn?«, erzählte Nora. »Doch seine offene Art hat mich fasziniert. Wir kamen aus zwei völlig unterschiedlichen Welten, trotzdem war Andrew nicht festgefahren – er ist von Natur aus ein neugieriger und aufgeschlossener Mensch.« Irgendwann stand für Nora fest, dass Andrew einen tollen Kindsvater abgeben würde, weshalb sie sich letztlich für ihn entschied. »Ich sah, wie er mit seinen Neffen spielte und wie viel Spaß ihm das machte«, berichtete sie. »Selbst wenn er total beschäftigt war, stand er plötzlich auf und tobte mit ihnen herum. Das liebte ich so an ihm.«

Andrew ging es ähnlich. Er hoffte, dass Nora eines Tages in der Rolle als Mutter seiner Kinder ebenso aufgehen würde wie seine Mutter einst für ihn und seine Geschwister. »Nora hatte etwas Unabhängiges an sich, das ich sehr an ihr bewunderte, was sie selbst aber gar nicht als etwas so Tolles empfand«, sagte er. »Auch sie wollte eine Familie gründen.«

Während der ersten drei Jahre ihrer Ehe arbeiteten beide – er als Analyst bei einer Fluggesellschaft, sie als Web-Entwicklerin. Für die Hausarbeit hatten sie ein System der Arbeitsteilung entwickelt, das auch funktionierte. Es berücksichtigte ihre jeweiligen Fähigkeiten und Interessen – ein System, das der Idee vom komparativen Vorteil recht nahekam.

Nora erledigte die Einkäufe, während Andrew das Staubsaugen und Abstauben übernahm. Nora kümmerte sich um den gemeinsamen Freundeskreis, Andrew hielt Kontakt mit ihrer beider Eltern. Manche Aufgaben waren auch entsprechend der traditionellen Geschlechterrollen verteilt – so brachte Andrew den Abfall raus und reparierte, was kaputt war, während Nora die Wäsche erledigte, das Badezimmer putzte und Pflanzen eintopfte.

Zu dieser Zeit waren sie ausgesprochene Stadtmenschen, gingen zu Fuß oder fuhren mit dem Fahrrad zur Arbeit und genossen ihr kinderloses Leben. Doch mit Noras Schwangerschaft entwickelten sie sehr schnell eine andere Sicht auf das Stadtleben. Jedes Mal drei Stockwerke treppauf zu laufen, um in eine beengte Wohnung zu kommen, hatte plötzlich so gar nichts Romantisches mehr. Und die Aussicht, mit dem Kinderwagen über Kopfsteinpflaster zu holpern, war auch nicht sonderlich reizvoll.

Und so zogen Nancy und Eric sechs Monate vor dem Entbindungstermin in einen Vorort von Philadelphia. Dort hatten sie ein 100 Jahre altes, renovierungsbedürftiges Haus gefunden. Nora war zwar mittlerweile hochschwanger, trotzdem, so sagte sie, sei die Renovierung des Hauses mit das Schönste und Befriedigendste gewesen, was sie je getan hatte.

Dann war das Baby da. Zwei Jahre später folgten Zwillinge. Nora beschloss, ihren Job aufzugeben, um ganz für die Kinder da zu sein. Andrew verdiente genug und war dafür, dass die Kinder von der eigenen Mutter – und nicht von einer Tagesmutter – großgezogen würden.

Das war alles recht durchdacht, bis auf die Frage, ob Nora in Sachen Kindererziehung einen komparativen Vorteil hatte, was Fähigkeit, Geduld und Freude anbelangte. Die Entscheidung, fortan Hausfrau und Mutter zu sein, war vielmehr von Faktoren wie Geld (Andrew verdiente mehr als Nora) und sozialen Normen (beide waren sie der Annahme, dass Mütter zur Kindererziehung besser geeignet seien als Väter) geleitet.

Obendrein hatten sie sich nie klargemacht, dass Nora nun zwangsläufig viele jener Arbeiten im Haus übernehmen würde, die sonst Andrew gemacht hatte, weil sie den ganzen Tag zu Hause war. Und dass sich die Menge an Arbeit mit drei Kindern verfünffachen würde, hatten die beiden ebenfalls nicht bedacht. So hatten sie die neue Spezialisierung der Aufgaben hauptsächlich auf der Basis von Spekulation (sprich, auf bloßen Annahmen beruhend) verteilt.

IM KLARTEXT

Spekulation

Immer eine schlechte Idee. Wer auf dem Finanzmarkt »spekuliert«, dem geht es meist um den schnellen Gewinn. (Oh, Silikonarmbändchen sind gerade angesagt? Nichts wie her damit und kaufen. Hunderttausend!) Das Problem dabei: Im Spekulationsgeschäft bleiben fundierte Recherchen, zukunftsorientiertes Denken oder gar Fakten üblicherweise außen vor. Es geht allein um optimistische Annahmen. Eine Partnerschaft ist eines der größten spekulativen Unternehmen überhaupt. Es gibt keinen vernünftigen Grund zu der Annahme, dass sie sich am Ende lohnen wird – grob die Hälfte aller Beziehungen scheitern –, aber man kauft sich trotzdem in das Unternehmen ein, hofft, nimmt an und setzt alles darauf, dass man zu den 50 Prozent gehört, für die es sich am Ende lohnt. Und genau da liegt das Problem: Der einzige Weg, der eine Chance auf Erfolg eröffnet, ist der, die Partnerschaft wie eine langfristige Investition zu handhaben und eisern durchzuhalten, wenn es hart auf hart kommt, die Gewinne stagnieren oder die Aktionäre auf die Barrikaden gehen.

»Das Thema Hausarbeit ist immer wieder Anlass für einen Ehekrach. Das sagen alle meine Freundinnen, die wegen der Kinder ihre Arbeit aufgegeben haben«, erzählte Nora. »Das Kräftegleichgewicht hat sich verschoben. Bei uns war es nicht anders. Andrew verdiente die Brötchen und bezahlte die Hypothek für unser Haus. Es wurde nie offen angesprochen, aber es verstand sich von selbst, dass ich die Hausarbeit erledigte, weil ich ja ohnehin zu Hause war.«

Theoretisch war das für Nora auch in Ordnung. Tatsächlich aber bauten sich unweigerlich Spannungen auf. In aller Regel kriegte sie alles alleine gemeistert. Aber sobald etwas Außerplanmäßiges passierte, wenn beispielsweise ein Kind krank wurde oder die Schule ausfiel, geriet Noras wohl kalibriertes System schnell ins Wanken. Dann forderte sie Andrews Hilfe ein, kaum dass er durch die Haustür getreten war. »Ich entwickelte mich zu einer unausstehlichen Meckerliese«, gab sie zu.

Es blieb viel zu viel an ihr alleine hängen, so Nora, und für nichts davon wurde sie belohnt. Da die Kinder ins Bett mussten, bevor Andrew abends nach Hause kam, kochte sie jeden Abend zweimal: einmal für die Kinder und einmal für Andrew und sich selbst. Und da die Waschmaschine wegen der Kinder ohnehin jeden Tag lief, warf sie auch Andrews und ihre Wäsche mit dazu, bügelte sie, legte sie zusammen und räumte sie in den Schrank. Sie ging für fünf Personen einkaufen, organisierte die sozialen Kontakte der Kinder, räumte hinter den dreien her, wischte Matsch und Dreck von Kinderschuhen, nahm Anrufe der Schwiegereltern entgegen und nähte Knöpfe an.

DAS PROBLEM: *Marktversagen*

Das System, das Nora und Andrew etabliert hatten, war folgendes: Der Wert der Aufgaben, die Nora zufielen (Kindererziehung, Hausarbeit), war gleich dem Wert von Andrews Gehaltsscheck. Er arbeitete außer Haus, sie zu Hause – ein mathematisches Gleichungssystem*. Doch mit zunehmendem Unmut auf Noras Seite, weil viel zu viel an ihr hängen blieb, geriet das System vom Austausch der Waren und Dienstleistungen (ihr gemeinsamer Markt) an den Rand des Kollapses. Im Wirtschaftsjargon: Ihr Markt drohte zu scheitern. Ein Zeichen des drohenden Marktversagens war, dass Nora permanent schlecht gelaunt war.

Zeigt sich in der Wirtschaft ein offenkundiges Marktversagen, so lassen Ökonomen gerne verlauten, dass dies nicht am Markt an sich läge, sondern vielmehr am *Versagen* dieses Marktes.

Steven Landsburg, Wirtschaftswissenschaftler an der University of Rochester, führt in diesem Zusammenhang gerne das Beispiel von Fabriken an, die die Luft verschmutzen. Dem freien Markt überlassen, so erläutert er, würden die Fabrikbetreiber ungeniert die Luft verschmutzen und die Umwelt und die Menschen im nahen Umkreis schädigen. Aber ist dies das Versagen des freien Marktes? Oder das Versagen, einen Markt für saubere Luft zu schaffen? Wenn es keinen Markt für saubere Luft gibt, lässt sich auch keine Abgabe für die Kontamination der Luft erheben. Dann besteht für Fabrikbetreiber auch keinerlei Anreiz, sauber ver-

---

* Eine zugegebenermaßen simple Summierung einer tiefen und komplexen, liebevollen und engagierten Beziehung zwischen zwei dreidimensionalen Menschen. Aber sie ist auch wahr.

brennende Energieträger zu benutzen. Also: Man schaffe einen Markt für saubere Luft und erhebe eine Luftverschmutzungsgebühr, dann hätten Fabrikbetreiber einen Anreiz, die Luft nicht zu verschmutzen oder aber sie müssten dafür bezahlen, die Luft verschmutzen zu dürfen. »Ineffizienzen ergeben sich aus fehlenden Märkten«, schreibt Landsburg. »Überall dort, wo es Ineffizienzen gibt, sieht es ganz danach aus, als lauere im Hintergrund ein fehlender Markt.«

In der Ehe von Nora und Andrew gab es, wie in so vielen anderen Partnerschaften auch, keinen echten Markt für die Kindererziehung. Im Gegensatz zu all den Aufgaben, auf die sie zu kinderlosen Zeiten so ungemein Wert gelegt und bei denen sie sich abgewechselt hatten, hatten sie die neuen, kinderbezogenen Aufgaben nie diskutiert oder realistisch eingeschätzt. Und eben darum ging ihr bisheriges Modell der Arbeitsteilung nicht mehr auf.

DIE LÖSUNG: ***Ein effizienterer Markt***

Nora und Andrew hatten nun verschiedene Möglichkeiten. Die erste: Nora geht wieder arbeiten und engagiert eine Tagesmutter. Die zweite: Nora geht wieder arbeiten und Andrew bleibt zu Hause. Die dritte: Nora arbeitet Teilzeit, Andrew ebenfalls, und beide teilen sich die Kindererziehung. All diese Möglichkeiten jedoch würden ein geringeres Einkommen mit sich bringen. Und diese Aussicht fanden Nora und Eric nicht verlockend.

Eine vierte, und wie wir glauben bessere Möglichkeit ist die, die jeweiligen Rollen beizubehalten, aber einen Markt oder auch mehrere für einige Aufgaben aus Noras Bereich zu schaffen. Dafür aber muss diesen Aufgaben ein Wert beigemessen werden, um mit Andrew über Dinge von ähnlichem Wert zu verhandeln. Ein Beispiel: Nora war der Ansicht, dass nach einer Woche mit Einkäufen, Kochen und Wäschemachen für fünf Personen wenigstens ein Kinobesuch oder ein freier Abend mit Freunden für sie herausspringen müsse – zwei Dinge, zu denen sie so gut wie gar nicht mehr kam. Wenn Andrew einen Abend in der Woche früher nach Hause kommen würde, hätte sie genau diesen Abend zur freien Verfügung.

»Ich musste lernen, meine Bedürfnisse zu artikulieren, zu sagen, was ich wollte«, meinte Nora. »Und wenn ich es mir recht überlege, war das gar nicht so viel. Ich wollte einfach nur die Möglichkeit haben, sagen zu können: ›Andrew, ich habe mich für Samstag mit So-und-so verabredet, du musst also an dem Abend zu Hause sein.‹«

Das war das Honorar, das sie Andrew für ihre Dienste als Haushälterin berechnen würde. Und Andrew? Andrew war bereit, diesen Preis zu zahlen. Das Tauschgeschäft half den beiden, ein effizienteres Team zu werden.

Übrigens, wenn wir hier von »effizient« reden, meinen wir eine spezielle Form der ökonomischen Effizienz, die sogenannte »Pareto-Effizienz«. Und die unterscheidet sich ein wenig von dem, was die meisten Menschen unter Effizienz verstehen. Eine Verteilung der Aufgaben wird dann als pareto-effizient bezeichnet, wenn man durch einen Tausch keine der beteiligten Personen mehr besserstellen kann, ohne eine andere beteiligte Person schlechterzustellen. Eine pareto-effiziente Verteilung mag zwar nicht optimal sein, sie ist aber doch so gut, wie es unter den gegebenen Umständen der Fall sein kann. Wenn es einer der beteiligten Personen möglich ist, glücklicher zu werden, ohne dass die andere beteiligte Person dadurch weniger glücklich wird, ist die Situation noch nicht pareto-effizient.

Denken Sie an eine Pizza. Wir teilen uns zu zweit eine, die wir in acht Stücke geschnitten haben – jeder von uns bekommt vier Pizzastücke. Nachdem ich drei meiner vier Stücke gegessen habe, bin ich satt. Sie essen alle vier auf und haben danach immer noch Hunger. Soll ich Ihnen mein viertes Stück geben? Wenn ich das nicht tue, bleiben Sie hungrig, und ich bin nicht satter als ich es sowieso schon bin. In der Theorie ist das Festhalten an meinem vierten Stück absolut fair, da mein Verhalten unserer ursprünglichen Halbe-halbe-Abmachung folgt. Aber es ist nicht effizient. Und zwar deshalb nicht, weil die Möglichkeit besteht, Sie zufriedener zu machen, indem ich Ihnen mein viertes Stück überlasse, ohne dass ich dadurch weniger glücklich bin. Erst wenn ich Ihnen mein viertes Stück gebe, haben wir eine pareto-effiziente Situation bzw. eine pareto-effiziente Verteilung erreicht.

Allzu oft verteilen Paare ihre Aufgaben ohne Berücksichtigung dieser Art von Effizienz. Sie halten stur an einem System fest, auch wenn es einfache Wege gäbe, es zu ändern, um einen der beiden Partner oder auch beide glücklicher zu machen, ohne dass das Glück des anderen dadurch beeinträchtigt würde.

Zehn Anzeichen für ein »eheliches Marktversagen«

- Ausgebrannte Glühbirnen in der Küchenlampe, die seit sechs Wochen darauf warten, ausgetauscht zu werden.
- Militärischer Liegestütz klingt besser als Sex.
- Eine Flasche Wein. Pro Person. Pro Abend.
- Eine kleine Kuppe in der Mitte des Bettes und Bettwäsche, die seit dem letzten obligatorischen Liebesakt vor sieben Monaten nicht mehr gewechselt wurde.
- Unschlüssigkeiten, insbesondere wenn es um die Frage geht, was es zum Abendessen geben soll, oder darum, wie der Freitagabend aussehen soll – lieber um halb zehn ins Bett gehen oder um viertel vor zehn.
- Sich mal wieder in **Die Brüder Karamasow** vertiefen, um Annäherungsversuche abzuwehren.
- Neu entdecktes Interesse an Holzarbeiten.
- Seelischer Tod.

Nora und Andrew waren in so einem System festgefahren. Die Folge davon war, dass Nora sich überlastet und gestresst fühlte, und Andrew von Noras ständigen Vorhaltungen ihm gegenüber frustriert und geradezu erschlagen war.

»Dabei war ich ja bereit ihr unter die Arme zu greifen, ich hatte nur keinen Schimmer, was sie wirklich wollte. Im einen Moment verlangte sie von mir, dass ich die Kinder ins Bett bringe, im nächsten sollte ich das Zimmer verlassen, damit sie es alleine machen konnte. Das soll ein Mensch verstehen«, erzählte Andrew.

Doch dabei ging es Nora gar nicht um die Kinder. Es ging ihr nur darum, mehr Zeit für sich selbst zu haben. »Solange ich diejenige bin, die zu Hause ist, wird es nie halbe-halbe aufgehen«, so Nora. »Aber solange es sich wie halbe-halbe anfühlt, soll es mir recht sein.«

Es muss also nicht immer alles nach dem Halbe-halbe-Modell funktionieren, damit beide Partner glücklich sind. Es kann sich auch mal um eine 60:40-, eine 70:30- oder gar eine 99:1-Verteilung handeln – in Abhängigkeit von den beteiligten Personen, der Situation oder der Bereitschaft, den Taschenrechner beiseitezulassen und gemäß dem, was am besten funktioniert, und nicht gemäß dem, was vermeintlich am besten funktionieren *müsste,* zu geben und zu nehmen.

Im Spannungsfeld der Hausarbeit bietet die Suche nach Pareto-Effizienzen eine weitere Möglichkeit, Aufgaben neu zu verteilen, um glücklicher und zufriedener zu sein. Nora und Andrew haben genau wie Eric und Nancy das Traumziel eines jeden Wirtschaftswissenschaftlers erreicht: Sie haben aus ihrer offenbaren Mangelwirtschaft neue Ressourcen geschöpft – in diesem Fall Zeit für Nora und ein harmonisches Zuhause.

DIE AKTEURE: *Sam und Ashley*

Sam und Ashley waren fünf Jahre lang gute Freunde, bevor es funkte und sie als Paar zusammenfanden. »Es war fast wie bei ›Harry und Sally‹«, berichtete Ashley.

Schon nach wenigen Monaten sprachen sie von Heirat. Wieso warten, sagten sie sich, schließlich kannten sie sich ja schon sehr gut. Sie kauften Verlobungsringe und die passenden Trauringe gleich mit dazu. Ashley schlug vor, einen Workshop zur Ehevorbereitung zu besuchen. Beide sahen sie in der Ehe nicht viel mehr als die nahtlose Fortführung ihrer langjährigen Freundschaft und kurzen Verlobungszeit, doch es konnte ja nicht schaden, Ratschläge von Experten einzuholen.

Der Workshop war für die Katz – »völlige Zeitverschwendung«, so Sam wörtlich. Die letzte Sitzung sei die schlimmste gewesen, da sie durch den »Kompatibilitätstest« gefallen waren. Der Leiter des Workshops meinte, sie kämen beide aus so zerrütteten Familien, dass es höchst unwahrscheinlich sei, dass sie ein glückliches Familienleben hinbekämen, und dass eine Heirat wohl eher eine schlechte Idee wäre, es sei denn, sie würden zuvor einige Jahre eine Therapie machen.

Eine Woche später heirateten Sam und Ashley nichtsdestotrotz.

Obwohl sie von allen Seiten gehört hatte, dass das erste Ehejahr das schwierigste sei, so Ashley, habe sie es ganz anders empfunden. »Es war das Glück auf Erden. Wie eine allabendliche Pyjamaparty mit deinem Herzallerliebsten.« Sie könne sich nur an einen einzigen Streit im ersten Jahr ihrer Ehe erinnern, so Ashley, wisse aber nicht einmal mehr genau, worum es ging, erinnere sich nur dunkel, dass einer von ihnen einen Schuh warf, der andere aus dem Zimmer stürmte, sie sich aber gleich wieder vertrugen, umarmten, küssten und sich tausend Mal entschuldigten, den anderen unglücklich gemacht zu haben. Sie gingen auf Konzerte oder Partys, kochten zusammen, sahen Immobilienangebote durch und hatten mehrmals die Woche Sex.

Das zweite Jahr lief dann allerdings nicht mehr so reibungslos ab. Zwar wusste keiner der beiden so recht zu sagen, wie es dazu kam, aber sie begannen, sich wegen Kleinigkeiten zu kabbeln, wie etwa darüber, dass Sam spätabends joggen ging. Ashley fuhr ihn an, wenn er erst nach 20 Uhr von der Arbeit nach Hause kam, woraufhin er konterte, er habe keine andere Wahl, er *arbeite* schließlich. »Du hast immer eine Wahl«, gab Ashley dann zurück. »Und deine Wahl fällt so aus, dass zuerst deine Arbeit kommt, und dann ich.« Das Schlimmste für Ashley aber war, dass Sam sich zu einem echten Drückeberger entwickelt hatte: Er ließ Kleidungsstücke im Schlafzimmer herumliegen, räumte sein Frühstücksgeschirr nicht weg, bezahlte keine Rechnungen und müllte das Auto mit leeren Limodosen und Kekspackungen zu. Dass ein überquellender Wäschekorb bedeutete »Wasch gefälligst die verdammte Wäsche« – auf die Idee kam er nicht.

Doch auch Sam fand Gründe, um Streit zu suchen. Ashley sei zu pingelig, sie müsse »lockerer werden« und aufhören, ständig auf ihm herumzuhacken. Seit wann machten ihr ein paar herumstehende, ungespülte Teller oder ein verdrecktes Auto etwas aus? Was er *tat*, wie etwa jede Woche den Rasen zu mähen, obwohl er Rasenmähen hasste, würde sie nicht sehen oder würdigen, so

Sam. Oder den Ölwechsel zu machen. (Wusste Ashley, dass ein Auto Öl zum Fahren braucht?) Oder nach Feierabend im Supermarkt einzukaufen? Und wer stand jeden Sonntagmorgen auf, um das Frühstück zu machen und seine Partnerin ausschlafen zu lassen?

Sam und Ashley hatten mit Eric und Nancy, unserem Paar mit dem Halbe-halbe-Modell, nur eines gemeinsam: Auch sie entwickelten sich zu Streithähnen.

In ihrer Verzweiflung meldete Ashley sie zu einer 13-wöchigen Paartherapie an – bei dem Verein, der ihnen damals ihr Scheitern als Ehepaar prophezeit hatte.

Sam war deshalb mehr als erstaunt, als Ashley damit ankam. Er hatte kein Interesse daran, nicht nur, weil er nach der ersten Erfahrung von diesen Leuten die Nase voll hatte, sondern weil er nicht die geringste Lust hatte, darüber zu diskutieren, dass sie sich stritten. Andererseits wollte er auch nicht darüber diskutieren, dass er über die Tatsache, dass sie sich stritten, nicht diskutieren wollte. Und so gab er am Ende klein bei.

DAS PROBLEM: *Anreizkompatibilität*

Abgesehen davon, dass sie in der Therapie einige überraschende Dinge über sich selbst erfuhren (dass Sam von Natur aus ein »Jedem-alles-recht-Macher« war, der niemanden enttäuschen wollte, und Ashley die »geborene Helferin mit Verlustängsten«), wurden sie auf ein Thema gestoßen, von dem sie im Leben nie geglaubt hätten, dass es einmal ein Thema für sie sein würde: Hausarbeit.

Wie sich herausstellte, ähnelte Sam und Ashleys Ansatz, die Hausarbeit aufzuteilen, dem ihrer Ehe an sich – sich kopfüber hineinzustürzen und alle Fragen auf später zu verschieben. Es wäre ihnen nicht im Traum eingefallen, sich hinzusetzen, eine Liste der anfallenden Hausarbeiten zu erstellen und die Aufgaben aufzuteilen. Hausarbeit war etwas ganz Banales, etwas, das sich schon »irgendwie finden« würde. Liebe und Freundschaft, das war, was zählte.

»Wenn man sieht, dass etwas zu machen ist, dann macht man es eben«, fasste Ashley ihre und Sams Philosophie diesbezüglich zusammen. »Wir sind schließlich zwei erwachsene Menschen.«

Erwachsene Menschen, ja. Gute Handelspartner, nein.

Teil des Problems war, dass viele Hausarbeiten als verheiratetes Paar mehr Einsatz erforderten als noch im Single-Leben. Sam hatte sich als Junggeselle nicht um das Rasenmähen geschert, und Ashley hatte weit weniger Rechnungen zu zahlen und Socken zusammenzulegen gehabt, als sie noch alleine lebte. Jeder der beiden mag einen komparativen Vorteil bei bestimmten Arbeiten haben. (Sam war im Rasenmähen fixer als Ashley, weil Ashley nicht einmal so recht wusste, wie der Rasenmäher überhaupt ansprang; und Ashley war gut im Wäschefalten, weil sie früher in den Semesterferien immer in einem Modegeschäft gejobbt hatte.) Aber das hieß noch lange nicht, dass sie diese Arbeiten auch *gerne* machten. Eben, weil sie sich nicht darum rissen, galt nicht, wie Ashley annahm, »… dann macht man es eben«.

Da die Arbeiten auf Basis des komparativen Vorteils verteilt waren, hätte das System eigentlich funktionieren müssen. In der Praxis aber bedeutete die fehlende Begeisterung der beiden für die

Arbeiten, dass sie keinerlei Anreiz hatten, sie zu erledigen – was wiederum heißt, dass die komparativen Vorteile irrelevant waren.

Egal, wie gut jemand seine Arbeit macht, es braucht immer einen Anreiz, diese Arbeit auch zu *machen.* Man spricht ja aus gutem Grund von »Arbeit« – und nicht von »Vergnügen«. Ein derartiger Anreiz kann die Gehaltszahlung, ein exzellentes Dienstzeugnis oder die Aussicht auf Beförderung sein. Taugt so ein Anreiz als Arbeitsmotivation, ist das System »anreizkompatibel«.

Was die Partnerschaft angeht, besteht das anreizkompatible System natürlich nicht aus Gehältern oder Dienstzeugnissen. In diesem Unternehmen steht auch keine Beförderung auf der Karriereleiter in Aussicht. Was das System aber durchaus beinhalten kann, ist das sichere Wissen darum, dass der andere die Arbeiten erledigt, ohne ihn darum bitten zu müssen. Jeder der Partner muss sich sicher sein können, dass der jeweils andere die Arbeit erledigt, weil ihm aufrichtig am Ergebnis gelegen ist. Das ernstliche Interesse am Resultat ist in Sachen Beziehung der einzige Anreiz, der funktioniert.

Leider wissen wir nicht, woran uns einmal gelegen sein wird, bis wir uns mit einem Partner zusammentun. Ashley zum Beispiel wusste nicht, dass ein unordentlicher Rasen ihr so viel ausmachen würde, bis sie Nachbarn hatte, deren Rasen an den eines Golfplatzes erinnerte. Und Sam wusste damals, als er noch Junggeselle und abends zum Essen nie zu Hause war, nicht, wie sehr er Hausmannskost liebte.

Nun, da sie schon eine ganze Weile zusammenlebten, entdeckten Sam und Ashley viele Dinge, die ihnen wirklich wichtig, und Dinge, die ihnen weniger wichtig waren. Dabei erkannten sie auch, dass die Hausarbeit ganz und gar kein banaler Teil des Ehelebens war.

DIE LÖSUNG: **Neue Tricks lernen**

Damals, als David Ricardo in seiner Studierstube saß und die Mysterien der globalen Wirtschaft enträtselte, schien der komparative Vorteil wie ein ziemlich geradliniger Ansatz in Sachen Handel. Gewiss, die Engländer hätten Treibhäuser errichten und sich darin versuchen können, weltweit die Nummer eins in der Weinerzeugung zu werden, aber das hätte einer Investition bedurft, die so enorm gewesen wäre, dass die Kosten den Nutzen überwogen hätten. In Portugal hätte man ein Team von Biologen anheuern können, um eine Schafrasse zu züchten, die stündlich neue Wolle hergibt, aber bis die DNA entdeckt wurde, sollte es noch 50 Jahre dauern.

Die Zeiten haben sich geändert. Die moderne Technologie hat es den Ländern dieser Welt ermöglicht, neue Spezialisierungen zu entwickeln. Ein klassisches Beispiel hierfür ist das sogenannte »Südkorea-Wunder«. Nach dem Koreakrieg grassierten Armut und Arbeitslosigkeit in dem Land, und es existierte so gut wie keine Infrastruktur. Südkorea verfügte kaum über natürliche Rohstoffe und war auf nichts spezialisiert. Trotzdem entwickelte sich das Land innerhalb von nur drei Jahrzehnten zu einer der größten Wirtschaftsnationen der Welt. Südkoreas Führung hatte das große Wachstumspotenzial des Landes erkannt und setzte alles daran, ihre Ziele zu erreichen. Man investierte in die Industrie, hofierte ausländische Investoren und wurde so letztlich zu einem der größten Exporteure von Industriegütern, darunter Autos, Elektro-nikartikel, Textilien, Chemiestoffe und Schiffe.

Südkorea erzielte in einem Bereich, in dem es zuvor nicht im Geringsten aktiv gewesen war, einen komparativen Vorteil – und zwar nur, weil es eine zielstrebige Investitionspolitik verfolgte. Mit anderen Worten: Was Hänschen nicht lernt, lernt Hans immer noch!

Jagdish Bhagwati, Wirtschaftswissenschaftler an der Columbia University, prägte den Begriff vom »kaleidoskopischen« komparativen Vorteil: »Heute hat man den; aber in einem Staat wie dem unseren, mit einer messerscharfen Balance, kann man ihn morgen auch verlieren und übermorgen wieder gewinnen. Boeing kann heute vorne sein, Airbus morgen, und dann wieder Boeing. Es ist, als würden die Modelle der Handelsmuster, die wir heute erleben, anderen weichen, so, als hätte man ein Kaleidoskop gedreht.«

In ähnlicher Weise können die alten Spezialisierungen, die lange Zeit die Begriffe Ehemann und Ehefrau definierten, im Zeitalter der auf dem Prinzip der Gleichheit beruhenden Partnerschaft ebenfalls auf den Kopf gestellt werden. Für Sam und Ashley hatten sich die komparativen Vorteile in komparative Kopfschmerzen verwandelt. Sie mussten in neue Spezialisierungen investieren. Wenn aus Südkoreas Agrarwirtschaft eine Industriewirtschaft werden konnte, konnte Sam es schaffen, sich um die Rechnungen zu kümmern und Ashley es lernen, einen Rasenmäher zu bedienen.

Shelly Lundberg, Professorin an der University of Washington, berichtete uns, ihr Mann – ebenfalls ein Ökonom – habe eine erste strategische Investition getätigt und gelernt, die Kinder zu baden, als sie noch klein waren – eine geradezu furchterregende Arbeit, wenn man es noch nie gemacht hat. Aber er sagte sich, wenn er nicht wenigstens in einem Teilbereich der Kinderpflege zum Experten würde, hätte seine Frau am Ende den komparativen Vorteil in allen Belangen der Kindererziehung – und schlimmer noch, sie könnte dies ausnutzen. »Seine Methode, die er allen jungen Vätern empfiehlt, macht die sonst so typischen Unterhaltungen, die viele frischgebackene Eltern führen, hinfällig – ›Warum kannst *du* das nicht machen?‹ ›Weil ich nicht weiß, wie es geht!‹«, meinte Lundberg.

Eine weitere strategische Investition in Sam und Ashleys Eheleben kam mit dem Tag, an dem er ihr beibrachte, den Rasenmäher zu bedienen. Anfangs war ihr das Gerät nicht ganz geheuer, doch bald hatte sie den Dreh heraus und genoss das beglückende Gefühl, das sich mit jeder gemähten Bahn einstellte. Und so kam es, dass Ashley das Rasenmähen übernahm, da Sam es ohnehin nie gern erledigt hatte.

Dafür suchten sie etwas aus Ashleys Aufgabenbereich, das Sam künftig erledigen konnte: die Rechnungen. Sam graute es vor Rechnungen und finanziellen Dingen. Er behauptete von sich, nicht mit Geld umgehen zu können. Ashley zeigte ihm, wie man Rechnungen per Online-Banking bezahlte und die jährliche Steuererklärung machte.

Nach ein paar Monaten konnte Ashley darauf vertrauen, dass die Rechnungen pünktlich bezahlt wurden, und sie blühte in ihrer neuen Freiheit auf. Sie hatte es immer gehasst, sich um das Finanzielle zu kümmern, und hätte lieber im Garten gearbeitet, anstatt drinnen vor dem Computer zu sitzen. Ach, und hatten wir schon erwähnt, dass Sam gerne im Internet surfte? Zumindest brachte er die nötige Geduld auf, um auf den Monitor zu starren.

In diesem neuen System war Sam sorgsam darauf bedacht, dass sie ihren finanziellen Rahmen einhielten. Und Ashley kümmerte sich darum, dass der Garten nicht verwilderte. Mit ein wenig Mühe und Einsatz erwarben die beiden neue Spezialisierungen – und, besser noch, sie waren bestrebt, sie auch auszuführen.

RISIKOAVERSION

Oder: Das Positive daran,
mit Wut im Bauch ins Bett zu gehen

Das Prinzip

Montag, 13 Uhr. Die Märkte verzeichnen seit dem morgend-
lichen Handelsbeginn einen kräftigen Kursanstieg. Tech-
nologieaktien plus ein Prozent, Finanzaktien plus zwei
Prozent, Verbrauchsgüteraktien plus, plus, plus … Der Parketthandel brummt. »Das ist eine Wucht«, hört man einen
Händler rufen. »Die Aktien erholen sich *rasant!*«

Sie sind als Broker mittendrin, rufen den Kontaktmann
Ihrer Investmentbank an und bellen Ihre Bestellung in den
Hörer: »Einhundert Knock-out-Produkte, Limit vierund-
fünfzig, bis fünf Cent Spiel« (heißt übersetzt: Kauf mir ein-

hunderttausend Coca-Cola-Aktien, Börsenticker »KO« (auch bekannt als »Knock-Out«), zu 54 US-Dollar, plus/minus 5 Cent). Sie hängen auf, lehnen sich zurück und beobachten die Kurstafel. Coca-Cola steigt – und Sie fühlen sich wie ein Genie. Das größte Genie überhaupt. Binnen einer halben Stunde haben Sie satte 200 Prozent Gewinn eingefahren.

Dann, schneller als Sie schauen können, stürzt die Cola-light-Aktie plötzlich in den Keller – verliert 25 Cent, 50 Cent, einen Dollar. Was? Komisch. Sie fragen den Kollegen neben sich, ob er auch sieht, was Sie sehen. Ja, meint der, der Gesetzgeber plane anscheinend eine Limonadensteuer; im Fernsehen heiße es, die Verabschiedung eines entsprechenden Gesetzes könnte unmittelbar bevorstehen.

Ungut.

Ach, was soll's, sagen Sie sich. Diese Politiker kriegen ja sowieso nie etwas gebacken. Und Sie greifen erneut zum Hörer und rufen noch einmal Ihren Kontaktmann an: »Weiterkaufen. Nochmal fünfzigtausend.«

Die Aktie sackt weiter ab. Um noch einen Dollar. Zwei. Analysten bewerten sie nun eher negativ. Drei. Sie sind langsam ziemlich gebeutelt. Die Aktie steht jetzt bei 51 Dollar.

Sie müssen diese Verluste wieder reinholen. Verzweifelt versuchen Sie, das Geld zurückzubekommen. Was tun Sie? Sie kaufen noch mehr. Viel mehr. Die Aktie wird sich schon erholen, wieder ansteigen, plötzlich wieder ganz oben sein. Muss so sein, ist schließlich Cola! Süße Sprudelbrause! Die *muss* doch wieder steigen.

Sie steigt aber nicht.

Bis zum Börsenschluss um 16 Uhr haben Sie mehr als 400 000 Dollar verzockt. »Autsch«, entfährt es einem Ihrer Kollegen. »Warum hast du denn so viel Cola aufgeladen? War doch irgendwie klar, dass die Aktie abstürzt, meinst du nicht?«

Es wäre vielleicht auch Ihnen klar gewesen, wenn Sie nicht einer der destruktivsten Kräfte der Wirtschaft anheimgefallen wären: der Risikoaversion, auch bekannt als intensive Angst vor dem Verlieren.

Wer verliert schon gerne? Ob in finanziellen Dingen, in der Partnerschaft, im Job oder in einem Streit – verlieren fühlt sich nie gut an. Wir tun alles, um dieses schlechte Gefühl zu vermeiden. Man muss kein Wirtschaftswissenschaftler sein, um das zu wissen. In jüngerer Zeit jedoch begannen Ökonomen eine Reihe von Fragen zu stellen: Kann die bloße Tatsache des Verlierens – oder auch nur die Erwägung, verlieren zu können – unser Verhalten beeinflussen? Kann das Verlieren uns unvernünftig machen, uns zu vorschnellen und unüberlegten Entscheidungen verleiten und uns aggressiv oder defensiv machen?

Wie Wirtschaftswissenschaftler im Rahmen unzähliger Laborexperimente und Datenerhebungen im realen Leben herausgefunden haben, ist unsere Aversion gegen Verluste so intensiv, dass wir uns bisweilen höchst sonderbar und oft destruktiv verhalten. Es stellte sich heraus, dass wir das Verlieren mehr hassen, als wir das Gewinnen lieben. Ökonomen haben den Unterschied sogar quantifiziert: Verlieren schmerzt uns doppelt so viel wie der Gewinn uns glücklich macht. Will heißen: Man muss 200 Euro an Gewinn erzielen, um den Kummer über 100 Euro Verlust wiedergutzumachen.

Risikoaversion bietet eine Erklärung dafür, warum Menschen unkluge Entscheidungen treffen – wie die, an Aktien festzuhalten, die an Wert verlieren, oder trotz Pleitenrisiko alles auf eine Karte zu setzen etc.

Die Grafik auf S. 67 veranschaulicht, wie irrational unsere Reaktion auf Gewinne und Verluste sein kann. Der Punkt, an dem sich die waagrechte und die senkrechte Linie kreuzen, ist der sogenannte »Referenzpunkt«, der Punkt, von dem aus Gewinne und Verluste bemessen werden. Man sieht, wie im Quadrat links unten ein geringer Verlust in Relation zum Referenzpunkt einen ziemlich steilen Abfall der Zufriedenheit ergibt, während im Quadrat oben rechts ein geringer Gewinn ein Glücksgefühl bewirkt (allerdings nicht im gleich schnellen Tempo).

Im Gehirn von Jérôme Kerviel sah es wahrscheinlich genauso aus wie in diesem Schaubild. Erinnern Sie sich noch an ihn? Er war der »kriminelle Börsenhändler«, der im Januar 2008 der französischen Großbank *Société Générale* mit Spekulationsgeschäften einen Milliardenverlust bescherte. Natürlich *wollte* Kerviel nicht derart viel Geld verlieren. Er *wollte* lediglich Sicherungsgeschäfte für die europäischen Aktienmarktindizes tätigen, was in der internationalen Finanzwelt im Grunde keine große Sache ist. Und so fuhr er den ersten satten Gewinn ein: 600 000 US-Dollar aus ei-

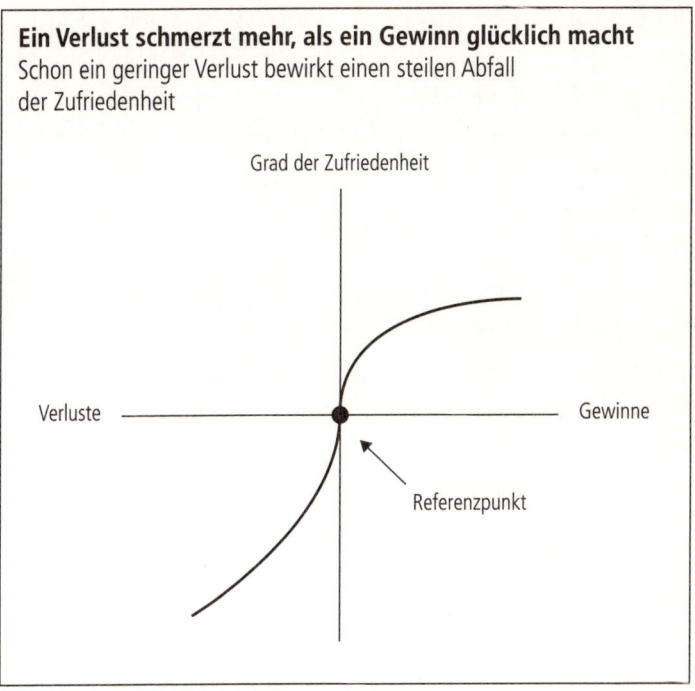

Ein Verlust schmerzt mehr, als ein Gewinn glücklich macht
Schon ein geringer Verlust bewirkt einen steilen Abfall
der Zufriedenheit

Grad der Zufriedenheit

Verluste

Gewinne

Referenzpunkt

ner Spekulation, die darauf setzte, dass die europäischen Finanzmärkte im Sommer 2005 einbrechen. In den darauf folgenden anderthalb Jahren setzte er immer größere Kapitalsummen, von denen einige hier und da kolossale Gewinne erzielten, darunter 38 Millionen Dollar im Februar 2007 sowie 700 Millionen Dollar fünf Monate später.

Anfang 2008 jedoch verließ ihn sein Glück schlagartig. Eines schönen Freitags, die Märkte befanden sich auf Talfahrt, versuchte Kerviel verzweifelt, mit hektischen Käufen und Verkäufen seine Verluste wieder reinzuholen. Er verwendete Gelder der Bank, wieder und wieder, überschritt sein Handelslimit und setzte Milliarden ohne Gegengeschäfte aufs Spiel. Bis zum Ende des Tages hatte er nicht nur *nichts* wieder hereingeholt, er lag obendrein bei 2,2 Milliarden im Minus. Bis zu seiner Festnahme an jenem Wochenende lag der Gesamtverlust bei 7,2 *Milliarden!*

Andrew Lo, Professor für Finanzwirtschaft am *Institute of Technology* in Massachusetts, der die Rolle von Gefühlen in Handelsgeschäften untersucht hat, fasst ein solches Verhalten wie folgt zusammen: »Wenn man sich von der Vernichtung bedroht fühlt, handelt man, als sei alles egal.«

Diese Verzweiflung – sowie die Milliarden von Dollar, die tagtäglich an der Börse aufs Spiel gesetzt werden – macht die Risikoaversion zu einem so faszinierenden und ergiebigen Forschungsgebiet für Verhaltensökonomen.

Ende der 1970er-Jahre demonstrierten die Psychologen Daniel Kahneman und Amos Tversky in einer Reihe heute legendärer Experimente, wie die Risikoaversion funktioniert. Im Rahmen eines dieser Versuche baten sie eine Gruppe von Studenten, sich zwischen zwei Wetten zu entscheiden:

- eine Wette mit einer 100-prozentigen Gewinnchance auf 3000 US-Dollar
- eine Wette mit einer 80-prozentigen Gewinnchance auf 4000 US-Dollar – und damit einer 20-prozentigen Chance, keinen Gewinn zu erzielen.

80 Prozent der Probanden entschieden sich für das sichere 3000-Dollar-Los, obwohl der zu erwartende Gewinn bei der zweiten Option höher lag. Sie gaben dem sicheren Gewinn gegenüber dem möglichen Gewinn den Vorzug. Anders gesagt: Sie wollten nicht riskieren, am Ende leer auszugehen.

Kahnemann und Tversky formulierten die Frage dann anders. Nun sollten sich die Studenten zwischen folgenden beiden Wetten entscheiden:

- eine Wette mit der 100-prozentigen Chance auf 3000 US-Dollar Verlust
- eine Wette mit der 80-prozentigen Chance auf 4000 US-Dollar Verlust und damit der 20-prozentigen Chance, ohne Verlust davonzukommen.

Diesmal entschieden sich 92 Prozent der Versuchsteilnehmer für die Option auf 4000 Dollar, obwohl dies einen potenziell größeren Verlust bedeutete. Die 100-prozentige Chance auf Verlust schreckte sie derart ab, dass sie das Risiko eingingen, am Ende einen noch größeren Verlust zu machen.

Betrachten wir die beiden Versionen genauer. Ging es um die Wahl zwischen zwei Gewinnen (wie im ersten Beispiel), scheuten die Teilnehmer des Experiments das Risiko. Ging es hingegen um zwei Verluste (wie im zweiten Beispiel), zeigten sie sich trotz eines potenziell größeren Verlusts sehr viel risikofreudiger. Im Falle eines solchen Verhaltens wirkt die Risikoaversion: Zusammenhänge der Realität werden verdreht.

Die Risikoaversion ist auch der Grund dafür, warum der Verbraucher Preissteigerungen stärker wahrnimmt als Preisminderungen. Oder ist Ihnen schon mal aufgefallen, dass der Liter Benzin billiger geworden ist? Doch sobald der Spritpreis um 0,1 Cent pro Liter steigt, ist die Aufregung groß. Oder wie ist Ihr Verhalten zu deuten, wenn Sie auf der Autobahn im Stau stehen, kostbare Zeit verlieren, wo Sie doch schon längst zu Hause sein könnten, und Sie in der Hoffnung, auf der Landstraße schneller voranzukommen, die nächste Ausfahrt nehmen, nur um noch mehr Zeit zu verlieren, weil alle Ampeln auf Rot stehen?

Wie Sie sehen, verleitet uns die Risikoaversion in allen möglichen Lebenslagen zu abstrusen Verhaltensweisen. Der Witz an der ganzen Sache ist aber der, dass die Risikoaversion auch in Ihre Partnerschaft hineinspielt. Wenn sie zu wirken beginnt, streiten Sie vermutlich endlos mit Ihrem Partner, weil Sie nicht verlieren wollen. Sie weigern sich, Kompromisse einzugehen, weil Sie dafür Ihren eigenen Standpunkt aufgeben müssten. Sie denken gar nicht daran, sich zu entschuldigen, weil Sie das Gesicht nicht verlieren wollen. Und dabei verkennen Sie all das Positive, das sich direkt vor Ihnen auftut, weil Sie nur wahrhaben wollen, wie viel glücklicher Ihre Beziehung *früher* einmal war.

Verhaltensökonomie

Als Teilgebiet der Wirtschaftswissenschaft untersucht die Verhaltens-ökonomie, inwieweit psychologische Faktoren wirtschaftliche Ent-scheidungen beeinflussen. Behavioristen betonen, dass der Mensch nicht »rational« handelt, wie Neoklassizisten uns dies glauben ma-chen wollen. Der Mensch tut vielmehr Dinge, die keinen Sinn ergeben oder den eigenen Interessen entgegenwirken. Zu den Kernaussagen der Verhaltensökonomie gehören:

- Wir ändern unsere Meinung nach Lust und Laune.

  Ich? Ich soll gesagt haben, dass ein Porsche die allerletz-te Karre ist? Nie und nimmer. Ich wollte schon immer ei-nen Porsche haben – Bob hat auch einen, eine tolle Kiste!

- Wir treffen voreilige und unüberlegte Entscheidungen, wenn wir verlieren.

  Was? Dieser Kerl hat mich überboten? – Nein, den Bettvor-leger aus Krokodilleder ersteigere ich auf jeden Fall, und wenn ich dafür eine Million hinblättern muss!

- Wir ziehen einen geringeren, sofortigen Gewinn einem größeren, zukünftigen Gewinn vor.

  Ausbildungsversicherung für die Kinder oder Hantelset? Absicherung der nachfolgenden Generation oder Wasch-brettbauch? Waschbrettbauch.

- Wir sind übertrieben vertrauensselig.

  Die Eigentumswohnung für zwei Millionen ist eine siche-

re Anlage. Dass sie auf einer Superfund-Seite angeboten wird, was soll's? Immobilien in Florida verlieren nie an Wert.

- Wir fürchten Veränderungen

Was war denn so verkehrt an der alten Marke?

Der Begriff Verhaltensökonomie klingt zwar nach Ökonomie, ähnelt aber als Fachrichtung mehr der Psychologie. Fragen Sie mal einen Psychologen, oder nein, besser nicht. Sonst bekommen Sie womöglich nur zu hören, dass der erste Behaviorist, der den Wirtschaftsnobelpreis bekam, Daniel Kahneman nämlich, von Haus aus Psychologe ist.

FALLSTUDIE **1**

DIE AKTEURE: *Amy und José*

Amy und José waren seit mehr als zehn Jahren verheiratet. Sie arbeitete als Rektorin an einer Privatschule, er war Partner in einer Anwaltskanzlei. Sie gehörten zu jenen rastlosen Großstadtpaaren in New York, die scheinbar mühelos 10 000 Dinge gleichzeitig bewerkstelligt kriegen – Kinder, zwei Häuser (eines in der Stadt, eines an der Küste), ein Kindermädchen, und obendrein waren sie Vorsitzende in mehreren Wohltätigkeitsorganisationen. Langeweile, so rühmten sie sich, kannten sie nicht. Während andere zu Hause blieben und es sich vor dem Fernseher gemütlich machten, verbrachten Amy und José die Abende in neu eröffneten Clubs oder auf Benefizveranstaltungen.

»Wenn alles rundlief, waren wir richtig heiß aufeinander«, sagte Amy, die gerne damit angab, dass sie und José noch immer dreimal die Woche Sex hatten. »Aber wenn dicke Luft zwischen uns herrschte, dann war richtig Krieg.«

Einen Streit hatte sie noch lebhaft vor Augen: José kam abends von der Arbeit nach Hause und war fix und fertig, weil er den ganzen Tag in Konferenzen hatte zubringen müssen und nicht dazu gekommen war, einen Vortrag auszuarbeiten, den er am folgenden Tag halten sollte. Infolge der aufsteigenden Panik, vor 200 Fachkollegen wie ein Idiot dazustehen, machte er sich ein Bier auf, ließ sich aufs Sofa fallen, schaltete den Fernseher ein und schaute eine Sportübertragung.

Amy hatte ebenfalls einen anstrengenden Tag hinter sich, stellte sich in die Küche, machte das Abendessen, räumte auf, badete die Kinder, machte sie bettfertig, las ihnen vor und sagte ihnen schließlich Gute Nacht. Sie hätte José erwürgen können – sich einfach vor die Glotze zu hocken, als wäre er allein zu Hause.

Nachdem die Kinder endlich im Bett lagen, ging sie ins Wohnzimmer, baute sich vor ihm auf und versperrte ihm die Sicht auf die Mattscheibe.

»Nur weil du einen schlechten Tag hattest, brauchst du den Rest der Familie noch lange nicht links liegen zu lassen«, herrschte sie ihn an.

José grummelte vor sich hin.

»Und übrigens, das nächste Mal, wenn die Kinder Hunger haben, machst du ihnen gefälligst was zu essen.«

»Ich hab dir doch gesagt, dass ich einen harten Tag hatte.«

»Ich auch. Und ich hab die Schnauze voll davon, dass die ganze Arbeit immer an mir hängen bleibt.«

José stellte den Fernseher aus. »Ich will jetzt nicht diskutieren«, sagte er. »Ich muss mich an meine Präsentation machen.«

»Halt, wir reden gerade.«

»*Wir* reden nicht. *Du* schreist. Du schreist *mich* an.«

»José, wir sind noch nicht fertig. Es geht nicht darum, wer schreit, es geht darum, dass du den Bogen überspannst.«

»Ach, lass mich doch einfach in Ruhe«, sagte José, stand auf und lief Richtung Schlafzimmer. Amy hinterher. Je mehr er versuchte, sie mundtot zu machen, desto wütender wurde sie. Nein, das ließ sie sich nicht bieten!

Ihr Streit artete aus, glitt vom Alltäglichen (Amy hätte seine Hilfe beim »Kinder-ins-Bett-bringen« gut gebrauchen können.) in eine Katastrophe. Und plötzlich brach alles hervor, was sich in den letzten Jahren angestaut hatte. Sie stritten stundenlang, drehten sich im Kreis, sagten auf 15 verschiedene Weisen immer wieder die gleichen Dinge, nur um den anderen auf Teufel komm raus zu überzeugen. Josés Präsentation wurde an jenem Abend nicht fertig. Und Amy war viel zu aufgebracht, um schlafen zu können.

DAS PROBLEM: **Multilaterales Verlustsystem**

Amy und José waren gegenüber der Sichtweise des jeweils anderen nicht etwa blind. Es mangelte ihnen auch nicht an Einfühlungsvermögen. Doch ab einem gewissen Punkt, nachdem sie so viel in diesen Streit investiert hatten, konnte keiner der beiden es ertragen zu verlieren. Dass sie aufgrund ihrer Verbissenheit ein aussichtsloses Spiel spielten, war ihnen nicht bewusst.

Normalerweise herrschte daraufhin einige Tage lang wortlose Eiseskälte, gefolgt von langsamem Tauwetter, zarten Annäherungen und schließlich Versöhnungssex. Über den vergangenen Streit verloren sie kein Wort mehr und machten einfach wie gehabt weiter. »Irgendwann waren wir es immer leid, uns gegenseitig zu hassen«, sagte Amy.

Dann, sobald wieder alles beim Alten war, stand die nächste Machtprobe ins Haus. Und mit der Zeit nagte dieser Teufelskreis an der Beziehung. Amy und Josés Risikoaversion während des Streits – eine Aversion, die ihnen nicht einmal bewusst war – verschlimmerte ihre langfristigen Verluste.

WAS DIE LEUTE SAGEN ...

Über das Streiten

In unserer Befragung gaben 71 Prozent der Teilnehmer an, dass sie manchmal das Gefühl haben, ein Streit sei ein »aussichtsloser Kampf« – was aber viele von ihnen nicht vom Streiten abhält.

- 53 Prozent gaben an, dass sie weiterstreiten, auch wenn sie sich ständig wiederholen.
- 34 Prozent gaben an, dass sie weiterstreiten, auch wenn sie sich nicht mehr daran erinnern, worum es ursprünglich ging.
- 34 Prozent gaben an, dass sie weiterstreiten, auch wenn sie wissen, dass sie Unrecht haben.

Die meisten Aktienhändler sind sich ihrer Risikoaversion ebenfalls nicht bewusst, weshalb sie häufig unkluge Entscheidungen treffen. Sie halten an einer Aktie fest, die an Wert verliert und angesichts des krankenden Unternehmens wahrscheinlich weiter an Wert verlieren wird, oder aber sie verkaufen eine Aktie, die gerade zum Höhenflug ansetzt, vor lauter Angst, dass sie morgen wieder fallen könnte.

Mit anderen Worten: Wenn wir erst einmal angefangen haben, gibt es kein Halten mehr. »(…) Einer Mission so verpflichtet zu sein, (…) dass man nicht mal mehr blinzeln kann«, so formulierte es einst Sarah Palin, Gouverneurin von Alaska, in einem Interview, als sie 2008 als Kandidatin für das Vizepräsidentschaftsamt ins Rennen ging. Und wie weit sie damit kam, ist bekannt.

Oder nehmen wir die Lehman Brothers als Beispiel. Die Investmentbank galt 2007 noch als milliardenschwerer Goldesel und brach nicht einmal ein Jahr später unter einem Schuldenberg zusammen, der mit einer riesigen Immobilienblase begonnen hatte. Als Kapitalzuführungen von Wohnungsbesitzern und gewerblichen Pächtern ausblieben, kam es zu einer Wertminderung der Lehman-Kapitalanlagen.

Zum Teil aber war es auch die simple Risikoaversion, die Lehman in die Knie zwang. Im Frühjahr 2008, als klar wurde, dass das Unternehmen schwer angeschlagen war, startete der damalige Vorstandschef Richard Fuld den Ausverkauf des Konzerns, um die Verluste einzudämmen. Hinter den Kulissen sah er sich nach Käufern um, diskutierte Fusionen und beschaffte Kapital, um Schulden zu tilgen. Es gab zwar interessierte Käufer, doch der gebotene Preis war Fuld zu niedrig. Im September musste Lehman Insolvenz anmelden, und Fuld verlor auf ganzer Linie – Hunderte Millionen an Aktien eines Unternehmens, an dessen Aufbau er maßgeblich beteiligt gewesen war, und nicht zuletzt auch seinen eigenen guten Ruf.

Man wird es nie mit Sicherheit sagen können, aber viele Experten sind heute der Meinung, dass es für Lehman auch anders hätte laufen können, hätte der Konzern seine Verluste beizeiten eingeräumt, die notwendigen Abschreibungen vorgenommen und sich einen Käufer gesichert, bevor alles zu spät war. Wer weiß? Lehman hätte die Krise unter Umständen überstanden, die Rezession wäre vielleicht milde verlaufen, Sarah Palin wäre eventuell in ruhige vier Amtsjahre als Vizepräsidentin gestartet und Millionen von Amerikanern würden heute immer noch glücklich und zufrieden in ihren vollfinanzierten Vorstadthäusern leben.

DIE LÖSUNG: **_Darüber schlafen_**

Aber bleiben wir bei Amy und José und sehen uns an, was mit den beiden geschah.

Es war Amy, die anstieß, dass sich etwas ändern musste. Und zufälligerweise war ihr Ansatz der gleiche wie der von David Einhorn, dem Hedgefonds-Manager von *Greenlight Capital,* wenn seine Risikoaversion sich meldete. Einhorn erzählte uns, was er dann normalerweise tat: Wenn er mit dem Management einer Firma, in die er Millionen investiert hatte, unzufrieden war und befürchtete, dass die Firma pleitegehen könnte, legte er die betreffenden Unterlagen in eine Schublade und gönnte sich erst einmal eine Auszeit. Anstatt die Aktien in Panik zu verkaufen – was eine emotionale Reaktion gewesen wäre, befeuert durch das Gefühl der unmittelbar bevorstehenden Verluste –, schlief er erst einmal eine Nacht darüber. Am nächsten Morgen, so Einhorn, sah er dann meist wieder klarer. Nicht, dass sich die Probleme der Firma über Nacht in Luft aufgelöst hätten, aber er war nun offener für Lösungsansätze, mit denen sich potenzielle Verluste möglicherweise abwenden ließen.

Schon erstaunlich, wie eine so alte Weisheit (»darüber schlafen«) auf ein so neuzeitliches Problem (»viel Geld zu verlieren«) anwendbar ist.

Oder auf einen (Beziehungs-)Streit. Nachdem sie sich zum x-ten Male bis spät in die Nacht gestritten hatten, befand Amy, dass es so nicht weitergehen könne. Auch wenn sie das Gefühl hatte, im Recht zu sein, schien sie mit ihrer Wut alles nur noch schlimmer zu machen: »Ich dachte immer, José müsse doch begreifen, dass ich Recht hatte, aber nein, Stunden später war immer noch Geschrei.«

Auf den Rat ihrer Mutter hin beschloss sie, sich zukünftig an die sogenannte 24-Stunden-Regel zu halten. Sie wollte fortan jedes Gefühl von Wut, das in ihr hochstieg, für mindestens 24 Stunden unter dem Deckel halten. Nicht, dass sie ihre Emotionen in sich hineinfressen wollte, aber sie wollte sehen, wie sich diese Gefühle 24 Stunden lang anfühlten. War ein Tag vorüber und es kochte innerlich noch immer in ihr, beabsichtigte sie, das Thema anzusprechen; wenn sie aber merken sollte, dass sich die Wut halbwegs gelegt hatte, wollte sie es dabei bewenden lassen.

Für Amy, die ein Leben lang geglaubt hatte, dass man jeden Streit sofort bereinigen müsse und es nicht gut sei, ein Gefühl der Wut mit sich herumzutragen, stellte dies eine echte Kehrtwende dar.

Das erste Mal, so erzählte sie, hatte sie fast das Gefühl, »zu explodieren«, als sie sich abends neben José ins Bett legte und es sich verbiss, ihm vorzuhalten, dass er mal wieder vergessen hatte, das Geld für den Babysitter abzuheben. »Das Einzige, woran er denken sollte«, sagte sie. »Doch er dachte nie an irgendetwas, und das war das Problem.«

Trotzdem, Amy sagte keinen Ton. Auch am folgenden Morgen nicht. Ohne zu wissen, was in Amys Kopf vorging, rutschte José im Halbschlaf zu ihr hinüber, nahm sie in den Arm und küsste sie in den Nacken. An jenem Abend drückte er ihr das Geld für den Babysitter unaufgefordert in die Hand und entschuldigte sich dafür, es am Vortag vergessen zu haben. »Ein Wunder«, sagte Amy.

Einige Monate später hatte die 24-Stunden-Regel ihre Wirkung deutlich unter Beweis gestellt. Häufigkeit und Intensität der Streitereien hatten nachgelassen. Amy hatte nun keine Angst mehr, am Ende eines Streits auch mal als Verlierer dazustehen und ärgerte sich auch nicht mehr darüber, dass José nicht sah, dass sie viel mehr machte als er. Oder dass er sie hier und da mit seinen Worten verletzte. Oder dass sie nicht genau die Entschuldigung von ihm bekam, die sie erwartete. Schließlich hatte sie José ja nicht von ungefähr geheiratet. Doch je öfter sie auf ihm herumgehackt hatte, desto weniger war er bereit gewesen, ihr zuzuhören.

Und genau hier sind sich Ökonomen und Psychologen einig. »Eine Auszeit ist eine großartige Idee«, meint der Medizinpsychologe und Familientherapeut Gerald Weeks, insbesondere, »wenn Paare nicht mehr vernünftig miteinander umgehen können«. Zusammen mit seinen Patienten legt er bestimmte Regeln für diese Auszeiten fest. Regel 1: Jeder Partner kann einseitig eine Auszeit für sich einfordern, wann immer er sie braucht. Regel 2: Derjenige, der diese Auszeit fordert, setzt ein zeitliches Limit von nicht mehr als einem Tag. Regel 3: Beide Partner denken während dieser Auszeit darüber nach, was genau das Fass zum Überlaufen gebracht hat. »Schuldzuweisungen sind nicht erlaubt«, erläutert Weeks. Man solle vielmehr darüber nachdenken, warum man selbst *so* und der Partner *so* reagiert hat. Nach der Auszeit soll über den Streit gesprochen werden, ohne dass dem Partner Schuldvorwürfe gemacht werden.

Amy und José streiten nach wie vor – und es kommt noch immer vor, dass Amy auch nach 24 Stunden noch vor Wut platzen könnte und José damit konfrontiert. Doch Amy versucht bewusst, nicht in den Bereich der Risikoaversion abzugleiten, wo es nicht mehr um ihre verletzten Gefühle geht, sondern nur darum, den Streit zu gewinnen.

»Wann immer ich an so einen Punkt gelange, nehme ich mir eine Auszeit«, sagte sie. Auch wenn es sie innerlich drängt, bis zum bitteren Sieg zu streiten, meldet sich die Stimme der Vernunft und erinnert sie daran, dass sie damit am Ende sehr viel mehr verliert (guten Willen, Vertrauen, Schlaf), als sie gewinnt.

FALLSTUDIE **2**

DIE AKTEURE: *Paula und Nivi*

Wo wir gerade über professionelles Streiten reden: Paula, eine der Autorinnen dieses Buches, die es von daher eigentlich besser wissen müsste, und ihr Mann Nivi stritten im ersten Jahr ihrer Ehe fast ununterbrochen – über einen Sessel!

Paula liebte ihn. Sie besaß ihn seit fast zehn Jahren und hatte ihn bei jedem Wohnungswechsel mit umgezogen. Sie hatte darin mit ihrer Katze geschmust. Sie hatte darin nach jedem schmerzlichen Beziehungs-Aus den Liedern von Joni Mitchell gelauscht. Dieser Sessel war für sie nicht einfach nur ein Sessel; mit seinem weichen, abgesessenen, schlammbraunen Velourslederbezug war er wie ein vertrauter Freund. Er war das bequemste Sitzmöbel im ganzen Haus. Wer konnte das nur anders sehen?

Nivi. Beim Anblick des Sessels sah er nicht dessen ideale ergonomische Form oder die warme Patina einer verlorenen Jugend. Er hatte lediglich einen hässlichen, ausgefransten, braunen und durch Katzenurin befleckten Klotz vor Augen. Nivi war der Meinung, Paula sei übertrieben sentimental und die Liebe zu ihrem Sessel sei »ungesund«.

Was Paula natürlich für abwegig hielt. Der Sessel aber war nur die Spitze des Eisbergs. Es war ja wohl kein Zufall, so Paula, dass Nivi all ihre Lieblingssachen am liebsten eingelagert hätte, bis sie eine »größere Wohnung« gefunden hatten?

Gut möglich, dass Paulas und Nivis Zankereien für ein jungvermähltes Paar typisch waren – eine Phase, die länger verheiratete Paare irgendwann überwinden. Sich über Möbel und Kleidung streiten? Dafür ist die Zeit doch viel zu schade. Nun, vielen ist sie das offenbar nicht, wie wir festgestellt haben. Im Zuge unserer Befragungen von Paaren, die alle zwischen drei und 30 Jahren verheiratet waren, hörten wir eine Geschichte nach der anderen, die der von Paula und Nivi mehr als ähnelten. Eines der Paare stritt sich sechs Monate lang über die Renovierung des Badezimmers – sie wollte alles neu haben, er die alten Armaturen behalten. Einem anderen Paar stand die Zwangsvollstreckung bevor, da es sich strikt geweigert hatte, den angesetzten Verkaufspreis für das Haus herunterzusetzen, selbst als die Immobilienpreise in den Keller rutschten.

Aber zurück zu unseren beiden Protagonisten. Der Kampf um den Sessel spitzte sich zu, als Nivi und Paula eines schönen Tages an einem Hinterhofflohmarkt vorbeikamen. Und dort stand auf dem Rasen ein alter Lehnstuhl – abgesessen, braunes Veloursleder. Preis: 20 US-Dollar.

Paula inspizierte ihn. »Die spinnen doch, wenn sie meinen, sie kriegen für das olle Ding noch 20 Dollar.«

Nivi war fassungslos. Da weigerte Paula sich hartnäckig, ihr eigenes »olles Ding« auszurangieren, und meinte allen Ernstes, dieses fast haargenau gleiche Ding sei kaum einen Cent wert.

»Hm, Paula, wie viel Geld müsste man dir bieten, damit du deinen Sessel verkaufst?«

»Sehr viel«, meinte sie. »Um die 500 Dollar.«

DAS PROBLEM: ***Der Besitzeffekt (Endowment Effect)***

Paula war ein Opfer des sogenannten Besitzeffekts, wie Ökonomen es bezeichnen, wenn wir den Wert eines Guts in unserem persönlichen Besitz irrational hoch bemessen. Es ist eine verhaltenspsychologische Eigenheit, die aus unserer Aversion zu verlieren herrührt: Einem Gut, das wir in unsrem Besitztum haben, verleihen wir eine höheren Wert als einem, das wir nicht besitzen. Insofern gehen wir bis zum Äußersten, um dieses Gut nicht zu verlieren.

Der Besitzeffekt bewirkt, dass wir auf einem Flohmarkt für unser gebrauchtes Wirtschaftsfachbuch fünf US-Dollar verlangen (nicht verhandelbarer Festpreis!), für das gleiche Buch aber nicht mehr als zwei Dollar auszugeben bereit sind, wenn wir es kaufen wollen. Er bewirkt auch, dass wir glauben, unser Haus sei 420 000 Dollar wert, unsere Nachbarin aber für völlig übergeschnappt halten, wenn sie sich einbildet, 320 000 Dollar für ihr Haus zu bekommen. Er bewirkt, dass Versandhandelsunternehmen eine kostenlose Warenrücknahme anbieten, weil sie sehr wohl wissen, dass Sie das Piratenkostüm wohl kaum zurückgeben werden, wenn Sie erst einmal gesehen haben, wie gut es Ihnen steht.

Der bereits erwähnte Daniel Kahneman wies den Besitzeffekt in einem klassischen Experiment nach. Er bat zwei Gruppen von Personen, den Wert zu benennen, den eine Kaffeetasse für sie hatte. Den Personen der ersten Gruppe sagte er, dass er ihnen die Kaffeetasse schenke. Den Personen der zweiten Gruppe sagte er nichts dergleichen. Die Personen der ersten Gruppe (die »Besitzer« der Kaffeetassen) setzten tendenziell einen höheren Preis für die Tasse fest als die Teilnehmer der zweiten Gruppe. Zudem wollten sie ihre Tasse behalten, auch als sie die Möglichkeit geboten bekamen, sie gegen Bargeld einzutauschen. Die Personen der zweiten Gruppe hingegen, die die Tasse nicht in ihrem Besitz hatten, entschieden sich für das Bargeld.

In Paulas Fall ging es nicht einfach darum, dass sie an ihrem Sessel hing – es ging darum, dass sie den Schmerz nicht ertragen konnte, ihn zu *verlieren*. Ihn zu verlieren würde bedeuten, alles zu verlieren, was für sie mit dem Sessel verbunden war: das ungebundene Single-Leben.

Aber war es dieses Möbelstück denn wirklich wert, sich weiterhin mit Nivi darüber zu streiten?

DIE LÖSUNG: *Die Umformulierung (Reframing)*

Ehe- und Paartherapeuten kommen in solchen Fällen gerne mit Weisheiten wie »sich nicht blind in den Kampf stürzen« oder »lernen, Kompromisse zu schließen« – beides probate Regeln. Aber sie sagen nichts darüber aus, warum wir diesen oder jenen Kampf überhaupt führen. Es geht sehr häufig nur darum, dass wir nicht verlieren wollen. Und diese Risikoaversion kann durch den hohen Wert, den wir Dingen beimessen, die uns (buchstäblich) lieb und teuer sind, ausgelöst werden.

Aber wie schaffen wir es, uns davon frei zu machen? Es ist schwer, Dinge loszulassen, an denen wir hängen.

Eine Methode ist die Umformulierung der Fragestellung: Sessel verlieren oder glückliche Zweisamkeit erlangen? Etwas emotional Wertvolles einbüßen oder etwas schönes Neues gewinnen?

Das Gefühl, etwas zu verlieren, hängt mitunter davon ab, wie wir die Frage »einrahmen«. Unterschiedliche Formulierungen können unser Entscheidungsverhalten unterschiedlich beeinflussen – ein Phänomen, das als Framing-Effekt (»Einrahmungseffekt«) bezeichnet wird und das Daniel Kahneman und Amos Tversky in zahlreichen Experimenten nachgewiesen haben. Dass wir Menschen geneigt sind, riskante Wetten einzugehen, je nachdem, wie sie uns präsentiert werden, haben wir bereits gesehen. In einem weiteren Experiment zum Nachweis des Framing-Effekts wurden die Probanden aufgefordert, sich vorzustellen, wie durch den Ausbruch einer Epidemie vermutlich 600 Menschen getötet werden, und sich dann zwischen zwei unterschiedlichen Programmen zur Rettung von Menschenleben zu entscheiden:

Programm A: Es besteht eine hundertprozentige Wahrscheinlichkeit, dass 200 Personen gerettet werden.
Programm B: Es besteht eine Wahrscheinlichkeit von einem Drittel, dass 600 Personen gerettet werden und eine Wahrscheinlichkeit von zwei Dritteln, dass keiner gerettet wird.

72 Prozent der Probanden entschieden sich für Programm A, das die größte Sicherheit bot, wenigstens einige Menschenleben zu retten.

Danach sollten sich die Probanden zwischen folgenden beiden Programmen entscheiden:

Programm A: Es besteht eine hundertprozentige Wahrscheinlichkeit, dass 400 Personen sterben werden.
Programm B: Es besteht eine Wahrscheinlichkeit von einem Drittel, dass niemand sterben wird, und eine Wahrscheinlichkeit von zwei Dritteln, dass alle 600 Menschen sterben werden.

78 Prozent der Probanden entschieden sich für Programm B, das immerhin eine gewisse Sicherheit bot, dass niemand sterben wird.

Sie merken schon: Es handelt sich um das gleiche Problem, nur anders beschrieben. Die erste Version formuliert, wie viele Menschen überleben werden, die zweite, wie viele sterben werden. Anders ausgedrückt: Es geht um potenzielle Gewinne bzw. potenzielle Verluste. Die Probanden orientierten sich stets an den Gewinnen.

Wie Lanie loszulassen lernte

Harold, ein Anwalt aus Miami, erzählte uns, wie er den Wert der Umformulierung für sich entdeckte, als es um eine ewig wiederholte (und ignorierte) Bitte ging, die er seit 25 Jahren an seine Frau Lanie hatte: Könnte Sie dieses weiße Schlabberkleid, das sie jeden Morgen anzog, wenn sie mit dem Hund Gassi ging, nicht endlich einmal ausrangieren? Nein, lautete Lanies ewig gleiche Antwort – mehr als zwei Jahrzehnte lang. Es gebe an diesem Kleid nichts auszusetzen, meinte sie. Es sei sehr bequem.

»Aber du blamierst dich darin«, war Harolds Antwort darauf. Und: »Du kommst daher wie eine Stadtstreicherin.«

Und: »Kauf dir doch ein neues weißes Kleid, wenn du unbedingt in einem weißen Kleid mit dem Hund Gassi gehen willst.«

Doch es half alles nichts.

Wie war das noch gleich mit dem Besitzeffekt? Eines Tages stand eine Renovierung des Schlafzimmers ins Haus, wofür sie ihren Kleiderschrank ausräumen mussten. Harold erkannte seine Chance und verpackte die Renovierung vor Lanie als die ideale Gelegenheit, Altes loszuwerden und Neues anzuschaffen. Und so nahm Harold beiläufig das weiße Kleid in die Hand und fragte, ob (jawohl, Sie ahnen es) man das langsam mal wegwerfen könne. Lanie seufzte kurz, willigte dann aber ein.

Ob eine Alternative so oder anders formuliert ist, kann unser Entscheidungsverhalten also durchaus verändern. Gleichermaßen kann sie unsere Kompromissbereitschaft erhöhen, was daran liegt, dass Kompromissbereitschaft sehr viel damit zu tun hat, ob wir uns potenziell verlieren oder gewinnen sehen.

Nivi kannte Paula gut genug, um zu wissen, dass es ihn keinen Schritt weiterbringen würde, wenn er ihr wegen ihres geliebten Sessels ständig Vorhaltungen machte. Wie also konnte er es anders anstellen? Er könnte eine Nützlichkeitstabelle mit Einträgen über die Funktion von »Sessel vs. neues Möbelstück« aufstellen – einen neuen Schreibtisch vielleicht, an dem Paula wie ein zivilisierter Mensch sitzen und an ihrem Buch schreiben könnte, anstatt krumm im Sessel zu hocken und Nackenschmerzen zu bekommen?

»Ich dachte, es würde sie freuen, wenn ich mich so ins Zeug lege und nicht einfach zum x-ten Mal gegen ihren Sessel wettere«, sagt Nivi.

Er zeigte ihr die Tabelle (sie freute sich wirklich!) und schlug vor, den Sessel durch etwas, das sie sich gemeinsam als Paar zulegten, zu ersetzen. Nivi erzählte ihr, er habe einen auf antik gemachten Schreibtisch im dänischen Landhausstil entdeckt – die perfekte Inspiration für eine Autorin.

Und siehe da, Paulas Studium der Wirtschaftswissenschaften zahlte sich an dieser Stelle aus. Sie wog die Kosten und den letztendlichen Nutzen (oder Gewinn) ab, die ein fortgesetzter Streit um den Sessel bringen würde, und kam zu dem Schluss, dass es an der Zeit war, den Sessel um des lieben Friedens willen auszurangieren. Aber nichts ist umsonst, wie man so schön sagt. Und so hatte Paula noch ein Ass im Ärmel, als Nivi sie unlängst fragte, ob sie etwas dagegen hätte, wenn er sich einen zweiten Hund zulegen würde. Nein. Keineswegs. Aber wenn er das täte, würde sie losmarschieren und sich einen alten Sessel kaufen.

Nichts ist umsonst

Diese Redewendung ist bis heute ein viel zitiertes Mantra unter marktliberalen Ökonomen, seit Milton Friedman, der Guru auf dem Gebiet der freien Marktwirtschaft, sie 1975 in einem seiner Bücher eingeführt hat. Sie besagt, dass auch Dinge, die »kostenlos« scheinen, nie wirklich kostenlos sind. Irgendwer bezahlt immer dafür. Ein Gratiskonzert mag kostenlos für Sie als Besucher sein, doch es kostet den auftretenden Künstler Zeit, die er dafür verwenden könnte, auf einem kostenpflichtigen Konzert Geld zu verdienen. Und dass es das zweite Paar Socken vom Wühltisch nicht wirklich umsonst dazugibt, versteht sich wohl von selbst. Also: Wenn eine Frau ihrem Partner ein Zugeständnis macht, wird das den Mann irgendwann irgendetwas kosten.

FALLSTUDIE **3**

DIE AKTEURE: *Rob und Ellen*

Rob und Ellen lernten sich kurz nach ihrer Collegezeit auf einer Party kennen. Sie unterhielten sich die ganze Nacht miteinander. Kurz darauf folgte das erste Date. Der erste Kuss.

Die Monate gingen dahin. Sie lernten jeweils die Freunde des anderen kennen und verbrachten ein langes Wochenende zusammen. Ihre alten Gewohnheiten verloren sich allmählich: Sonntags schliefen sie lange aus, anstatt ins Fitnessstudio zu gehen; samstags kochten sie zu Hause, anstatt sich mit Freunden in einem Lokal zu treffen. Der Sex war unbeschreiblich! Sie fühlten sich auf eine geradezu magische Art miteinander verbunden. »Ich erinnere mich an diese Zeit, als wäre sie ein einziger Traum gewesen«, sagte Ellen.

Aber es war kein Traum. Es war die Phase der ersten Verliebtheit, die Psychologen als »Limerenz« bezeichnen – ein unfreiwilliger Zustand des intensiven Begehrens. Limerenz ist etwas anderes als Schwärmerei. Sie geht tiefer, ist dauerhafter und vergleichsweise zwanghaft. Wissenschaftler haben herausgefunden, dass der Serotoninspiegel (Serotonin ist auch als »Glückshormon« bekannt.) von Menschen im limerenten Zustand ähnlich hoch ist wie der von Menschen mit einer Zwangsneurose. Wir sind dann also buchstäblich verrückt vor Liebe!

Ein Jahr ging ins Land. Rob und Ellen stellten einander ihre Familien vor, machten Urlaub in Mexiko … und kamen an einen weiteren Meilenstein: Sie hatten ihren ersten großen Streit. Ellen ließ einen lange geplanten Kurztrip platzen, weil sie ihrer Schwester beim Umzug helfen wollte. »Sie führte sich auf, als hätte sie keine andere Wahl«, meinte Rob. »Und ich solle mich gefälligst nicht so haben, wenn ihre Schwester sie beim Kistenpacken brauchte, schließlich hätten wir die Reise *aus unserer gemeinsamen Kasse* bezahlt.« »Er nahm das Ganze viel zu dramatisch«, sagte Ellen. Zu diesem Zeitpunkt waren sie beide 27 Jahre alt. Insgeheim fragten sie sich, ob ihre Beziehung in eine Ehe münden würde.

Doch beide hatten in dieser Hinsicht Bedenken. Rob fragte sich insgeheim, ob er schon genug Frauen kennen gelernt hatte. Und Ellen horchte in sich hinein, ob sie dann wirklich den Kauf jedes neuen Zahnputzbechers mit Rob absprechen wollte. Rob schwor sich, seine sonntäglichen Basketballspiele niemals aufzugeben, nicht um alles in der Welt, auch nicht für zukünftige Kinder. Ellen wollte irgendwann einmal im Ausland leben, wusste aber, dass Rob nie und nimmer mitkommen würde.

Trotz aller Bedenken fingen sie an, offen über eine Heirat zu sprechen.

»Was hältst du vom Heiraten?«, fragte Rob sie eines Abends.

»Fragst du mich jetzt, ob ich dich heiraten will?«, fragte Ellen.

»Nein«, sagte Rob. »Mich interessiert nur, wie du allgemein darüber denkst.«

»Allgemein finde ich es gut, zu heiraten«, sagte Ellen.

»Mich zu heiraten? Oder das Heiraten an sich?«

»Ich denke mal beides.«

Am nächsten Morgen beim Frühstück nahm Ellen den Faden wieder auf. »Möchtest du noch einmal über diese Sache sprechen, auf die du mich gestern kurz angesprochen, die du dann aber nicht weiter erwähnt hast?«

»Welche Sache?«, fragte Rob.

»Die Sache mit dem Heiraten. Ob ich dich heiraten wolle.«

»Ich habe dich nicht gefragt, ob du mich heiraten willst«, sagte Rob.

»Ja, aber du hast es überlegt.«

»Ja, es kam mir kurz.«

»Mir auch – sollen wir es ernsthaft überlegen?«

Und dann endlich sprachen sie wie zwei erwachsene Menschen über das Heiraten. Beide wollten sie Kinder – Rob wollte drei, Ellen wäre mit einem Kind zufrieden. Beide hatten Angst, ihre Unabhängigkeit zu verlieren und wollten sich ihre Eigenständigkeit auch in der Ehe bewahren.

Ihr Fazit: Ja, es würde klappen. Sie wagten den Sprung in die Ehe.

Das Eheleben verlief nicht ganz so, wie Rob und Ellen es sich vorgestellt hatten. Ihre Liebe zueinander hatte auch weiterhin Bestand – die Limerenz war allerdings nicht mehr vorhanden.

Wie so oft in einem jungen Eheleben waren die Finanzen ein Thema. Wie sollten sie sich bei ihren kleinen Gehältern als Angestellte in einem Modegeschäft bzw. Lehrer und den hohen Lebenshaltungskosten in San Francisco jemals Kinder oder eine geräumigere Wohnung leisten können?

Ellen begann ein Psychologiestudium, was Rob unterstützte. Er selbst war leidenschaftlich gerne Lehrer und wollte, dass Ellen ebenfalls einen Beruf ergriff, der ihr Spaß machte. Doch nach vier Semestern kamen Ellen Zweifel. »Sich den ganzen Tag lang die Probleme anderer Leute anzuhören – wie deprimierend«, sagte sie. Sie erwog, auf ein Doktorandenprogramm im Forschungsbereich umzusteigen. Doch der Gedanke, fünf weitere Jahre dranzuhängen und bei all der Konkurrenz auf dem Arbeitsmarkt am Ende womöglich ohne Job dazustehen, war ihr ein Graus.

Während Ellen überlegte, wie es mit ihr weitergehen solle, wurde sie schwanger. »Wir haben es nicht darauf angelegt, aber es auch nicht *nicht* darauf angelegt«, meinte sie. Ihren Abschluss machte sie schließlich doch, einen Job fand sie aber nicht, so gerne sie bis zur Geburt noch als Psychologin gearbeitet hätte.

Ein Gehalt reichte vorerst zum Leben … bis Ellen ein Jahr später erneut schwanger wurde. Die Frage, wie sie künftig über die Runden kommen sollten, belastete sie beide. Ellen fragte sich, ob sie jemals etwas anderes sein würde als Hausfrau und Mutter. Sie stritten sich die gesamten neun Monate der Schwangerschaft lang.

Bei aller Freude über ihre zwei Kinder begannen sie ihre einst so fröhliche Zeit als Paar zu vermissen. Das Paar, das tollen Sex hatte, ins Kino ging, jede Nacht acht Stunden Schlaf abbekam und nie über Geld gestritten hatte.

In ihren dunkleren Momenten dachte Ellen sogar über Trennung nach. »Ich habe alle möglichen Varianten durchgespielt«, sagte sie. »Was, wenn wir gar keinen Sex mehr hätten? Würde das bedeuten, dass ich überhaupt nie wieder Sex hätte, oder würde ich Affären haben? Könnte ich Sex mit anderen Männern haben und Robert nach wie vor lieben?«

Rob liebte seine beiden Kinder über alles, aber auch er hatte Momente, in denen er sich nach dem unkomplizierteren Leben mit nur einem Kind zurücksehnte. »Mit einem Kind war es einfacher«, sagte er. »Mit einem Kind hatten wir am Wochenende immer mal Zeit für uns. Aber zwei Kinder, das ist ein Unterschied wie Tag und Nacht. Arbeit, Kinder, Arbeit, Kinder – rund um die Uhr. Knallhart.«

Rob und Ellen wurden von einem ewigen Rätsel eingeholt, auf das auch Millionen Eltern vor ihnen keine Antwort fanden: Warum gerät etwas, das wir einmal so sehr wollten, zu einer so herben Enttäuschung?

DAS PROBLEM: **»Status-quo-Tendenz«**

Ökonomen würden Rob und Ellen eine sogenannte »Status-quo-Tendenz« (ein Auswuchs der Risikoaversion) bescheinigen, die uns veranlasst, das Bekannte und Vertraute dem Unbekannten und Fremden vorzuziehen. Jede Veränderung bedeutet Verlust, und Verlust ist etwas, mit dem unser Gehirn nicht sonderlich gut umgehen kann.

»Verluste (…) werden nicht durch den Status von Reichtum oder Wohlergehen bewertet, sondern durch Veränderungen in Relation zu einem Referenzpunkt«, schreibt der Wirtschaftswissenschaftler Richard Thaler.

Es geht in unserem persönlichen Glücksempfinden also nicht darum, wo wir uns zum momentanen Zeitpunkt befinden, sondern wo wir heute in Relation dazu, wo wir uns *gestern* befanden, stehen.

In der Ökonomie ist der Status quo oft eine Zahl – der Kaufpreis einer Aktie, der Verkaufspreis einer Immobilie oder das Jahreseinkommen –, wenngleich diese Zahl einer natürlichen Progression oder zyklischen Werten unterworfen ist.

Um zu verstehen, wie die Status-quo-Tendenz funktioniert, werfen wir noch einmal einen Blick auf den Aktienhandel. Ein Händler, der eine Aktie zu 10 US-Dollar kauft, zeigt fortan eine Tendenz für diesen Preis – er ist überzeugt, dass die Aktie diesen Preis langfristig wert ist. Wenn die Aktie am folgenden Tag auf 8 Dollar abrutscht, gerät er in Panik. Er weigert sich zu verkaufen – auch wenn die Anzeichen sich verdichten, dass das Unternehmen schwächelt –, bis der Preis wieder auf 10 Dollar steigt. Der Grund: Er ist verlust-aversiv; er will, dass die Dinge so bleiben, wie sie sind. Tag um Tag fällt der Preis seiner Aktie, womit er immer wieder Gelegenheit hätte, seinen Verlust zu mindern, aber er weigert sich stur zu verkaufen.

Die Status-quo-Tendenz tritt aber auch umgekehrt ein, wenn der Preis der Aktie steigt. Ein Gewinn von 2 Dollar verursacht bei unserem Händler ein ebenso ungutes Gefühl. Anstatt sich über seinen Gewinn zu freuen, hat er Angst, dass seine Aktie jeden Moment wieder unter 10 Dollar rutschen könnte, er dann aber rechtzeitig verkaufen wird. Inzwischen steigt die Aktie auf 14 Dollar und er gibt sich einen Ruck. Studien zeigen, dass Händler eher an Verlustaktien festhalten als an Gewinnaktien. »Durch das Festhalten an Aktien, die sie eigentlich gar nicht wollen, bis sie nicht ›wenigstens den Kaufpreis wieder drin haben‹, geht Investoren wohl mehr Geld verloren als durch irgendeine andere Ursache«, schreibt Philip Fisher, Autor von *Die Profi-Investment-Strategie*. Auf der anderen Seite, so Fisher weiter, gibt es »so gut wie nie« den besten Zeitpunkt für den Verkauf einer Gewinnaktie.

Das Problem ist, dass unser bevorzugter Status quo sich an dem von gestern orientiert, der aber per definitionem entschwunden und vorbei ist. Er hat mit der Gegenwart nichts mehr zu tun. Der Status quo heute kann ein ganz anderer sein, doch solange wir unseren Blick in die Vergangenheit richten, können wir das, was heute gilt, nicht akzeptieren und anerkennen. Auf Rob und Ellen bezogen heißt dies, dass sie das »neue Paar«, das sie nun waren, nicht als den neuen Status quo anerkannten – sie sehnten sich schlicht nach dem »alten Paar« zurück. Die Limerenz, das war der alte Status quo. Nichtsdestotrotz klammerten die beiden sich daran. Es war ihr Referenzpunkt, ihr spezieller Vergleichswert, auf den sie alles Neue in ihrem Leben bezogen.

Die Grafik unten orientiert sich an der Darstellung der Risiko-aversion in der Grafik auf S. 67, versucht aber anhand der typischen Variablen einer Beziehung deutlich zu machen, ab welchem Punkt Rob und Ellen das Ende ihrer limerenten Phase als einen Verlust begriffen, obgleich ihre Ehe einen Riesengewinn darstellt, wie ebenfalls sehr gut erkennbar ist (an guten Tagen auch für Rob und Ellen). Doch sobald sie auf die erste aufregende Phase ihrer Verliebtheit zurückblicken, *empfinden* sie einen Verlust, der sie zutiefst deprimiert.

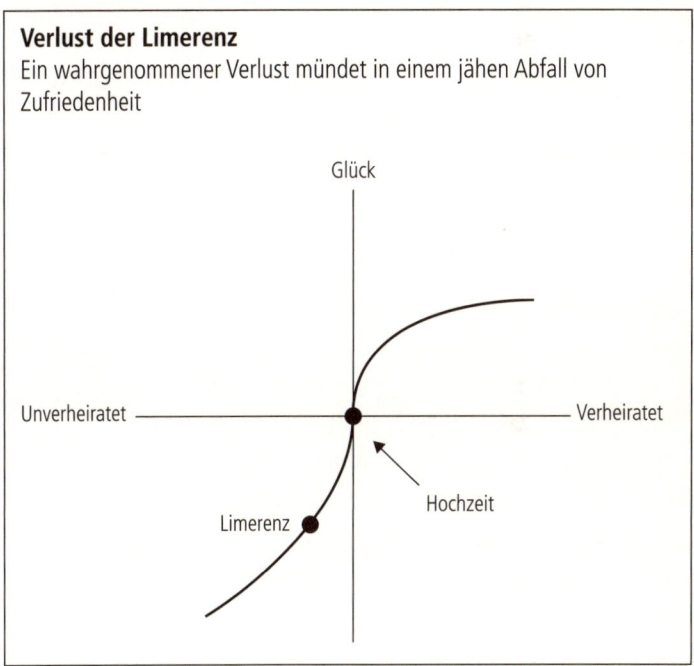

Verlust der Limerenz
Ein wahrgenommener Verlust mündet in einem jähen Abfall von Zufriedenheit

Aktive Entscheidungsfindung

Was konnten Rob und Ellen also ohne eine Zeitmaschine tun?

Zunächst einmal mussten sie erkennen, dass sie nicht das Problem hatten, das sie glaubten zu haben. Nicht mehr jeden Tag Sex zu haben war nach fünf Jahren und zwei Kindern kein Problem an sich. Das war normal. Ebenso wie die Tatsache, dass man sich nicht mehr bei jedem Wiedersehen und Abschied küsste und umarmte.

Ihr Problem war, dass sie ein Problem zu haben glaubten.

Sie heirateten, weil ihnen danach war. Und weil das Gefühl dabei stimmte. Nun war das Gefühl aber ein anderes. Und das versetzte sie in Panik. Sie hatten den Fehler gemacht anzunehmen, dass die Limerenz von Dauer wäre; dabei ist sie nur eine dynamische Phase in einer Beziehung, die sich von Tag zu Tag, ja von Minute zu Minute verändert. Die Limerenz war der Status quo von damals – nicht der von heute. Während Rob und Ellen sich einredeten, sie müssten etwas zurückgewinnen, was nicht mehr bestand, entgingen ihnen die eigentlichen Gewinne ihrer Ehe.

Manche Menschen lösen dieses Problem, indem sie eine Affäre beginnen, um sich wieder jung und begehrt zu fühlen. Andere machen sich auf die Suche nach etwas, das ihnen erfüllender erscheint.

Die Schlauen aber entwickeln Realitätssinn.

»Den Paaren, die zu mir kommen, mache ich zunächst einmal verständlich, dass die Vergangenheit vergangen ist und sie sie nicht zur Sprache bringen sollten, wenn sie sie nicht unmittelbar mit der Gegenwart in Verbindung bringen können«, sagt der Psychologe Stephen Koncsol. »Das fällt den meisten sehr schwer.«

Oder wie ein Ökonom es formulieren würde: Das Festhalten an

alten Referenzpunkten wie der Limerenz wird nicht zu einer optimalen Entscheidungsfindung führen. Wenn sich das Leben verändert, muss man sich selbst mitverändern.

Das fällt natürlich nicht immer leicht. Man ist es gewohnt, die Dinge auf eine bestimmte Weise zu sehen. Eine spezifische Sichtweise zu verschieben, und sei es noch so minimal, kann sich wie die Besteigung des Mount Everest anfühlen. Ja, man ist enttäuscht, beim Sex nicht jedes Mal eine halbe Stunde Vorspiel genießen zu können und wertet dies als ein Zeichen – ein Zeichen dafür, dass das erotische Feuer erloschen ist. Man fühlt sich welk und träge. Wozu also noch Sex?

Doch genau an diesem Punkt bräuchten Sie einen Wirtschaftswissenschaftler in Ihrem Schlafzimmer, der zur Stelle ist, wenn Sie sich mal wieder mit der Frage im Kreis drehen, wie und wann Ihr Beziehungsleben in ein unfreiwilliges Zölibat abrutschen konnte; der Ökonom würde dann mit den Fingern schnippen und Ihnen einen Vortrag über ein verblüffend einfaches Konzept halten: »aktive Entscheidungsfindung«. Dahinter verbirgt sich Folgendes: Bringen Sie sich aktiv in relevante Entscheidungsprozesse Ihres Lebens ein. Lassen Sie Entscheidungen, die Ihr Leben berühren, nicht schleifen.

Der Ökonom erörtert das Thema aktive Entscheidungsfindung natürlich normalerweise nicht im Kontext von Sex oder Partnerschaft. Das Thema kommt bei ihm eher in Bereichen wie Gesundheitsökonomie, Vertragstheorie oder Ruhestandsrücklagen zur Sprache. Sollte ich mich gesetzlich oder privat krankenversichern? Wie viel Prozent von meinem Einkommen sollte ich für die Altersvorsorge zurücklegen? Oder sollte ich mich auf die Betriebsrente verlassen? Sollte ich das Abonnement meiner Fachzeitschrift, die ich sowieso nie lese, kündigen oder es mit automatischer Verlängerung weiterlaufen lassen?

Jahrelang gingen Wirtschaftswissenschaftler davon aus, dass wir auf derlei Fragen mit der Antwort reagieren, die am vernünftigsten scheint. Wer einen Arzt frei wählen möchte, entscheidet sich für die Privatversicherung. Wer auch mit 80 noch ein sicheres Dach über dem Kopf haben will, zahlt in eine Lebensversicherung ein. Doch Studien haben ergeben, dass wir lieber am Status quo festhalten, als eine Wendung zum Besseren zu vollziehen. Das Festhalten an Altem und Bewährtem (auch als passive Entscheidungsfindung bezeichnet), spart uns Zeit und gedankliche Arbeit, führt aber nicht zu optimalen Ergebnissen. Wir sparen dabei nichts, sondern geben am Ende sogar mehr Geld aus, weil wir eine zu teure Krankenversicherung haben oder unser Abonnement nicht kündigen.

Wie wir festgestellt haben, ist die aktive bzw. passive Entscheidungsfindung für die Ökonomie einer Partnerschaft von größter Bedeutung. Wir sind zum Beispiel passiv, wenn es darum geht, das erotische Feuer am Lodern zu halten, machen lieber ein Sudoku als Sex zu haben, sehen lieber fern, als uns zu unterhalten und trinken lieber ein Glas Wein, als auf dem Laufband zu schwitzen. Es braucht eine aktive Entscheidung, um diese Gewohnheiten zu durchbrechen. Zum anderen sind wir auch in unserer Sicht auf die Beziehung, die nie wieder so sein wird, wie sie einmal war, passiv. Warum sich also grämen?

Zurück zu Rob und Ellen. Die beiden hatten nicht die aktive Entscheidung getroffen, aus dem alltäglichen Trott herauszukommen und ihr Liebesleben aufzupeppen. Und sie hatten zudem nicht die aktive Entscheidung getroffen, auch die Gewinne ihrer Ehe und nicht immer nur die Verluste zu sehen. Doch Entscheidungen müssen aktiv getroffen werden, um den Status quo auf die Jetztzeit umzustellen.

Das ein oder andere mag ja »schlechter« geworden sein (weniger Sex, seltener Zeit für sich selbst). Aber was ist »besser« geworden? Welche Gewinne gab es?

Um eine Antwort auf diese Fragen zu finden, mussten Rob und Ellen einige Daten sammeln (Ökonomen lieben Daten – wir übrigens auch), was sie auf unseren Rat hin auch taten. Sich gemeinsam hinzusetzen und niederzuschreiben, was sich verändert hat, erleichtert es, sich die eigene Risikoaversion bewusst zu machen.

STATUS QUO GESTERN	STATUS QUO HEUTE
Nächtelang durchmachen	Film gucken; Pizzaservice anrufen
60 km Radtour, danach Burgeressen	60 Minuten Spielplatz, Zeichentrickserien
Nickerchen	Kein Nickerchen
Ausgehen	Nachtschichten
Französische Bulldogge	Zwei wunderbare Kinder
Urlaub am Meer	Urlaub in Disneyland
Interessante Unterhaltungen	Altersvorsorge besprechen
Existenzangst	Existenzangst
Den ganzen Tag in Schlabberklamotten verbringen	Ordentlich angezogen sein
Orgasmus: mehrfach	Orgasmus: ein echter, zwei vorgetäuschte

Mal ehrlich: Die rechte Spalte enthält keine Verluste an sich, sondern im Vergleich zur rechten Spalte lediglich andere Arten von Aktivitäten. Als Rob und Ellen ihre jeweiligen Listen besprachen, wurden sie an die positiven Seiten ihrer Ehe erinnert – an die Zeit, die sie mit ihren Kindern verbrachten – beim Entenfüttern oder zusammengekuschelt auf dem Sofa vor dem Fernseher.

Überdies wurde ihnen bewusst, dass sie einige Dinge aus ihrem vergangenen Leben wieder aufnehmen konnten, wenn sie es nur richtig angingen. Sie könnten ein Wochenende ohne Kinder verbringen, indem sie Robs Eltern die Enkel überließen. Sie könnten einen Babysitter engagieren und sich wieder häufiger mit ihren Freunden treffen. Einen faulen Sonntagmorgen konnten sie sich zwar nicht mehr so richtig vorstellen – zumindest nicht für die nächsten Jahre –, aber Ellen meldete sich immerhin für ein Radrennen an. Und Rob trat einem Bowling-Club bei. Gewiss, sie hatten auf ihrem gemeinsamen Lebensweg einige vergnügliche und romantische Dinge eingebüßt, aber summa summarum war ihr Leben doch wunderschön – trotz aller Verluste.

ANGEBOT UND NACHFRAGE

Oder: So haben Sie wieder mehr Sex

Das Prinzip

Sprechen wir mal eine Minute lang von der negativen Nachfragefunktionskurve. Was soll das denn sein, werden Sie jetzt fragen. Sie hatten gedacht, es ginge hier um Sex, richtig? Sie hatten gedacht, Sie erführen jetzt, wie Sie das Feuer im Bett anheizen können, richtig? Und nun fühlen Sie sich von irgend so einem ökonomischen Gesetz eindeutig unsexueller Natur reichlich veralbert. Verständlich, aber lesen Sie trotzdem weiter. Dieses Kapitel zeigt intime Details aus dem Liebesleben anderer Leute und wird die Häufigkeit aufregender Aktionen mit Ihrem Herzblatt *garan-*

tiert steigern. Doch Geduld, zunächst müssen wir über das höchst unsexy erscheinende Diagramm sprechen, das Sie unten sehen.

Halt, nicht die Augen verdrehen: Es geht um die Rettung Ihres Liebeslebens.

Das Diagramm zeigt etwas sehr Simples: Werden die Kosten für etwas zu hoch, will man weniger davon. Beispiel: Schießt der Preis für Milch in die Höhe, trinken Sie Ihren Kaffee schwarz. Klettert der Benzinpreis auf vier Euro pro Liter, fahren Sie öfters Rad. Kostet ein Päckchen Zigaretten

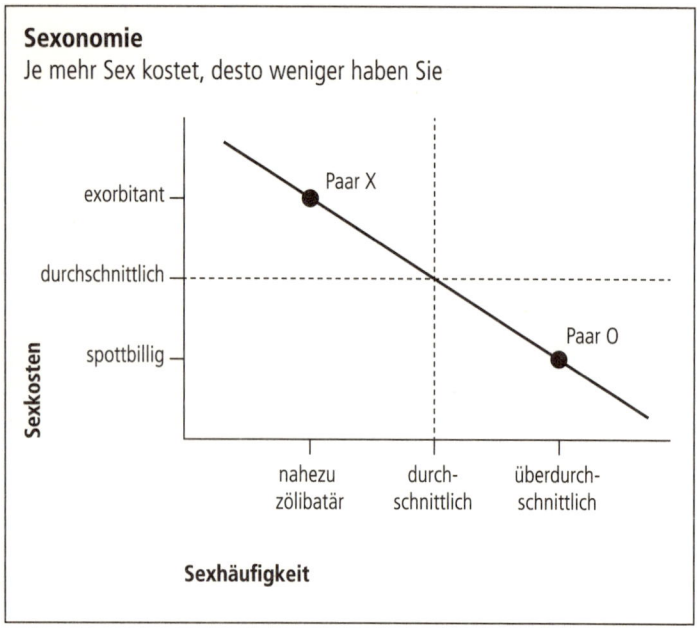

acht Euro, kauen Sie Nikotinkaugummis. Und wenn die Kosten für den Sex zu hoch werden, entscheiden Sie sich lieber für einen Fernsehabend mit Gummibärchen. Wichtig: Die »Kosten für den Sex« sind hier nicht wörtlich im Sinne von »bezahlen« gemeint. Gemeint ist vielmehr das, auf was Sie verzichten müssen, um ihn zu bekommen – eine Viertelstunde Schlaf beispielsweise; oder die Zeit, die Sie für das Beantworten von E-Mails gebraucht hätten; oder ein paar Minuten, um noch einmal rasch zum Supermarkt zu laufen, damit die lieben Kleinen ihr Bioapfelmus bekommen.

Nun zu unserem Diagramm. Auf der senkrechten Achse sehen wir die Kosten für Sex, auf der waagrechten die Menge an Sex. Achten Sie darauf, was passiert, wenn Sie die Kosten von »durchschnittlich« auf »spottbillig« senken: Aus »durchschnittlich oft« wird »überdurchschnittlich oft«. Erhöhen Sie hingegen die Kosten auf »exorbitant«, finden Sie sich im »zölibatären« Bereich wieder.

In die diagonale Nachfragekurve haben wir zwei Punkte eingezeichnet, einmal Paar X, und einmal Paar O. Für Paar X ist Sex mit extrem hohen Kosten verbunden – im Sinne von Zeit, Energie und liegen bleibende Arbeiten. Es kostet schlicht zu viel Mühe. Paar X hat nur einmal im Monat Sex. Anders Paar O, das seine Kosten mit Quickies, wann immer sie der Alltag erlaubt, gesenkt hat. Paar O hat so mehrmals in der Woche Sex.

Paar O ist Ihnen weitaus sympathischer, nicht wahr?

Über Sex

Obwohl wir alle gerne Paar O sein wollen, verspüren wir das dringende Bedürfnis, Sie zu warnen. Immer nur danach zu lauschen, was bei anderen im Bett so los ist, und sich mit ihnen zu vergleichen, ist der sichere Weg in den Ruin. Der ökonomische Fachbegriff dafür heißt »Marktstörfaktoren«. Er bezeichnet das lärmende Rauschen dort draußen im marktwirtschaftlichen Äther, das uns zuträgt, welche Firmen gerade hip sind und welche nicht. »Marktstörfaktoren« haben meist keinerlei Grundlage in der Marktrealität, weshalb sie normalerweise ignoriert werden.

Aber als Menschen, die wir nun mal sind, können wir uns diesem Rauschen nicht entziehen. Es bricht förmlich über uns herein, wie unsere Befragung verheirateter Paare ergeben hat:

- 51 Prozent sprechen mit ihren Freunden über ihr Liebesleben.
- 58 Prozent sprechen mit ihren Freunden über das Liebesleben ihrer Freunde.
- 60 Prozent lesen Artikel und Bücher zum Thema »besserer Sex«.
- 53 Prozent sehen sich im Fernsehen Diskussionsrunden über das Liebesleben anderer Leute an.

Das Problem: Im Laufe einer Ehe bewegen sich die meisten Paare von O in Richtung X. Kein Grund, landesweit den sexuellen Notstand auszurufen, aber wie wir auf unserer Rechercherreise erfuhren, haben die meisten Paare nicht so oft Sex, wie sie gerne hätten. Mehr als 78 Prozent der Teilnehmer gaben an, während der ersten Zeit ihrer Ehe oder Partnerschaft täglich oder mindestens zwei- bis dreimal wöchentlich Sex gehabt zu haben, verglichen mit 28 Prozent, bei denen dies bis heute unverändert geblieben ist. Die Mehrheit jedoch, 54 Prozent, wünschte sich häufiger Sex.

Auch einschlägige Forschungsergebnisse deuten zunehmend auf einen Zusammenhang zwischen Sex und Eheglück hin. Laut einer Studie des *Pew Research Center* ist eine »glückliche sexuelle Beziehung« für erwachsene US-Amerikaner hinter Treue der zweitwichtigste Faktor für eine funktionierende Ehe. Und dem *General Social Survey* (GSS) zufolge, einem Befragungsprogramm, das Daten zum Sozialverhalten der amerikanischen Bevölkerung erhebt, sind für »mehr Sex« drei Faktoren ausschlaggebend: 1) jung sein (unter 30); 2) weniger als drei Jahre verheiratet sein; 3) die eigene Ehe als glücklich bewerten.*

In unserer eigenen Erhebung meinten 92 Prozent der Befragten, die zwei bis dreimal die Woche Sex haben, dass sie zufrieden oder hochzufrieden mit ihrer Beziehung seien. Im Vergleich dazu sagten dies lediglich 56 Prozent der Befragten, die nach eigenen Angaben nur alle paar Monate Sex haben.

---

* Verheiratete haben 28 bis 400 Prozent mehr Sex als Unverheiratete (in verschiedenen Altersphasen). Egal, wie schlimm Sie glauben, es getroffen zu haben – ein Single-Dasein wäre auch keine gute Lösung.

»Bei den meisten Paaren gibt es einen Rückkopplungseffekt zwischen Glück und Sex«, erläutert Denise Donnelly, Dozentin für Soziologie an der Georgia State University, in der *New York Times.* »Glückliche Paare haben mehr Sex, und je mehr Sex ein Paar hat, desto glücklicher ist es wohl auch.«

Warum machen wir es nicht genauso? Was hält uns davon ab?

Die Antwort, die wir fast immer zu hören bekamen, war die, dass wir zu beschäftigt mit anderen Dingen sind. Paare, ob jung oder alt, kümmern sich mehr um Arbeit und Kinder als um ihr Liebesleben. »Zu müde« gaben die Befragten in unserer Studie als Hauptursache für immer selteneren Sex an – dicht gefolgt von »nicht in Stimmung« oder »wütend«.

Einige Paare sagten, sie hätten es aufgegeben, sich darüber Gedanken zu machen. Die Autorin und Gesellschaftskritikerin Caitlin Flanagan schreibt in der Zeitschrift *Atlantic:* »Nichts wirft ein so klares und gnadenloses Licht auf das Objekt der Begierde als das pausenlose Zusammenleben und aufreibende Alltagspflichten.« Ihr Rezept: Mehr Sex.

Das ist auch unser Rezept. Und wir haben sogar eine Strategie, wie Sie so weit kommen: Kosten senken. Sie werden sehen, die nachgefragte Menge wird umgehend steigen. Um herauszufinden, wie sich die Kosten senken lassen, waren uns etliche Paare behilflich. So kamen wir auf drei gangbare Wege.

Erstens: Schaffen Sie Transparenz. Transparenz ist *die* Voraussetzung für einen effizienten Markt. Dazu gehört, dass Sie Ihren Partner nicht im Unklaren darüber lassen, ob Sie im Moment lieber Golf spielen oder Sex haben wollen.

Zweitens: Legen Sie alte Gewohnheiten ab. Haben sich bestimmte Muster erst einmal eingeschliffen – wie etwa keinen Sport zu treiben oder vor dem Zubettgehen keine Zahnseide zu benutzen –, ist es sehr schwer, sie wieder abzulegen. Als Frischvermählte haben wir meist ganz tollen Sex. Aber irgendwann holt uns dann der Alltag ein. Wir sind nicht mehr Lehrling, sondern Chef einer Firma, haben zwei Kinder, 400 unbezahlte Rechnungen, schmerzende Füße – und Sex haben wir uns abgewöhnt. Ihn wieder aufleben zu lassen, ist lediglich eine Frage der Senkung der Anschubkosten.

Drittens: Senden Sie Signale aus. So weiß Ihr Partner ganz genau, was und wann Sie es wollen. Obendrein umgehen Sie damit so unangenehme Situationen wie darum betteln zu müssen oder einen Korb zu bekommen.

Wir wollen Ihnen nun drei Paare vorstellen, die diese Strategien umgesetzt haben. Nicht etwa Paare, die jahrein, jahraus tollen Sex haben, obgleich wir auf unserer Recherchereise auch solche Paare getroffen haben. (Seid an dieser Stelle gegrüßt, wir beneiden euch und wünschen uns fast ein bisschen, es würde euch nicht geben.) Stattdessen wählten wir Paare aus, die nie überragenden Sex hatten, aber eine Wende zustande gebracht haben. Ebenso wie Paare, die sich nach langer Flaute die Lust und den Sex zurückerobert haben. Darunter war ein Paar, das sich 18 Jahre lang über seine sehr unterschiedliche Libido stritt, letztendlich aber dank ein paar einfacher Signale einen ziemlich vernünftigen Kompromiss zustande brachte. Ein anderes Paar stellte nach Jahren einer ansonsten erfüllten Beziehung fest, dass sie keine Ahnung hatten, was den Partner anmachte. Und dann gab es da noch das Paar, das sein Liebesleben wieder in

Sex über 60

In einer Studie über Sex im Alter gaben 62,6 Prozent der befragten Frauen und 67,5 Prozent der befragten Männer im Alter zwischen 57 und 64 Jahren an, mindestens zwei- bis dreimal pro Monat Sex zu haben. Nicht schlecht. Aber wie kommen die unterschiedlichen Prozentzahlen zustande? a) Eine der beiden Gruppen lügt. b) Männer haben Sex mit anderen Männern. c) Männer haben Sex mit jüngeren Frauen.

Die gute Nachricht: Ab 65 scheint die Diskrepanz wieder aufgehoben. Ermutigende 65,4 Prozent der befragten Männer sowie der befragten Frauen im Alter zwischen 65 und 74 berichten, zwei- bis dreimal im Monat Sex zu haben.

Der Sex, so die Befragten, kann mit zunehmendem Alter besser werden:

• Wenn die Kinder außer Haus sind, sinkt das Risiko, in flagranti erwischt zu werden.

• Nach den Wechseljahren muss nicht mehr auf die Verhütung geachtet werden.

• Warum es nicht auch einmal auf der Waschmaschine miteinander treiben?

die Gänge brachte, indem es seinen Ehrgeiz mit ins Schlafzimmer nahm.

Unterschiedliche Probleme, eine Lösung: Kosten senken, um den Spaß im Bett zu erhöhen.

DIE AKTEURE: *Heidi und Jack*

Das erste Mal, als Heidi und Jack zusammen essen waren, hatte es noch nicht gefunkt. Heidi hatte die ganze Zeit über ihren Verlobten geredet. »Ich merkte, dass Jack an mir interessiert war, aber das störte mich, und so fing ich an, von Dave zu quasseln.« Sie erzählte, wie sie und Dave drei Jahre lang zusammen an der juristischen Fakultät gewesen waren und wie sie seitdem eine Fernbeziehung führten. »Wir ergänzen einander total«, erzählte sie Jack. »Ich kann ein furchtbarer Faulpelz sein, Dave hingegen ist ein Macher. Er hat ein Diplom in Betriebswirtschaft *und* einen Doktor in Rechtswissenschaften. Er zahlt immer pünktlich seine Miete und erinnert mich Ende des Monats sogar daran, meine zu zahlen.«

»Es war so offensichtlich, dass sie nicht in diesen Typen verliebt war«, berichtete Jack. Aber das behielt er damals Heidi gegenüber natürlich für sich. Vielmehr erzählte er von seiner letzten Beziehung, in der alles perfekt zu passen schien. Sie sei gebildet, ehrgeizig, attraktiv und eine hervorragende Tennisspielerin gewesen – was am Ende aber gefehlt hatte, war die Leidenschaft. Das war der ideale Einstieg für Jack, um einen Monolog über die Liebe zu halten. Dass sie heftig sein soll. Intensiv. *Wahnsin-nig* toll.

Heidi meinte zu ihm, er hätte zu viele Liebesfilme gesehen.

Doch seine Worte gingen ihr nicht mehr aus dem Kopf. Dave, nun ja, er war warmherzig, zuverlässig, berechenbar … fantasie-los. Dann musste sie an Jack denken, den sie kaum kannte. Auch er schien warmherzig zu sein, aber eben auch spontan, abenteu-erlustig … sexy.

Wenige Wochen später traf sie Jack im Büro eines Kollegen wieder, der seinen Ausstand feierte. Jack sagte, er freue sich für seinen Freund und Kollegen, der sein Glück in Nepal versuchen wollte. Heidi hielt den Mann dagegen für ziemlich bescheuert. »Der Arbeitsmarkt dort ist doch tot«, sagte sie. »Er wird nie wie-der so einen guten Job bekommen, wenn er zurück ist.«

Jack sagte zu ihr, dass sie genauso spießig gestrickt sei wie ihr Mr. Pünktlich-Miete-bezahlen namens Dave.

»Nein, bin ich nicht«, wehrte sie sich leicht aufgekratzt nach einigen Mojitos. »Ich kann auch ganz anders!«

»Ach ja?«, sagte Jack. »Dann küss mich.«

Sie küsste ihn – und es gefiel ihr.

Jack zufolge spürten Heidi und er eine Art von Verbundenheit, die er bei anderen Frauen nicht spürte. »Wir waren Seelenver-wandte«, meinte er. Sie hatten den gleichen Humor und liebten spontane Kurztrips.

Doch nicht alles war perfekt, so Jack. »Im Bett war sie ziem-lich zurückhaltend. Ich nahm an, das bräuchte eben seine Zeit.«

»Er redete unablässig, wenn wir Sex hatten«, berichtete Heidi. »Obszönes Zeug. Das war manchmal ja ganz antörnend, manchmal aber auch ein ziemlicher Lustkiller. Doch es ist schwer, einem Mann zu sagen, dass er den Mund halten soll, wenn er dir in einem fort erzählt, wie heiß er auf dich ist.« Also beschloss sie, sich nichts anmerken zu lassen – in der Hoffnung, er würde begreifen, dass sie es nicht sonderlich mochte und es gut sein lassen sollte (was er aber nicht tat).

Doch abgesehen vom Sex, so beteuerten beide, seien sie damals glücklicher gewesen als die meisten Paare in ihrem Bekanntenkreis. Ein Problem gab es dennoch: Mr. Zuverlässig. Drei Monate nach dem ersten Kuss von Jack beschloss Heidi, mit Dave Schluss zu machen.

Doch dann kniff sie.

»Es gibt wohl niemanden, der so konfliktscheu ist wie Heidi«, sagte Jack. »Sie schaffte es einfach nicht. Da sind wir seit Monaten zusammen, und sie erzählt Dave, sie könne nicht kommen, weil sie arbeiten oder ihre Großmutter besuchen müsse oder es Unwetterwarnungen gebe. Einmal hat sie ihn besucht, aber nicht mit ihm Schluss gemacht! Ob da noch was gelaufen ist, will ich gar nicht wissen. Sie sagte, sie liebt mich, und damit begnügte ich mich. Alles war gut. Aber sie hat es mir verdammt noch mal nicht leicht gemacht.«

Die folgenden fünf Jahre lebten Jack und Heidi zusammen, arbeiteten zusammen, verbrachten jedes Wochenende zusammen und reisten zusammen an die exotischsten Orte. Immer öfter sprachen sie vom Heiraten, versicherten einander aber, dass das Leben für sie damit nicht vorbei wäre. »Ich habe immer betont, dass ich kein Stück Papier brauche, um für den Rest meines Lebens mit Heidi zusammenzubleiben«, erklärte Jack.

»Ich machte mir ebenfalls nichts daraus«, sagte Heidi. »Ich war nur froh, endlich glücklich zu sein.« Als Jack klar wurde, dass Heidi es so meinte, wie sie es sagte (nämlich, dass sie nicht in den Hafen der Ehe einlaufen wollte), machte er ihr einen Antrag.

Alles sah nach einer rosigen Zukunft aus, bis auf die Tatsache, dass ihr Liebesleben weiterhin eher durchschnittlich war. Jack hoffte immer noch, dass sich das mit der Zeit geben würde. Manchmal glaubte er, es läge daran, dass Heidi allzu gehemmt war und er sie nur dazu bringen müsste, ihm zu vertrauen. Dann wieder schien es beim Sex, als wäre sie mit den Gedanken ganz woanders. Selbst während der Anfangsphase ihrer Beziehung war Heidi erleichtert, wenn Jack nicht mit ihr schlafen wollte, und sie fragte sich während des Sex, ob er ihr nicht mehr Spaß machen sollte.

Die beiden sprachen offen mit uns über ihr eher mittelprächtiges Liebesleben.

»Ich weiß noch, wie wir das erste Mal Sex hatten. Du hast die ganze Zeit so … komische Bewegungen gemacht«, sagte Heidi und wedelte theatralisch mit den Händen.

»Weil du nicht so recht bei der Sache warst«, antwortete Jack. »Ich hatte das Gefühl, ich müsste alles Mögliche probieren.« Jack zufolge musste er nicht nur beim Sex den Impulsgeber spielen.

Aber Heidi schien glücklich zu sein. Beide gaben zu, dass ihr Glück ihr miserables Liebesleben auf merkwürdige Weise verschleierte. »Es gab niemanden, mit dem ich lieber Zeit verbracht hätte als mit Jack«, meinte Heidi. »Er war mein bester Freund. Und das ist doch gar nicht so verkehrt, sagte ich mir.«

DAS PROBLEM: *Undurchsichtige Märkte*

Eines Abends hatten sie Freunde zum Essen eingeladen, als ihre Freundin April verkündete, sie habe eine Frage zum Thema Sex. Stimme denn der offizielle landesweite Durchschnitt von zweimal in der Woche? Das hätte sie in irgendeiner Zeitschrift gelesen. Und dann plapperten alle wild durcheinander.

»Kommt hin, was uns betrifft«, tönte eine Freundin.

»Nicht schlecht, Frau Specht!«, meinte eine andere. »Bei uns ist es eher einmal die Woche.«

Jack konnte sich gar nicht erinnern, wann er und Heidi das letzte Mal Sex gehabt hatten. Sie sahen sich an und fühlten sich beide sehr unwohl in ihrer Haut.

Als ihre Gäste gegangen waren, gerieten Jack und Heidi aneinander. »Wieso reden wir nie über unser Sexleben?«, wollte Jack wissen. »Oder besser gesagt, über unser nicht vorhandenes?«

»Was gibt es denn da zu reden?«, gab Heidi zurück. »Ich habe im Gegensaz zu dir keine Lust, es sieben Tage die Woche zu treiben. So bin ich eben. Das hat nichts mit dir zu tun.«

Jack sah das anders. Da er ihr Ehemann sei, habe es eine Menge mit ihm zu tun. Er schlug vor, eine Paartherapie zu machen.

»Therapie?«, rief Heidi. »*Wozu?* Wir sind doch glücklich!«

Auch das sah Jack völlig anders. Nein, er sei nicht glücklich. Er mache sich Sorgen, wie es mit ihnen in Sachen Sex weitergehen solle. Er liebe sie, aber er spüre auch, wie sich allmählich ein innerer Groll in ihm breitmache. Und wenn sie nicht bald Hilfe bekämen, sei er sich nicht sicher, ob ihre Ehe auf Dauer halten würde.

Heidi ließ sich auf eine Probesitzung ein.

In dieser ersten Sitzung fragte Debbie, die Psychiaterin, Heidi nach der Ehe ihrer Eltern. »Warum wundert mich das jetzt nicht, dass Sie mich das fragen?«, erwiderte Heidi.

Heidis Mutter legte ein kühles Verhalten an den Tag und wirkte unglücklich, ihr Vater war charmant, aber herrisch. Sie hatte ihre Eltern nicht ein einziges Mal streitend – aber eben auch nicht Händchen haltend erlebt. Als Einzelkind hatte Heidi gelernt, ihre Angelegenheiten selbst zu regeln. »Ich habe eine Mauer um mich hochgezogen. Deshalb war Jack so eine Wohltat. Er war offen. Ich nicht. Aber ich wusste auch nicht, wie man auf eine solche Offenheit reagiert. Ob im Schlafzimmer oder sonst wo.«

Heidi begann zu begreifen, dass ihr Schlafzimmer-Ich eine Abbildung ihres eigentlichen Ichs darstellte. »Jack war ein offenes Buch, was seine Gefühle anbelangte, und darüber zu sprechen fiel ihm leicht. Mir nicht, und das bedeutete, dass Jacks Offenheit irgendwann gegen meine Mauern stieß«, sagte Heidi. »Wenn er wütend auf mich war, weil ich ihn zurückwies, sagte er mir das und fühlte sich anschließend besser. Und ich war ihm nicht einmal böse.«

Das Problem, das Heidi und Jack hatten, lässt sich mit dem Begriff »undurchsichtiger Markt« bezeichnen. Dabei handelt es sich um einen Markt, in dem keiner der Partner weiß, welchen Gütern der andere welchen Wert beimisst. Das macht den Austausch von – in diesem Falle emotionalen – Gütern unmöglich.

Es gibt nur wenige Beispiele, die die Gefahren eines undurchsichtigen Marktes besser verdeutlichen, als die Finanzkrise in den Jahren 2007 bis 2009. Der Kern des Problems war, dass zu viele Leute Häuser kauften, die sie sich eigentlich nicht leisten konnten.

Aber es gab noch einen weiteren Aspekt: Die Banken bündelten diese zweifelhaften Hypotheken zu Kreditderivaten (*Collateralized Debt Obligations* (CDO)) und schlossen darauf Kreditausfallversicherungen (*Credit Default Swaps* (CDS)) ab. (Der bekannte US-Unternehmer Warren Buffett formulierte es einmal so: »Derivate sind finanzielle Waffen zur Massenvernichtung.«) Als Ergebnis hiervon wurde der Markt mit Produkten überschwemmt, die selbst die Finanzexperten, die sie kreiert hatten, nicht zu 100 Prozent verstanden.

Solange der Markt Zuwächse verzeichnete, machten die Banken viel Geld. Doch dann brach das ganze Gebilde ein – mit gravierenden Folgen, die durch die Tatsache, dass der Markt so undurchsichtig war, noch verschlimmert wurden: Keiner wusste, wer diese Finanzprodukte besaß, was sie wert waren oder wie sie bemessen wurden. Die Finanzregulierer hatten anfangs keine Ahnung, wo sich das Risiko konzentrierte, und mussten erfahren, dass es sich in vermeintlich sicheren und soliden Konzernen wie *Merrill Lynch, Citigroup* und *AIG* sammelte – in Banken und Versicherungsgesellschaften also, die am Ende der Steuerzahler rettete, um den totalen globalen Wirtschaftskollaps abzuwenden. Für diese Firmen hatten die undurchsichtigen Märkte gewaltige Gewinne bedeutet – für alle anderen aber ein finanzielles Armageddon.

DIE LÖSUNG: **Transparenz**

Wie im Finanzsystem kann auch in einer Partnerschaft die Undurchsichtigkeit drohende Katastrophen verhüllen. Wer nie offen über sein fades Liebesleben spricht, hüllt das Thema Sex unter den Mantel des Schweigens. Er schafft sich damit einen eigenen Markt mit undurchsichtigen und riskanten Produkten, der eines Tages pleitegeht – eine eigene Sexvernichtungswaffe.

Die Lösung des Problems heißt Transparenz. Bringen Sie Licht ins Dunkel, ziehen Sie gewissermaßen die Vorhänge zurück. Es braucht Durchsichtigkeit – ob zur Regulierung der abgesicherten (bzw. nicht abgesicherten) Finanzmärkte oder Ihrer Partnerschaft.

In der Therapie lernten Jack und Heidi, Beziehungsthemen transparent zu machen. »Wir redeten über Kleinigkeiten«, sagte Jack. »Wie etwa, gefällt es dir, wenn ich dich kitzle? Magst du es, wenn ich deine Hände küsse?«

Mit der Zeit lernte Heidi, beim Sex über ihre Bedürfnisse zu sprechen; sie bat Jack, Dinge auszuprobieren, die ihr gefielen, anstatt nur bei dem mitzumachen, was er vorgab. »Früher habe ich oft Dinge gesagt wie ›Ja, so ist es schön‹, auch wenn es für mich gar nicht so schön war. Ich dachte, man müsse das eben so sagen.«

Wie undurchsichtig ihr Markt geworden war, zeigt ein Beispiel, in dem es schlicht um die Stellung ging.

»Als wir am Anfang unserer Beziehung einmal Sex hatten, war Heidi oben. Ich habe sie leicht weggeschoben, weil ich einen Krampf hatte, und seither denkt sie wohl, dass ich es nicht mag, wenn sie oben ist.«

Sie habe es auch kaum glauben können, räumte Heidi ein, dachte aber, es sei vielleicht einfach nicht sein Ding. Damit war auch ihre Selbstsicherheit futsch. Vielleicht lag es ja an ihr? Vielleicht stellte sie es nicht richtig an? Sie war derart irritiert, dass sie sich nie wieder auf ihn setzte. Sobald Jack Anstalten in diese Richtung machte, wand sie sich zur Seite. Jack war dann zwar enttäuscht, aber da Heidi in Sachen Sex so verschlossen und unsicher war, ließ er sie gewähren.

Irgendwann im Verlauf der Therapie erwähnte Heidi dann, dass sie beim Sex sehr gerne oben wäre und sie es komisch fände, dass Jack das nicht mochte.

»Wie, du möchtest gerne oben sein? Du machst doch keine Anstalten dazu.«

»Weil du mich beim ersten Mal praktisch runtergestoßen hast.«

Jack konnte kaum glauben, was er da hörte. »Also nahm ich an, dass du diese Stellung nicht magst, und fühlte mich umso gehemmter«, fuhr sie fort.

In der Therapie lernten die beiden, ihre Bedürfnisse zu kommunizieren und darüber zu sprechen, was sie beim Sex wollten – und was nicht. Auf diese Weise senkten sie nach und nach die Kosten ihres Liebeslebens. Sie schufen mehr Transparenz – es gab kein Rätselraten, keine Geheimnisse und keine Beklemmungen mehr.

»Im tiefsten Grunde der Intimität liegt die Selbstenthüllung«, erläutert John R. Buri, Psychologe und Buchautor. »Wir werden am meisten mit jenen intim, die am transparentesten sind.«

Transparenz hilft, nicht aus jeder Kleinigkeit ein Drama zu machen – ob es nun darum geht, wie oft Sie gerne Oralsex hätten; ob es Sie ärgert, dass er sich am Wochenende nie rasiert; oder ob Sie Ihr Fleisch gut durchgebraten mögen. Indem sie das eigene Erleben, Befinden und Fühlen transparent machte, konnte Heidi sich auch für neue Ideen öffnen. Sie liebt Sexspielzeuge.

»Ich brauchte einige Zeit, bis ich ehrlich sagen konnte, was mir gefiel«, erzählte Heidi. »Aber sobald ich es tat, wurde der Sex immer besser.«

Wie viel besser – wollten wir wissen.

»Wir haben jetzt ständig Sex«, sagte sie.

Wie oft?

»Jede Nacht.«

Jack räusperte sich. »Und sie ist hin und wieder auch mal oben.«

Kein perfekter Markt, nein, das würden wir nicht sagen, aber einer mit erheblich mehr Transparenz.

FALLSTUDIE **2**

DIE AKTEURE: *Connor und Lindsay*

Der folgende Dialog entwickelte sich zwischen dem Molekularbiologen Connor und der Epidemiologin Lindsay, als wir sie besuchten, um mit den beiden über ihre Ehe zu sprechen.

»Ich habe heute Morgen einen interessanten Artikel gelesen«, meinte Connor. »Über Schwangere, die in der Nähe von Maisfeldern leben, auf denen Pestizide zum Einsatz kommen.«

Lindsay horchte auf.

»Offenbar setzen die Bauern zur Pflanzzeit größere Mengen an Pestiziden ein, und neun Monate später steigt die Rate der Geburtsdefekte rasant an«, fuhr Connor fort.

»Interessant. Aber wurden dabei auch alle anderen Variablen ausgeschlossen?«, warf Lindsay ein. »Vielleicht werden einfach mehr Frauen im Frühjahr schwanger. Wie wir wissen, gibt es einen Zusammenhang zwischen Armut und unzureichender Schwangerschaftsvorsorge. Es kann auch sein, dass die Frauen, die im Frühjahr schwanger werden, sich öfter im Freien aufhalten, wo sie Schadstoffen in der Luft oder anderen Gesundheitsrisiken ausgesetzt sind, die mit den Pestiziden gar nichts zu tun haben.«

»Das ist alles mit einkalkuliert«, sagte Connor. »Selbst wenn man andere Faktoren wie Armut und Gesundheitsrisiken mit einbezieht, ist so ein verseuchtes Maisfeld ein starker Prädikator für Geburtsdefekte. Zudem ist eine solche Zunahme im Umkreis von Feldern, auf denen keine Pestizide eingesetzt werden, nicht feststellbar.«

Sachte leiteten wir auf das Thema über, um das es uns eigentlich ging. Wir wollten wissen, wie Connor und Lindsay sich kennen gelernt hatten.

»In der Fakultätsbibliothek«, sagte Lindsay. »Connor fragte mich, ob ich ihm einen Stift borgen könnte. Es war ganz offensichtlich, was er wollte. Aber er war süß, und so spielte ich mit.«

Sie gingen zusammen einen Kaffee trinken und sprachen über HIV und Tuberkulose (ihr Forschungsgebiet) und den Einsatz von Düngemitteln in Entwicklungsländern (sein Forschungsgebiet). Es dauerte nicht lange, bis sie so gut wie jede freie Minute zusammen verbrachten, über ansteckende Krankheiten, Düngemittel oder auch mal über andere Dinge sprachen.

»Ich konnte stundenlang mit ihm über den Tod oder das Sterben reden, ohne dass er mich für morbide hielt«, sagte Lindsay.

Sie sprachen darüber, wie sie die Welt retten wollten. Und das war nicht nur leeres Gerede. 1998 machten sie beide ihren Abschluss, heirateten und verbrachten die folgenden drei Jahre getrennt voneinander auf Einsätzen in der ganzen Welt. »Ich war in Nigeria, dann in Somalia, danach in Botswana, während er ein Harvard-Stipendium hatte und nach Südamerika und Vietnam reiste«, erzählte Lindsay. »Wir haben uns tageweise mal hier, mal da getroffen, aber längere Zeit haben wir nicht zusammen verbracht.«

Beide beschrieben sie ihre Beziehung zu jener Zeit als perfekt. »Die Trennung machte es möglich, uns voll und ganz auf die Arbeit zu konzentrieren, aber wir hatten auch jemanden, bei dem wir uns zu Hause fühlen konnten«, sagte Connor und räumte ein, dass »zu Hause« ein sehr vage definierter Begriff gewesen sei – und dieser »Jemand« meist nur eine Stimme am anderen Ende der Telefonleitung.

Sie waren leidenschaftlich. Leistungsorientiert. Stolz aufeinander.

Nach einigen Jahren der Fernbeziehung beschlossen sie, dass es an der Zeit war, wie ein verheiratetes Paar zu leben. Sie überredeten ihre Vorgesetzten, sie zeitgleich für ein Projekt in Indien einzusetzen. »Die besten drei Jahre meines Lebens«, schwärmte Connor. Lindsay pflichtete ihm bei.

2005 wurde Lindsay schwanger. Bis ihre Tochter Lola fünf war, nahmen sie sie mit nach Nepal und Bangladesch, reisten mit ihr quer durch den Kontinent.

Als Lola ins Schulalter kam, gingen sie zurück in die USA, nahmen Jobs bei der Regierung an, gaben Lola in eine Montessori-Schule und hatten das Gefühl, dass ihr aufregendes Leben der Vergangenheit angehörte.

Ebenso wie ihr Sexleben.

DAS PROBLEM: ***Schlechte Gewohnheiten***

Das Liebesleben während der ersten zehn Jahre ihrer Beziehung beschrieben Connor und Lindsay einmütig als »gut«.

»Ich würde nicht sagen, dass wir wild und unbändig waren, aber wir hatten ziemlich oft Sex, der in aller Regel auch gut geklappt hat. Wir haben gar nicht groß darüber *nachgedacht*. Wir haben es einfach gemacht«, sagte Connor.

Doch dann kam Lola zur Welt, sie zogen nach Washington D. C., und die Gewohnheit, Sex zu haben, kam ihnen langsam abhanden. Sie sprachen mehr darüber, als dass sie es taten.

»Wir haben schon sehr lange keinen Sex mehr«, warf Lindsay ein, als wäre Connor sich dessen gar nicht bewusst.

»Okay, dann haben wir heute Abend Sex«, antwortete er.

Doch Lindsay hatte jeden Abend etwas anderes zu tun. »Wenn ich das oder das bis morgen nicht fertigkriege, bringen die mich um.«

In der Wirtschaftswissenschaft gibt es die sogenannte Rational-Addiction-Theorie. Sie besagt, dass wir Süchte entwickeln, indem wir bestimmte Dinge laufend betreiben (Alkoholkonsum, Glücksspiel, Sex, Drogenkonsum, Zigarettenkonsum, kurzlebige Beziehungen). Wir halten daran fest, weil nach unserem Empfinden der Nutzen die Kosten überwiegt. Ein Heroinsüchtiger beispielsweise *weiß*, dass Heroin abhängig macht und ihn letztendlich umbringen wird, aber er entscheidet, lieber high und süchtig als nüchtern und nicht süchtig zu sein. Mit anderen Worten: Süchtig zu sein ist eine völlig »rationale« Entscheidung insofern, als dass der Süchtige das Für und Wider, langfristig wie kurzfristig, in Betracht gezogen hat. Dieser Theorie zufolge gilt dies auch für sogenannte »gute« Süchte wie Arbeiten, Musikhören, Sex mit dem Partner oder derart in einen Menschen verliebt zu sein, dass man ihn heiraten möchte.

Laut Gary Becker, Wirtschaftswissenschaftler und Nobelpreisträger, der den Begriff »rationale Sucht« prägte, ist die beste Methode, um eine Sucht zu überwinden, ein kalter Entzug. So wie wir durch fortgesetzte Nutzung im Laufe der Zeit Gewohnheiten annehmen, können wir diese wieder ablegen (und neue entwickeln), indem wir entscheiden, dass der Nutzen die Kosten nicht mehr überwiegt.

Was hat dies nun mit Connor und Lindsay zu tun? Jede Menge.

Connor und Lindsay waren früher süchtig nach Sex – nicht im wörtlichen, aber im ökonomischen Sinne: Sie waren daran gewöhnt. Der Nutzen überwog die Kosten. Dann änderte sich die Gleichung. Aus welchen Gründen auch immer war der Nutzen nicht mehr so klar und die Kosten waren gestiegen. Also brachen sie mit der alten Gewohnheit und hatten plötzlich eine neue: kein Sex. Und noch eine: endlos darüber zu reden, warum sie keinen Sex mehr haben.

Erinnern Sie sich an die negativ fallende Nachfragefunktionskurve? Nun, indem sie ihr Liebesleben regelrecht totredeten, trieben die beiden den Preis für den Sex weiter in die Höhe. Um Sex zu haben, mussten sie erst darüber reden, und das kostete sie Zeit und Energie, die sie besser investiert hätten, um … jawohl, Sex zu haben.

Lindsay redete sich auf die Tatsache hinaus, dass das Leben in Washington sie träge und lustlos gemacht hatte. Ihr Job lauge sie aus, sagte sie. Und vielleicht ginge auch der Reiz verloren, wenn man sich jeden Tag sieht. Connor meinte, Lola ziehe ihnen alle Energie ab (»Jetzt schieb es doch nicht auf das Kind!«, regte sich Lindsay auf.). Zudem fand Connor, dass sie sich nicht gesund ernährten. Nicht genug Gemüse, zu viel Fertigkost – das mache allgemein träger.

DIE LÖSUNG: *Gewohnheiten ändern*

Connor wusste allerdings, dass das Problem nicht der Quecksilbergehalt in der Luft oder der mangelnde Gemüsekonsum war. Es lag auch nicht an ihrer Arbeit. Es lag an ihnen. Sie redeten ihre Libido tot.

Pragmatisch wie er war, machte Connor eine Zielvorgabe von dreimal Sex die Woche, an die sie sich die folgenden Monate halten wollten. »Wir mussten uns wieder angewöhnen, Sex zu haben, anstatt immer nur herumzudiskutieren, warum wir keinen mehr hatten«, sagte er.

Connor dachte wie ein Ökonom. Um herauszufinden, was uns dazu motiviert, unsere Gewohnheiten zu ändern, führten Gary Charness (Wirtschaftswissenschaftler an der University of California in San Diego), und Uri Gneezy (Wirtschaftswissenschaftler an der dortigen Rady School of Management) ein Experiment durch: Sie boten den Probanden Geld an, um ein Fitnessstudio besuchen zu können – einigen nur ein Mal, anderen längerfristig. Dann stellten sie die Zahlungen ein und beobachteten, was nun passierte. Sie fanden heraus, dass Geld nicht zum Gang ins Fitnessstudio motiviert. Weit interessanter war, dass die Stubenhocker, die zuvor nie in einem Fitnessstudio gewesen waren, auch weiterhin trainierten, und das, obwohl sie nicht mehr dafür bezahlt wurden. Das Geld half diesen Personen offenbar nur, ihre Trägheit (oder die »Anlaufkosten«) zu überwinden. Nachdem der Gang ins Fitnessstudio einmal zur Gewohnheit geworden war, behielten sie ihn bei.

Lindsay war skeptisch, was Connors Plan anbelangte. »Drei Mal pro Woche ist viel«, meinte sie, als sie sich schließlich darauf einließ, und das auch nur, weil sie als Wissenschaftlerin immer dafür zu haben war, die Gültigkeit einer Hypothese zu überprüfen.

Zugegeben, als Connor uns das erste Mal von der »Operation Hattrick«* erzählte, waren wir ebenfalls skeptisch. Dreimal pro Woche Sex zu haben ist eine – manche würden gar sagen unüberwindbare – Häufigkeit im geschäftigen Alltag des Beziehungslebens. Aber Connor und Lindsay waren fest entschlossen. Entschlossenheit ist eine gute Voraussetzung, wenn es im Schlafzimmer weiterhin prickeln soll. Aber die beiden waren zugleich realistisch. Es ging ihnen nicht um heiße Vorspiele – das wäre viel zu »kostspielig«.

Lindsay sah darin eine gute Gelegenheit, nach der Geburt wieder in Form zu kommen. »Am Anfang war es am schwersten«, meinte sie. »Ich jogge liebend gerne, aber als ich wieder damit anfing, nachdem Lola da war, tat ich mich schwer. Es war nicht so, wie ich es früher empfand, als ein Gefühl der Befreiung. Ich quälte mich. Ähnlich wie beim Sex. Die ersten paar Minuten waren nicht aufregend. Erst danach fühlte es sich langsam wieder natürlich an.«

---

* Einen Hattrick nennt man das Erzielen von drei Toren durch denselben Spieler innerhalb eines Spiels, vor allem beim Fußball und Eishockey.

Nachdem sie sich auf dreimal die Woche festgelegt hatten, fanden sie auch Mittel und Wege, ihr Vorhaben in die Tat umzusetzen. Sie versuchten es, sobald Lola abends eingeschlafen war und noch vor dem gemeinsamen Abendessen. Wenn sie nämlich damit warteten, bis nach dem Abendessen, bis nach dem Abwasch, bis nach irgendwelchen Überweisungen oder der To-do-Liste fürs Wochenende, waren sie viel zu müde. So trieb sie der Hunger, den Sex zuerst zu erledigen.

Sie versuchten, ihr sonntägliches Schäferstündchen am frühen Morgen wieder zu entfachen. Aber das funktionierte nicht. Sex vor sieben Uhr morgens, bevor Lola aufwachte, klappte nicht wie der Sex abends um zehn. Was jedoch immer funktionierte, war Sex am Wochenende – während Lolas Mittagsschlaf.

»Die Idee dahinter war die, dass einer den Sex initiiert und der andere zumindest versucht, darauf einzugehen«, erläuterte Lindsay. »Das klappt nicht immer. Manchmal brauchte ich einfach noch ein paar Minuten Schlaf oder musste zuerst etwas essen. Aber wir versuchen nach wie vor, jede Woche unser Ziel zu erreichen.«

»Wir haben mittlerweile wieder mehr Sex«, sagte Connor. »Keinen wahnsinnig tollen. Aber guten. Und da wir oft Sex haben, machen wir uns weniger Gedanken um die Qualität.«

»Die Häufigkeit von Sex lässt mit der Zeit nach« – dieser Aussage stimmten 77 Prozent unserer Befragten zu. »Die Häufigkeit von Sex *sollte* mit der Zeit nachlassen« – dieser Aussage hingegen stimmten 76 Prozenten unserer Befragten nicht zu.

Also, ihr Lieben, nur zu!

Bestimmt finden Sie Spaß daran. Ihren Partner glücklicher zu machen, kann am Ende alle Mühe lohnen. Wer weiß, vielleicht kocht er/sie Ihnen zum Ausklang des Tages, der mit einem regelrechten Höhepunkt begann, seinen/ihren berühmten, abgöttisch guten Seeteufel im Speckmantel? Kein schlechtes Geschäft!

WAS DIE LEUTE SAGEN ...

Über »in Stimmung sein«

Erstaunlich viele Paare tun ihr Bestmögliches, um ihr Liebesleben nicht einschlafen zu lassen, auch wenn sie sich die Zeit eigentlich lieber mit Golfen oder Stricken vertreiben würden. In unserer umfassenden! bahnbrechenden! und überaus kostspieligen! Befragung wollten wir von den verheirateten Paaren wissen, wie oft es ihnen gelingt, in die Gänge zu kommen, auch wenn sie nicht in Stimmung sind. Das erfreuliche Ergebnis: 47 Prozent schafften es nach eigenen Angaben »manchmal«, elf Prozent »häufig«. Gute Leistung, ihr Lieben!

Auch die Gründe, warum sie Sex haben, obwohl sie nicht in der Stimmung sind, ähneln sich:

- Es macht ihn/sie glücklich: 83 Prozent.
- Die eigene Lust wird schon kommen: 75 Prozent.
- Man will seine/ihre Gefühle nicht verletzen: 62 Prozent.
- Es erzeugt Wohlwollen und Gegenliebe: 48 Prozent.
- Er/sie hat es verdient: 45 Prozent.
- Schlechtes Gewissen: 36 Prozent.

DIE AKTEURE: *Seth und Monica*

Seth und Monica sind seit 36 Jahren verheiratet. Und seither geht auch ihr Liebesleben im stets gleichen Takt dahin. Für Monica ist Sex nicht so wichtig, Seth hingegen ist, wie Monica meinte, »scharf, kaum dass er zur Tür herein ist«.

Auch beim Akt an sich ticken die beiden unterschiedlich. Seth kann es nicht schnell genug gehen, während Monica es lieber gefühlvoll und langsam mag. »Für Seth muss es sofort zur Sache gehen«, sagte sie. »Für mich hat Sex auch mit Berühren, Küssen, Reden und Kuscheln zu tun. Ich gehe es gerne langsam an.«

»Was sie unter ›langsam angehen lassen‹ versteht, ist für einen Normalsterblichen wie mich zu langsam«, konterte Seth.

Als sie sich kennen lernten, war Seth 34 Jahre alt, geschieden, und hatte bereits ein Kind. Monica war Single und zehn Jahre jünger. Sie waren beide Englischlehrer an einer Privatschule – er Fachleiter, sie Junglehrerin, frisch von der Uni. Eines Tages kam sie in sein Büro. »Sie wollte angeblich einen fachlichen Rat von mir, aber das schien mir eher vorgeschoben, denn eigentlich wollte sie über andere Dinge reden – über Kollegen, die sie triezten, über Schüler, die meinten, sie könnten sich alles erlauben. Und vielleicht wollte sie auch mit mir flirten.«

Er lud sie zum Essen ein. »Wir redeten über Bücher, mein Leben, sein Kind, seine Scheidung, und nach dem Essen sagte er, dass er mit mir schlafen wolle«, erzählte Monica. »Ohne Vorwarnung. Ohne Kuss. Einfach nur ›Ich will heute Nacht mit dir schlafen‹.«

Monica ließ ihn zappeln.

»Sechs Monate lang«, sagte Seth.

»Ja, ich wollte dich erst besser kennen lernen.«

Als es dann schließlich passierte, war Monica hin und weg. »Er war eindeutig ein erfahrener Liebhaber«, meinte sie. Sie ließ sich nicht weiter darüber aus, nur so viel: Seth wusste genau, was er tat.

Doch Seths Fähigkeiten allein steigerten Monicas Lust nicht – zwischen dem Grad ihrer Libido und der von Seth lagen Welten.

Und während all der Jahre, auch als die Kinder schon außer Haus waren, war Sex ein Dauerthema für die beiden. Seth war fast immer derjenige, der die Initiative ergriff, und Monica ließ sich entweder darauf ein oder verweigerte sich. »Seth war für gewöhnlich allzeit bereit«, sagte Monica. »Ich hätte gar nicht die Initiative ergreifen können, auch wenn ich gewollt hätte.« Seth hätte es aber toll gefunden, wenn Monica mal den ersten Schritt gemacht hätte. Doch er habe sich, so meinte er, wohl oder übel damit abgefunden, dass das wohl nie passieren würde.

Sie versuchten, über das Problem zu sprechen. Hörten einander zu. Redeten ruhig miteinander. Gaben »Ich«-Botschaften (»Es kommt mir vor, als wolltest du ständig Sex mit mir, obwohl ich manchmal einfach nur übers Wetter reden möchte.«) vermieden »Du«-Botschaften (Weißt du, was dein Problem ist? Dein Problem ist, dass du frigide bist!«). Auf ihre Art waren sie sehr reif.

Beim Thema Sex allerdings fanden sie nicht annähernd zu einer Lösung. Seth beklagte, dass Monica ihn ständig zurückwies. Monica beklagte, dass Seth ihr mit seiner ständigen Gier nach Sex ein schlechtes Gewissen mache. Kaum lege sie sich abends ins Bett, um zu lesen, finge er schon an, sie zu berühren und zu küssen. »In nur zehn Sekunden ist er so weit«, jammerte Monica. »Mir bleibt dann nur, entweder mitzumachen – auch wenn mir gar nicht danach ist – oder ihn abzuweisen und zu enttäuschen.«

DAS PROBLEM: ***Koordinierungsfehler***

Um derartige Situationen zu vermeiden, ging Monica äußerst planvoll vor. Sie ging vor Seth zu Bett. Fing um 22 Uhr an, Schokokekse zu backen.

Es war aber nicht etwa so, dass sie gar keinen Sex hatten. Nein, sie hatten Sex. Und ab und zu war der auch richtig gut.

Wie an jenem Hochzeitstag, an dem Seth sich etwas ganz Besonderes einfallen ließ: Er überraschte Monica mit einem Hotelzimmer mit Meerblick, Perlenohrringen und einem romantischen Essen bei Kerzenschein. »Ich war hin und weg«, sagte Monica. »Wir hatten einen fantastischen Abend und den besten Sex, an den ich mich erinnern kann.«

Warum? Was hatte sich geändert?

»Ich weiß nicht. Ich war einfach in der richtigen Stimmung.«

Doch kaum waren sie wieder zu Hause, führte Seth sich schon wieder wie ein hormongesteuerter Sechzehnjähriger auf. »Ich dachte bei mir, ›Ich muss mich erholen‹, doch Seth wollte schon wieder nur das eine. Das war aber absolut nicht drin.«

Seth fühlte sich einmal mehr zurückgewiesen, und Monica hatte mal wieder ein schlechtes Gewissen.

Zweifelsohne bestand das Problem der beiden in ihrer unterschiedlichen Libido. Ein Ökonom aber könnte hier noch etwas anderes sehen, nämlich einen Koordinierungsfehler – und der ist sehr viel leichter anzugehen. In einem sogenannten Koordinationsspiel haben zwei oder mehrere Parteien eine identische Auswahl an Entscheidungsmöglichkeiten. Das Ergebnis des Spiels variiert in Abhängigkeit davon, was jede Partei zu tun entscheidet. Von einigen Ergebnissen profitieren alle Parteien, von anderen nur eine Partei, und von wieder anderen keine der Parteien.

Koordinationsspiele finden häufiger statt, als man meinen möchte. Etwa, wenn vier Autos aus vier verschiedenen Richtungen auf eine Kreuzung zufahren und jeweils vor dem Stoppschild zum Stehen kommen. Wer fährt dann als Erster? Oder wenn Bewerber für den Studiengang Wirtschaftswissenschaften die besten Fakultäten in ihrem Fach recherchieren. Oder wenn Seth versucht herauszufinden, ob Monica heute Abend möglicherweise Lust hat oder nicht.

Koordinierungsfehler passieren, wenn Entscheidungen gefällt werden, die auf *Vermutungen* darüber beruhen, welche Entscheidung die andere Partei treffen wird. Genau das passiert, wenn alle vier Autos gleichzeitig losfahren … Oder wenn Seth loslegt … und angreift.

Seth hat nun mal lieber Sex als keinen Sex. So die gegebene Tatsache. Wenn Sex bei Monica aber absolut nicht drin war, hätte Seth das lieber vorher gewusst – und dann auch keine Enttäuschung erlebt. Das Problem war, dass er nie wusste, wann Monica ihn zurückweisen würde (Und leider kam er auch nicht auf die Idee, dass kein Mensch sich spätabends in die Küche stellt, um Schokokekse zu backen, wenn es keinen zwingenden Grund dazu gibt) und er seine Handlungen insofern auch nicht koordinieren konnte. Wie sollte er sich entscheiden? Sollte er a) über sie herfallen oder b) sich für den Rest des Abends mit einem Roman und einem Glas Selters verkrümeln? Da Sex stets seine erste Wahl war, musste er Möglichkeit a) ausprobieren, ohne zu wissen, wie Monica darauf reagieren würde. Ein Koordinationsfehler par excellence!

Sex war damit für beide eine kostspielige Angelegenheit. Für ihn, weil er jede Menge Zeit und Energie aufwendete, zu überlegen, ob und wie er es richtig anstellte, nur um sich dann wie ein Versager zu fühlen, wenn es ihm nicht gelang. Für sie, weil sie sich mit ihren ewigen Versuchen, ihn sich vom Leib zu halten, selbst fertigmachte.

Monica und Seth mussten einen Weg finden, ihre Kosten zu senken. Romantische Mondscheinnächte in teuren Hotels waren auf Dauer auch keine Lösung.

·············· DIE LÖSUNG: *Signale aussenden*

Nach dem ach so schönen Hochzeitstag wieder zu Hause sein, war für Monica ernüchternd. Sie hatte es genossen. Den Sex. Die Intimität. Warum nur konnte sie sich nicht öfter so fühlen?

Sie rief ihre Schwester an und vertraute sich ihr an. »Wir hatten unglaublichen Sex, aber jetzt ist alles wieder beim Alten, und ich habe wieder Schuldgefühle.«

»Kannst du sagen, was den Unterschied ausgemacht hat?«, fragte ihre Schwester.

»Die Romantik. Nicht die Ohrringe, die Rosen oder das Hotel. Sondern der ganze Plan. Die Kulisse. Er hat sich wirklich etwas einfallen lassen. Außerdem war es das erste Mal nach was weiß ich wie langer Zeit, dass ich die Initiative zum Sex ergriffen habe, was sich wundervoll anfühlte.«

»Klingt so, als müsstest du das öfter versuchen«, sagte ihre Schwester. »Vielleicht war es deshalb schöner für dich, weil du es initiiert hast.«

Damit hatte sie Recht, wie Monica fand.

Sie beschloss zu probieren, öfter die Initiative zu ergreifen. Sie wollte herausfinden, ob es nur daran gelegen hatte.

Eines Samstagmorgens stand sie vor Seth auf, putzte sich die Zähne, ging nach unten und machte sich eine Tasse Tee – so wie immer. Dann ging sie wieder nach oben, zog ihr Nachthemd aus und schlüpfte nackt zurück ins Bett – was sie sonst nie tat.

Seth, der noch döste, bemerkte, dass sie nackt war. »Ich war verwirrt«, sagte er. »Samstagmorgens hatten wir nie Sex.« Vorsichtig rutschte er an sie heran. Sie stellte ihre Tasse auf den Nachttisch. Und dann ging es zur Sache.

Seitdem wusste Seth Bescheid: Wann immer Monica mit einer Tasse Tee zurück ins Bett kam, war Sex angesagt. Und indem er es langsam angehen ließ, half er Monica, in Stimmung zu kommen. Der Tee wurde für Seth zu einem Signal – eines, das von Monica kam.

Signale beseitigen Ineffizienzen, die durch Koordinationsfehler entstehen. Die Betreiber der US-amerikanischen Partnervermittlung *eHarmony* beispielsweise haben eine Online-Plattform eingerichtet, auf der Neulinge ihre musikalischen Vorlieben und Abneigungen und ihre Lieblingsmusik kundtun können. *Ebay* hat ein System zur Bewertung der Zuverlässigkeit von Käufern und Verkäufern eingeführt. Und wenn Zeitschriften Uni-Ranking-Listen herausgeben, signalisiert das den Studenten, an welchen Hochschulen sich profilierte Arbeitgeber wohl am ehesten nach Nachwuchs umschauen.

Bereitschaft signalisieren

Auf unserer Recherchereise haben uns Männer und Frauen erzählt, welche Signale ihr Partner benutzt, um zu vermitteln, dass er in Stimmung ist. Die Signale reichten von den üblichen Dingen (wie sich ausziehen oder dem Partner den Rücken massieren) bis hin zu völlig skurrilen:

- »Er ist schweigsam. Normalerweise redet er wie ein Wasserfall.«
- »Er ist nett. Sehr nett. Besonders interessiert.«
- »Er trinkt vor dem Abendessen einen Aperitif.«
- »›Komm, wir machen ein Nickerchen.‹ – das ist unser Codewort.«
- »Er fragt, ›Sondereinlage gefällig?‹«
- »Wir nennen es ›Dienstruf‹. Jeder von uns darf den anderen jederzeit ›zu Diensten rufen‹. So jedenfalls die eiserne Regel, seit unser drittes Kind da ist, was bedeutet, dass keiner den anderen häufig ruft.«
- »›Nein, kein Sex, nur kuscheln‹, sagen wir immer. Und dann haben wir doch Sex.«
- »›Willst du?‹ Damit ist die Sache klar.«

133

Auch Seth entwickelte eigene Signale. Da Monica immer wieder von jener Nacht im Hotel am Strand schwärmte, kam er auf die Idee, sie öfter mit Kurztrips zu überraschen. (Schlauer Kerl, dieser Seth!) Alle ein bis zwei Monate dachte er sich etwas ganz Besonderes aus, besorgte Theaterkarten, bekochte Monica, machte das Kaminfeuer an, statt den Fernseher, oder las ihr aus seinem Lieblingsroman vor. »Mädchenkram eben«, sagte Seth.

Egal, was er sich einfallen ließ, Monica erkannte, dass er sich Mühe gab. Mittlerweile weiß sie ganz genau, worauf Seth hinauswill, wenn er ihr aus einem bestimmten Buch vorliest, den Kamin anfeuert oder Sekt eingießt – und sie versucht, darauf einzugehen.

Sex haben sie nach wie vor seltener, als es Seth lieb ist. Aber er sieht in den zweisamen Samstagmorgen und romantischen Abenden eine Möglichkeit, Monica zu beweisen, wie schön Sex sein kann. Wenn er ihr wieder und wieder zeigen kann, dass der Nutzen die Kosten überwiegt, steigen die Chancen, dass sie sich öfter eine Tasse Tee aufgießt.

MORALISCHES RISIKO

Oder: Die Ehe als Versicherung –
Scheitern ausgeschlossen

Das Prinzip: Teil 1

Sie sind krank. Sie wissen nicht so recht, was Ihnen fehlt,
aber Sie haben Bauchweh. Sie haben es nach einem anstrengenden Tag im Büro oder auch mal mitten in der Nacht.
Und nach dem Sport. Und wenn Sie zum Abendessen Nu-
deln hatten. Oder Eis. Oder gar nichts. Eigentlich ist kein
Muster erkennbar – der Bauch tut weh und Sie wollen, dass
das aufhört.

Also gehen Sie zum Arzt. Dieser erkundigt sich nach Ihrer Lebensweise und Ernährung, zuckt mit den Schultern
und meint, Stress, ein Reizdarmsyndrom oder eine Lebens-

mittelallergie könnte die Ursache sein. Oder Laktoseintoleranz! Er kann keine genaue Ursache ausmachen und rät Ihnen, einen Gastroenterologen aufzusuchen.

Und so beginnt eine ein Jahr andauernde Odyssee von einem Arzt zum andern, vom Akupunkteur zum Allergologen – und in einem völlig verzweifelten Moment sogar zu einem Hypnotiseur. Sie unterziehen sich aufwändigen und teuren Prozeduren, einschließlich Computertomographie, Endoskopie, Koloskopie. Sie verzichten auf Brot, Milchprodukte, Eier und Thunfisch. Sie beißen die Zähne zusammen, wenn man winzige Nadeln in Ihre Knöchel, Ohrläppchen und Stirn sticht, um Ihre Chakren zu öffnen. Sie nehmen verschreibungspflichtige Pillen, Probiotika und säurebindende Tabletten ein. Am Ende des Jahres liegt Ihnen immer noch keine eindeutige Diagnose vor. Aber komischerweise haben die Bauchschmerzen nachgelassen. Na ja, es braucht eben alles seine Zeit. Abwarten.

Die Bauchschmerzen haben auch Ihrem Geldbeutel Bauchschmerzen bereitet, summa summarum haben Sie Ihre Beschwerden rund 300 Euro gekostet. Ihre Krankenversicherung hat insgesamt sogar 60 000 Euro bezahlt. Aber das kümmert Sie nicht sonderlich. Wozu hat man denn schließlich eine Krankenversicherung?

Es spricht nichts dagegen, es sei denn, man macht sich etwas aus dem »moralischen Fehlverhalten«, wie es im Versicherungswesen heißt, das droht, weil versicherte Menschen sich anders (und manchmal risikoreicher) verhalten als Menschen, die nicht versichert sind. Gehen Sie doch einmal von sich selbst aus. Sie hatten keinerlei Skrupel Tausende von Euros an Arztrechnungen einzureichen (für Bauchschmerzen, die Sie, mal Hand aufs Herz, nicht umgebracht hätten), weil es nicht Ihr Geld war.

Ihre Freundin Diana hingegen, die zufälligerweise auch Magenprobleme hatte, beschloss es mit Zitronen-Ingwer-Tee zu probieren. Diana war natürlich nicht sofort kuriert, genau wie Sie. Aber auch ihre Bauchschmerzen ließen, genau wie bei Ihnen, mit der Zeit allmählich nach, weil Diana auch auf ihre Ernährung achtete und Stress zu vermeiden versuchte. Gesamtkosten für Dina? 3 Euro für eine Packung Teebeutel.

IM KLARTEXT

Moralisches Risiko

Wenn man dem Teufel den kleinen Finger hinhält, nimmt er die ganze Hand. Geh aufs Ganze, Rettung naht! Das Leben ist ein Freifahrtschein!

Wirtschaftswissenschaftler betrachten das Problem moralischer Risiken vor allem im Kontext von Versicherungen.

Früher war der Begriff nur unter den Feuerversicherern bekannt, die ihn im 19. Jahrhundert eingeführt haben. Damals unterschieden die Versicherungsgesellschaften zwischen zwei Ursachen für einen Feuerausbruch: natürliche

Risiken wie Blitzschlag oder Kurzschluss sowie »moralische«, das heißt durch die Handlungen des Versicherten beeinflusste Risiken. Diese Handlungen können absichtsvoll (Brandstiftung), zufallsbedingt (eine umgestoßene Kerze) oder grob fahrlässig sein (eine glimmende Zigarette im Papierkorb).

Moralische Risiken werden als vermeidbar angesehen, Blitzschläge hingegen als Ereignisse im Rahmen der höheren Gewalt.

Wir mögen uns alle für redliche Menschen halten, doch Tatsache ist, dass wir alle das Potenzial zu »moralischen Risikospielern« haben, sobald unsere Handlungen keinerlei Konsequenzen haben.

Überlegen Sie: Wenn Sie keine Brandschutzversicherung haben, eine brennende Zigarette im Aschenbecher lassen und das Haus abbrennt, verlieren Sie Ihr ganzes Hab und Gut. Wenn Sie dagegen brandschutzversichert sind, erhalten Sie in diesem Fall Geld, um sich ein neues Haus zu bauen. Was meinen Sie? Unter welchen Umständen sind Sie eher geneigt, die Zigarette auszudrücken?

Oder ein anderes Beispiel: Mir als unverheirateter Single-Frau ist es wichtig, täglich Sport zu treiben, um fit und attraktiv zu bleiben und einen ebenso fitten und attraktiven Partner zu finden. Wenn ich verheiratet wäre, könnte mich das dazu verleiten, mein tägliches Fitnessprogramm aufzugeben und meine Figur wäre dahin. Was wird mein Mann dann tun? Sich scheiden lassen?

Aber halt, nicht so schnell …

Etwa ein Jahrhundert, nachdem die Feuerversicherer den Begriff »moralisches Risiko« geprägt haben, wurde der Wirtschaftswissenschaftler Kenneth Arrow beauftragt, nach Möglichkeiten zu suchen, um die US-amerikanische Gesundheitspolitik zu verbessern.

Arrow rügte das moralische Risiko. Versicherungsgesellschaften, so meinte er, tun ihr Möglichstes, um sich vor Kunden zu schützen, die verleitet sind, den Versicherungsschutz systematisch zu ihren Gunsten auszunutzen und mehr Leistungen abzurechnen als erforderlich sind. Arrows Bericht hat die Welt zwar nicht über Nacht verändert, er hat aber die Idee des moralischen Risikos wieder in das öffentliche Bewusstsein gebracht und eine Welle neuer Forschungen angestoßen, die Ursachen, Auswirkungen und mögliche Abhilfen dieser Risiken in den Blick nehmen.

Ein großer Unterschied zwischen Arrows Ausführungen und denen der Versicherer im 19. Jahrhundert besteht darin, dass Arrow das moralische Risiko nicht als ein Thema der *Moral* an sich formuliert – es ging nicht um die Frage, ob der Versicherungsnehmer seinem Wesen nach *gut* oder *schlecht* ist. Es ging vielmehr um den ökonomischen Anreiz. Wenn ein Kunde medizinische Leistungen in Anspruch nehmen kann, ohne sich an den entstehenden Kosten beteiligen zu müssen, dann tut er es auch – es fehlt der Anreiz, es nicht zu tun.

Ökonomen haben das moralische Risiko seither in vielerlei Kontexten beschrieben, oft als ein Argument gegen soziale Hilfsprogramme. Hier einige Beispiele:

139

- Arbeitslosengeld
  Wieso soll ich mir eine Arbeit suchen, wenn der Staat mir mein Auto finanziert?
- Berufsunfähigkeitsversicherung
  Wieder arbeiten gehen, nur weil ich wieder laufen kann? Nein, danke – ich lasse mich noch mal sechs Wochen krankschreiben!
- Garantieleistungen
  Mist, ich habe versehentlich ein Glas Cola über meine Tastatur geschüttet. Macht nichts, ich rufe kurz beim Hersteller an und bestelle eine neue.
- Staatliche Rettungspakete
  Bank im Selbstgespräch: Sollten wir dieser Person mit keinerlei Bonität einen Kredit über 500 000 Euro für ein neues Haus bewilligen oder nicht? Ach, was soll's. Machen wir – wenn's schiefgeht, boxt uns der Staat schon irgendwie heraus.

Das Prinzip: Teil 2

Wie steht es aber mit dem moralischen Risiko, das in einer ganz anderen Art von Versicherung lauert – in der, die Sie am Tag Ihrer Eheschließung erhalten? Die Ihnen verspricht, dass allzeit für Sie gesorgt sein wird, in Krankheit und Gesundheit, in Armut und Reichtum, in guten wie in schlechten Tagen? Die Ihnen vom Staat in Form einer Eheurkunde überreicht wird und besagt, dass es nun mit dem freien Single-Leben vorbei ist. Dass Sie sich nicht mehr in Kneipen oder Single-Börsen im Internet umzutun brauchen, weil Sie sich endlich die/den eine(n) geangelt haben, der Ihnen nicht mehr abhandenkommen wird?

Welche Erleichterung, so eine Versicherung – und welch weites Minenfeld, auf dem allerlei moralische Risiken lauern.

Spielräume dafür bietet dieses eheliche Sicherheitsnetz zuhauf, wie wir während unserer Gespräche mit verheirateten Paaren immer wieder erfahren konnten:

- »Ich kann herumbrüllen wie ich will, verlassen kann er mich ja nicht!«
- »Ich weiß nicht, warum er sich meinen Mist all die Jahre gefallen ließ.«
- »Er scheint vergessen zu haben, dass er auch etwas anderes kochen kann als ein einfaches Steak.«
- »Klar könnte ich meine dreckigen Socken in den Wäschekorb legen. Ich mache es aber nicht, weil sie es macht. Ist das schlimm? Wahrscheinlich schon.«
- »Ich bin der Ansicht, dass ein Scheitern gar nicht zur Debatte steht«, beschrieb ein Mann seine Ehe, bevor er sich mit dem spanischen Eroberer Hernán Cortés verglich, der seine Schiffe nach der Landung in Mexiko verbrennen ließ und seinen Mannen befahl, das Aztekenreich entweder zu erobern oder aber im Kampf zu sterben.

Unsere Interviews bestätigen, was auch die Forschung belegt: Liebe macht blind. Nach einer Umfrage des *General Social Survey* (GSS) geben 90 Prozent der Amerikaner, die in einer Partnerschaft leben, an, dass sie lieber selbst leiden

141

als die/den Liebste(n) leiden zu sehen. »Meiner/m Liebsten zuliebe würde ich alles ertragen« – dieser Aussage stimmten 79 Prozent zu. Und 72 Prozent sagten, das Glück des geliebten Menschen stünde für sie an erster Stelle, andernfalls könnten sie selbst nicht glücklich sein.

Doch dieser selbstlose Aspekt der Liebe, so wunderschön er sein mag, ist auch genau der, der das moralische Risiko birgt. Indem Sie Ihrem Partner das Versprechen geben, ihm zuliebe alles hinzunehmen, stellen Sie ihm einen Freifahrtschein aus, zu tun, was er will.

Das moralische Risiko, so stellten wir fest, lauert meist in den eher banalen Aspekten des alltäglichen Ehelebens: Man lässt sich gehen, wird faul und träge, hat nichts mehr mit Romantik am Hut, lässt alles stehen und liegen, bringt sich nicht ein, setzt sich über die Gefühle des Partners hinweg und sieht ihn als selbstverständlich an. Zum Teil zeigen die Geschichten den natürlichen Verlauf jeder Langzeitbeziehung. Wir erleben ein Gefühl der Vertrautheit, das wir mit niemandem sonst teilen und sind erleichtert darüber, uns nicht mehr ins Zeug legen zu müssen, um einen Partner zu finden. Die Liebe siegt über alles, richtig?

Nein, nicht, wenn das moralische Risiko mit im Spiel ist.

Bleibt unser Benehmen ohne Konsequenzen und fehlen uns die Anreize für ein verantwortungsvolles Verhalten, sind wir alle anfällig, unkluge Risiken einzugehen.

Glücklicherweise gibt es Mittel und Wege, diese Risiken zu reduzieren. Drei davon wollen wir in diesem Kapitel kurz umreißen.

Möglichkeit eins: Machen Sie Ihren Partner zum Investor. Wo das, was man tut oder hat, nicht mit dem guten Gefühl einer lohnenden Investition verbunden ist, tritt das moralische Risiko schnell zutage. Wieso, so mag sich der Angestellte sagen, sollte ich mir kein Mittagsschläfchen gönnen, die Firma gehört mir ja nicht? Um diese Gefahr zu umgehen, schaffen immer mehr Unternehmen Anreizsysteme. Um sie zu motivieren, bieten sie ihren Mitarbeitern Aktienoptionen und beteiligen sie so an ihren Börsengewinnen. Restaurants hängen Fotos der besten Bedienungen auf; Vermieter bieten ihren Mietern ein Mietkaufmodell an und Schriftsteller werden über Tantiemen am Verkauf ihrer Bücher beteiligt. Die Botschaft, die dahintersteckt: Wir sind eine Solidargemeinschaft. Möglichkeit zwei: Schaffen Sie ein Regulativ, das Grenzen absteckt. Beispiel: Um das Risikospiel der Banken mit dem Geld ihrer Kunden zu begrenzen, kann die Regierung regulative Maßnahmen ergreifen. Zum Beispiel müssen die Banken einen bestimmten Betrag für den Fall einbehalten, dass es zu einem Ansturm der Kunden auf ihre Geldeinlagen kommt.

Möglichkeit drei: Anreize schaffen. Wie Kenneth Arrow herausgefunden hat, verspüren wir, wenn uns keinerlei Konsequenzen drohen, den *Reiz,* verantwortungslos zu handeln. Übernimmt meine Krankenversicherung die Kosten für die medikamentöse Behandlung meiner erhöhten Cholesterinwerte, habe ich weniger Anreize, mich gesund zu ernähren. Versicherer versuchen, diese sogenannten »pervertierten Anreize« (Anreize, die das Gegenteil des beabsichtigten Zweckes bewirken), zu ändern, indem sie dem Versicherten Rabatte gewähren oder ihm Eigenleistungen und Zuzahlungen auferlegen, damit er nicht gleich bei jedem Wehwehchen den Arzt aufsucht.

Aber in einer Partnerschaft? Rabatte? Eigenleistungen? Regulative? Das ist doch absurd, werden Sie sagen. Wirklich? Lesen Sie zunächst, wie sich die folgenden drei Paare genau diese Mechanismen zunutze gemacht haben.

FALLSTUDIE **1**

DIE AKTEURE: *Beatrice und Troy*

Wenn Troy heute seine Beatrice ansieht, sieht er auch nach 23 Ehejahren eine wunderschöne Frau, eine liebevolle Mutter und einen Fels in der Brandung, der auch in schwierigen Zeiten stets treu an seiner Seite war. Er sieht eine Frau, die seine Musikkarriere unterstützte, auch wenn es mal nicht so gut lief, und ihm stets das Gefühl gab, dass er es mit ein wenig Anstrengung bald wieder bis ganz nach oben schaffen würde.

Auch Beatrice sieht in Troy ihren Traummann. Sexy, voller Überraschungen, zuverlässig, nie langweilig, ein begnadeter Songschreiber, dessen Texte sie mehr als einmal zu Tränen gerührt haben.

Sie hatten sich auf einem Grateful-Dead-Konzert kennengelernt. Beatrice wuchs bei ihrer alleinerziehenden Mutter auf, die fast ununterbrochen arbeitete, um ihren Kindern ein gutes Zuhause zu ermöglichen und ihnen eine gute Erziehung und feste Werte mitzugeben. Und sich ja nie hängen zu lassen. »In meinem Hinterkopf war immer diese Braves-Mädchen-Stimme, die mir zuflüsterte, es nicht zu übertreiben, Kondome zu benutzen und sicherzugehen, dass es in der Clique einen nüchternen Fahrer gab«, sagte Bea.

Troy hingegen war das jüngste von fünf Kindern, das Nesthäkchen, verwöhnt und gehätschelt. Sein ganzes Leben wurde er von allen Seiten bemuttert, von Mama und den großen Schwestern, in der Schule und auf dem College dann von diversen Freundinnen und schließlich von Bea. »Die Rolle der fürsorglichen Ehefrau war für mich etwas ganz Natürliches«, erklärte sie. Und da sie so viel Spaß zusammen hatten, bemerkte sie zunächst gar nicht, dass sie praktisch zum Geschäftsführer ihrer Ehe geworden war.

Troy war ein so großer Lebemann, so liebevoll und warmherzig, dass es Bea nie etwas ausmachte, die Logistik zu übernehmen. Sie fand, dass sie sich perfekt ergänzten.

Sie bekamen zwei Kinder, kauften ein kleines Haus und häuften Tag um Tag, Jahr um Jahr den gleichen tonnenschweren Ballast an, den auch der Rest der Welt mit sich herumträgt – Hypothekenzahlungen, Kabel-, Telefon- und Internetrechnungen, Stromrechnungen, Kreditkartenabrechnungen, Wasserrechnungen, Gasrechnungen, Tierarztrechnungen, Steuerbescheide, Ausgaben für Spiel- und Freizeitspaß, Rechnungen für verstopfte Abflüsse, Versicherungsbeiträge, Mitgliedsbeiträge. Das Leben war nun sehr viel komplizierter, sehr viel teurer, sehr viel mehr ... wie das richtige Leben.

Bea arbeitete als Sprechstundenhilfe, und Troy machte, was er immer tat – er verfolgte seinen nicht gerade lukrativen Traum vom zukünftigen Rockstar. Er hatte eine Band, die hin und wieder auftrat, und nahm Gelegenheitsjobs auf dem Bau an, wenn das Geld mal wieder knapp war.

Wenn die Kinder krank wurden, ging Bea mit ihnen zum Arzt. Wenn die Wasserhähne undicht waren, ließ Bea einen Installateur kommen. Sie kaufte ein, machte den Meerschweinchenkäfig sauber und jubelte am Spielfeldrand, wenn die Jungs ein Fußballspiel hatten. Troy wusste, wie gut er es hatte. »Ohne Bea«, sagte er oft, »läge ich wahrscheinlich längst im Straßengraben.«

Bea versuchte, verständnisvoll zu sein. »Er war immer das Nesthäkchen in seiner Familie«, meinte sie. Doch es gab Zeiten, da schien Troy sich absichtlich kindisch zu benehmen, und sie verlor die Nerven. Einmal, so erzählte sie uns, sei sie nach Hause gekommen und Troy hatte auf dem Sofa vor dem Fernseher gehangen. Sie bat ihn, den Müll rauszubringen.

Keine Reaktion.

»Troy, hast du gehört, was ich gerade gesagt habe?«

Er hob den Blick und lächelte sie an. »Was? Oh, entschuldige, meine Süße, ich habe dich nicht gehört.«

In diesem Moment platzte Bea der Kragen. »Genau solche Reaktionen waren es, die mich an meiner Ehe zweifeln ließen. Ich stellte mein ganzes Leben in Frage«, erzählte sie uns.

Bea wurde immer verbitterter. Sie wusste, dass Troy sie liebte, sie wusste, dass er sie schätzte, aber das war ihr nicht mehr genug. Sie zog zwei Kinder groß. Sie arbeitete von neun bis fünf in einer Arztpraxis, eine Arbeit, in der sie zwar nicht die ganz große Erfüllung fand, aber immerhin.

Für sie wäre alles in Ordnung gewesen, wenn aus ihrem häuslichen Leben nicht ein zweiter Job mit einem undankbaren Mitarbeiter geworden wäre. »Was ich wirklich brauchte«, so Bea, »war eine zweite Bea.«

Sie war wütend auf ihn, ließ sich bei ihren Freundinnen über ihn aus und fragte sich, womit sie einen solchen Kotzbrocken von Ehemann bloß verdient hatte. Sie bat ihn, sich einen Terminkalender zu kaufen, damit er nicht ständig vergaß, was wann und wo anstand, besonders, wenn es um die Kinder ging. »Ich kenne mich doch, das wird nichts«, war Troys Antwort darauf. »Klar, ich kann es versuchen, aber du wirst enttäuscht von mir sein.«

Das war natürlich nicht die Antwort, die Bea hören wollte.

Sie konnte nicht begreifen, wie all das, was sie an Troy früher so geliebt hatte – seine unbekümmerte, leichtlebige und spontane Art –, ihr plötzlich nur noch auf die Nerven ging. Es kam ihr vor, als hätte sie drei Kinder, nur dass eins von ihnen 42 war.

»Dass Ehe auch Arbeit bedeutet, war mir schon klar«, erzählte uns Bea. »Aber wie viel Arbeit, das hat mir vorher keiner gesagt.«

DAS PROBLEM: *Ein Freischein zu viel*

Bea hielt sich für eine gute Ehefrau, sie tat und machte, kümmerte sich um alles, unterstützte Troy, war geduldig und tolerant mit ihm. Aber damit entband sie ihn auch von allen Pflichten. Troy war praktisch zum Mieter in seinem eigenen Haus geworden. Ein großes Problem in einem Mietverhältnis, so beschreibt es die Wirtschaftswissenschaft, ist das moralische Risiko. Mieter neigen dazu, für ihr Heim weniger gut zu sorgen als Wohnungseigentümer, da sie keinerlei Kapital in die Wohnsache investiert und auch keinerlei finanzielle Beteiligung daran haben.

Dies belegt auch eine Studie, in der Mieter und Eigentümer sich ebenfalls in ihren Einstellungen unterscheiden: Die Ökonomen Sebastian Galiani und Ernesto Schargrodsky hatten in Argentinien die Chance zu untersuchen, inwiefern Eigentumsrechte ein größeres Pflichtgefühl und demzufolge auch ein verantwortungsvolleres Handeln bewirken. Für ihre Studie betrachteten sie einen verarmten Bezirk am Rande von Buenos Aires, der von Bauern in Besitz genommen worden war. Alle Grundstücke dort gehörten Privateigentümern, die nicht selbst in diesem Bezirk lebten. Anfang der 1980er-Jahre begann der Staat, die Grundstücke den Privateigentümern abzukaufen und den Bauern, die auf diesen Grundstücken lebten, die Eigentumsrechte dafür zu übertragen. So wurden die Bauern quasi über Nacht zu Hauseigentümern.

Allerdings war manch ein Privateigentümer mit diesem staatlichen Übereignungsplan nicht einverstanden und zog vor Gericht, weshalb einige Bauern nach wie vor keine formalen Eigentumsrechte besaßen. Damit bot sich den beiden Wirtschaftswissenschaftlern ein traumhaftes Szenario: Sie fanden zwei Gruppen von Bauern vor, deren Situation sich bei nahezu gleichen Ausgangsbedingungen, aber unterschiedlichen äußeren Umständen, schlagartig verändert hatte.

Galiani und Schargrodsky stellten fest, dass die Eigentumsrechte tief greifende Auswirkungen auf das Leben dieser Menschen hatten. Wer Eigentumsrechte besaß, investierte mehr in den Ausbau seines Heims: Der Anteil der Häuser mit solide gebauten Außenwänden stieg um 40 Prozent, der Anteil der Häuser mit solide

gebauten Dächern um 47 Prozent. Die Bauern, die Eigentumsrechte besaßen, sorgten zudem für eine bessere Bildung ihrer Kinder, die im Schnitt weniger Schulfehltage hatten als ihre Mitschü-
ler und länger die Schulbank drückten.

Troy war zwar kein verarmter argentinischer Bauer, aber Bea
betrachtete ihn wegen seiner schludrigen Nichtstuerei gewissermaßen als einen unrechtmäßigen Bewohner in ihrem gemeinsamen Heim. Wie auch immer, Troy handelte gewiss nicht wie ein
Mann, der viel in seine Ehe investiert.

Eine einseitige Geschichte, möchte man meinen – das war es
aber nicht. Bea nämlich ließ Troy kaum eine Chance. Ihr ausge-
prägter Fürsorgesinn, den sie als etwas ganz Natürliches ansah,
ließ Troy nicht zum Zuge kommen. Hinzu kam, dass sie die Kon-
frontation mied und somit auch nie Rechenschaft von ihm forderte. Sie verlangte lediglich Handlangerarbeiten von ihm.

Beas gut gemeinte Fürsorge in Verbindung mit Troys anerzo-
genem Hang, sich bemuttern zu lassen, brach einen Sturm von
moralischem Risiko los. Die (Lebens-)Versicherung, die Bea Troy
als Ehefrau und Fürsorgerin bot, hatte eine unmittelbare Wirkung
auf seine Haltung in Sachen Ehe. Wieso sollte er sich anstrengen,
wenn Bea ihn sowieso mit allem davonkommen ließ?

DIE LÖSUNG: *Investitionen einfordern*

Irgendwann an einem sonnigen Frühlingsmorgen hatte Bea Troy
beim Frühstück eröffnet, dass er von nun an zum Mit-Geschäftsführer ihrer Ehe befördert sei. Und nein, übertragbar sei diese
Funktion nicht. Und ja, die Dinge würden sich von jetzt an erheb-

lich ändern. Troy war nun für seine Sachen verantwortlich: für *sein* Geld, für *seine* Turnschuhe, wenn einer davon mal wieder unauffindbar war, für *sein* spezielles Schuppenshampoo und für *seine* alten Schallplatten, die im Keller vor sich hin moderten. Und sollte er Zeit mit Bea und den Kindern verbringen wollen, musste die Initiative von ihm ausgehen – Beatrice bestand nicht mehr auf gemeinsamen Abendessen, und sie bettelte auch nicht mehr, damit er zu Fußballspielen der Kinder mitkam.

Sie hörte auf, seine Wäsche zu waschen. Sie buchte all ihr Geld auf ein eigenes Konto, auf das er keinen Zugriff hatte. Sie überlegte im Supermarkt nicht mehr, was ihm wohl schmecken würde und was nicht, sondern orientierte sich spontan an ihren eigenen Gelüsten. Nach dem Abendessen spülte sie nur *ihr* Geschirr, half dann den Kindern bei den Schulaufgaben und brachte sie zu Bett. Ab und zu vergaßen die sogar, ihrem Vater Gute Nacht zu sagen, der entweder auf dem Sofa saß oder auf der Veranda in die Sterne guckte.

Bea zwang Troy nicht nur, in seine eigenen Angelegenheiten zu investieren, sie versuchte auch, sich einiger der familiären Pflichten zu entledigen, die sie sonst immer gemanagt hatte. So fuhr sie die Kinder zwar weiterhin zum Training und machte auch die Schulaufgaben mit ihnen, am Wochenende aber war Papi der Dienst habende Chef, der die Kinder auf Geburtstagspartys fuhr oder im Hof mit ihnen Fußball spielte.

Es dauerte nicht lange, da stapelte sich nicht nur Troys Schmutzwäsche, sondern die Kinder weckten ihn am Sonntagmorgen, damit er ihnen Waffeln machte, sie auf den Sportplatz chauffierte oder mit ihnen Schnecken sammelte. Bea verließ frühmorgens das Haus, um ihren freien Tag zu genießen (sie ging zur Maniküre, traf sich mit einer Freundin zum Kaffeetrinken oder stellte sich im Fitnessstudio aufs Laufband), damit Troy erst gar keine Chance hatte, die Verantwortung wieder auf sie abzuschieben.

Troy indes war schockiert, wie lebhaft und *bedürftig* seine Kinder sein konnten. Nicht, dass er sie nicht liebte, aber er *kannte* sie eigentlich gar nicht so richtig. »Ich würde für diese Jungs alles geben«, meinte Troy. »Aber, Mannomann, die schaffen einen ganz schön!«

Bea war verhalten optimistisch. Sie wusste, dass ihr Handeln extrem war und war sich nicht sicher, ob Troy das alles bewältigen würde. »Ehrlich gesagt, hatte ich Angst, dass er mich ignorieren und alles schiefgehen würde«, sagte Bea. »Und das wollte ich natürlich nicht, aber ich hatte keine andere Wahl.« Sie hatte Freundinnen, die in schlechten Ehen ausharrten und furchtbar darunter litten, und sie hatte Freundinnen, die davonliefen, bevor sie überhaupt versucht hatten, ihre Ehe zu kitten. Und da sie es weder den einen noch den anderen nachtun wollte, entschied sie sich für Plan C – die Kehrtwende um 180 Grad.

Und Bea hatte Glück, denn Troy war nicht ganz so dumm, wie er sich in den vergangenen zehn Jahren so manches Mal den Anschein gegeben hatte. Er begann zu begreifen, dass es auf das, was er tat – oder nicht tat –, ankam. Wenn er seine Wäsche nicht wusch, blieb sie liegen. Wenn er sich nicht mit den Kindern abgab, waren die beleidigt; aber wenn er es tat, dann ging ein Strahlen über ihre Gesichter.

Eines Tages kam sein Jüngster, der siebenjährige Matty, mit einem Plakat, das er im Kunstunterricht für seinen »verrückten« und »coolen« Vater (wie er sich ausdrückte) gemalt hatte, nach

Hause. Das »verrückt« rührte Troy ganz besonders, denn es zeigte ihm, dass Matty für seine Marotten Verständnis hatte und ihn nichtsdestotrotz liebte.

Troy bekam zurück, was er gab, und das war für ihn eine gänzlich neue Erfahrung.

»Die Veränderungen in der Beziehung zu meinen Kindern öffnete mir die Augen für das, was Bea die ganze Zeit über geleistet hatte«, sagte Troy. »Verglichen mit meinen Freunden hielt ich mich immer für den besseren Ehemann. Im Gegensatz zu denen habe ich mich nie über meine Frau beklagt. Ich hatte auch nicht zu klagen. Bea aber war diejenige, die sich zu Recht hätte beklagen können, und ich habe es einfach nicht begriffen.«

Troy verwandelte sich zwar nicht in einen ganz neuen Menschen. Er wachte nicht eines Morgens auf, legte Anzug und Krawatte an und suchte sich einen Bürojob. Er suchte sich überhaupt keinen Job. Aber er fing an zu investieren und fand sich langsam in seine neue Aufgabe als Mit-Geschäftsführer hinein, mit einer Begeisterung, die er nie für irgendetwas an den Tag gelegt hatte, zumindest nicht seit jenem Sommer 1987, als er für Bea aus einem Stück Seife eine Schildkröte geschnitzt hatte.

Im Sommer organisierte Troy ein Campingwochenende für die ganze Familie. Er buchte rechtzeitig im Voraus, kaufte zwei Zelte (auf Beas Kreditkarte zwar, aber immerhin), plante das Kochen am Lagerfeuer und suchte kinderfreundliche Tageswanderungen heraus. »Ich begann fast an den lieben Gott zu glauben«, sagte Bea; so wundersam kam ihr die ganze Geschichte vor. Und ach ja, … das letzte Mal, als wir nachgesehen haben … haben wir Troy nirgendwo im Straßengraben liegen sehen.

DIE AKTEURE: *Lana und Joe*

Lana und Joe lernten sich vor 14 Jahren bei einem Blind Date kennen, das ihre *Eltern* für sie arrangiert hatten. Lana hatte eigentlich die Nase voll von diesen von Muttern arrangierten Verabredungen. Doch in einem schwachen Moment ließ sie sich breitschlagen, sich mit Joe, dem Sohn einer Freundin von einer Freundin ihrer Mutter, zu treffen. Joe hatte sie zuletzt im Kindergarten gesehen, als sie fünf war.

Wie sich herausstellte, war er zu einem richtigen Mann gereift. Witzig. Aufgeschlossen und interessiert. Er wollte viel von ihr wissen, drückte ihr beim Abschied aber keinen Schmatzer auf die Wange und hatte eine Art, die man bei Single-Männern ab Mitte 30 suchen muss – er war normal.

»Ich war sicher, dass es einen Haken gab«, sagte Lana.

Joe war ebenfalls erleichtert, dass Lana so normal war. Normal – nicht im Sinne von langweilig oder gewöhnlich, sondern im Sinne von ausgeglichen, mit klarem Verstand und einer gewissen Unabhängigkeit gesegnet. Sie hatten den gleichen sarkastischen Humor, ein dickes Fell, neckten einander und lachten über die eigenen Schwächen. Sie wollten hoch hinaus im Leben, hatten hohe Ansprüche an sich selbst, wussten aber auch den Augenblick zu leben. Diese gemeinsame Lebensphilosophie war es, die sie zusammenführte und ihre Beziehung in den ersten Jahren in Schwung hielt.

Das … und eine unerwartete Schwangerschaft. Gut, so ganz unerwartet kam die nicht, denn mit der Verhütung nahm es kei-

ner der beiden so genau. Sie malten sich aus, dass sie schlimmstenfalls nach Costa Rica ziehen, einen Surf-Laden eröffnen und
ihr Kind am Strand großziehen würden.

Stattdessen gaben sie sich auf dem Standesamt das Jawort.

Im Laufe der Zeit jedoch gerieten sie als willensstarke Persön-
lichkeiten, die sie beide waren, immer häufiger aneinander. Sie
schienen zu der Sorte von Paaren zu gehören, die den Streit förmlich suchten und brauchten, die sich in der einen Minute nieder-
machten und in der nächsten heißen Wiedergutmachungssex hatten. Ständig fand einer am anderen etwas auszusetzen.

»Joe ist extrem launisch«, berichtete Lana. »In der einen Minute spielt er den Herrn Papa, in der nächsten liegt er auf dem Sofa
und führt Selbstgespräche. Da könnte ich ausrasten. Ich bin viel
gelassener und sehr viel nüchterner in allem.«

»Lana steht ständig unter Strom«, erzählte uns Joe. »Wenn
ich mich nur um fünf Minuten verspäte, bombardiert sie mich
schon mit Anrufen. Sie sagt direkt, was sie denkt, ohne vorher
zu überlegen. Ich liebe sie, aber in dieser Hinsicht hat sie wirklich
ein Problem.«

Die sind in einem Jahr geschieden – wäre wohl der erste Gedanke, wenn man Joe und Lana auf einer Party kennen lernen
würde, um sich am Ende des Abends dann zu fragen, was das Er-
folgsgeheimnis ihrer Beziehung ist.

Was auch immer es sein mag, es hat viele Jahre prima funktioniert … – bis ihre Tochter Bella in die Pubertät kam. Damit waren
sie weniger mit sich als vielmehr mit den zunehmend schwierigen Fragen eines heranwachsenden Teenagers beschäftigt – zum
Beispiel wann, wenn überhaupt jemals, sich ein Junge für sie in-

teressieren würde, wo all ihre Freundinnen bereits Freunde zu haben schienen.

In dieser Hinsicht ging es Joe und Lana nicht anders als anderen Eltern auch. Studien zufolge lässt die Zufriedenheit mit der Ehe nach der Geburt des ersten Kindes stark nach. Paare streiten dann neunmal häufiger und sind anfälliger für Depressionen. Sie sind heillos überfordert. Es bleibt kein Raum mehr für Gespräche und Sex. Doch Paare, die diese ersten Jahre (und auch die ersten Jahre nach der Geburt des zweiten Kindes) überstehen, haben es dann meist geschafft. Damit sind allerdings noch nicht alle Hürden genommen: Viele Paare geraten noch einmal in eine Krise, wenn die Kinder in die Pubertät kommen. »Es ist eine der großen Ironien des Lebens. Kaum lässt die körperliche Beanspruchung nach, die man als Eltern mit kleinen Kindern erfährt, hat man schon mit den emotionalen Herausforderungen bockiger Teenager zu kämpfen«, schreibt der Psychiater John W. Jacobs und fügt hinzu: »Wenn es den Eltern dann nicht gelingt, vernünftige Wege zu finden, um diese Phase zu meistern und sowohl den Bedürfnissen ihrer Kinder als auch *ihren eigenen* gerecht zu werden, kann es zu ernsthaften Spannungen kommen.«

Wir sind zwar keine Psychiater, trotzdem sind wir ziemlich sicher, dass Joe und Lana keine »vernünftigen Wege« gefunden haben, den »Bedürfnissen ihrer Ehe gerecht zu werden«. Lana sprach von einer »Apathie«, die sich bei ihr eingestellt hatte, wenn Joe nach einem anstrengenden Tag nach Hause kam und sie für ihn da sein musste. Und Joe sagte, er sei nicht mehr für Lanas Krisenängste »aufnahmefähig« gewesen. Insofern tat jeder nicht mehr, als den eigenen und Bellas Bedürfnissen gerecht zu werden. Sie stritten weniger (was in ihrem Falle gar nicht gut war), achteten weniger aufeinander und gingen auch weniger aufeinander ein.

Lana, deren Unordentlichkeit Joe schon immer geärgert hatte, machte keine Anstalten mehr, ordentlicher zu sein. Und Joe, der mit seiner Angewohnheit, nicht Bescheid zu geben, wenn er sich verspätete, Lana schon immer erbost hatte, rief überhaupt nicht mehr an. Lana fand keine Zeit mehr, um Sport zu treiben. Joe war zu müde, um zu reden. Lana kochte immer seltener.

DAS PROBLEM: **Nichts zu verlieren haben**

Stellen Sie sich eine in Sand gezogene Linie vor. Auf einer Seite dieser Linie liegt das moralische Risiko. Es steht für eine Welt, in der Sie sich vollkommen gehen lassen können. Warum auch nicht? Ihr Partner räumt ohnehin hinter Ihnen her, lässt Ihnen alles durchgehen und wird Sie sowieso nie verlassen. Sie bemühen sich nicht, Zuneigung zu zeigen, all die süßen Worte von einst sind vergessen, Ihr Bauch wird täglich dicker, und Sie richten sich in dieser bequemen Gleichgültigkeit ein.

Auf der anderen Seite der Linie liegt die Paranoia – oder auch das Gegenteil des moralischen Risikos. Sie sind stets aufmerksam, halten alles sauber, befolgen die Regeln Ihres Partners bis aufs Komma, vergöttern ihn, kommen ihm bei allem zuvor und provozieren ihn nie. Sie meiden jeglichen Konflikt aus Furcht, Ihr Partner könnte Sie verlassen.

Tatsächlich gibt es zwischen diesen beiden Szenarien ein breites Spektrum an Möglichkeiten, wie die Grafik auf Seite 158 zeigt.

Eine Beziehung, die von moralischen Risiken völlig frei ist, wünscht sich wohl niemand. (Man will sich darauf verlassen können, dass der Partner einen nicht sofort verlässt, wenn man mal einen Fehler gemacht hat.) Moralische Risiken sind für eine funktionierende Partnerschaft von zentraler Bedeutung.

Doch sich ein Leben lang davon beherrschen lassen will wohl auch niemand. Wo immer Sie sich selbst in diesem Spektrum der moralischen Risiken sehen, Ihr Ziel sollte es sein, möglichst weit in die Mitte zu rücken – in den sicheren Hafen, nicht in die sichere Hängematte.

Doch wie erreichen Sie diese goldene Mitte? Indem Sie die Regeln Ihrer Partnerschaft neu definieren und die Eigenverantwortlichkeit stärken. Es ist eine kaum bekannte Tatsache, dass Menschen sich tendenziell mehr Mühe geben, wenn ihnen ein Verlust droht.

Das moralische Risiko findet sich meist in Situationen, wo jemand nichts zu verlieren hat (oder glaubt, nichts zu verlieren zu haben) und deshalb nachlässig wird, nur an sich selbst denkt, alles für selbstverständlich nimmt oder zu viel riskiert. 56 Prozent der Befragten in unserer Umfrage gaben an, dass das moralische Risiko seit Beginn ihrer Ehe eine Streitursache darstellt. Während 46 Prozent der Befragten zugaben, weniger liebevoll mit dem Partner umzugehen als früher (weil sie »zu beschäftigt« seien, so die häufigste Ausrede), gestanden immerhin 20 Prozent ein, dass sie nicht einmal mehr auf die *Idee kämen,* ihm mit liebevoller Zuneigung zu begegnen.

Der Grund? Man nimmt an, dass der Partner sich auch mit etwas weniger zufriedengeben wird – schließlich ist man verheiratet.

Doch wer so denkt, spielt mit dem Feuer und hat sich im breiten Spektrum des moralischen Risikos in eine finstere Ecke manövriert – dorthin, wo sich auch Joe und Lana nach 14 Jahren fanden.

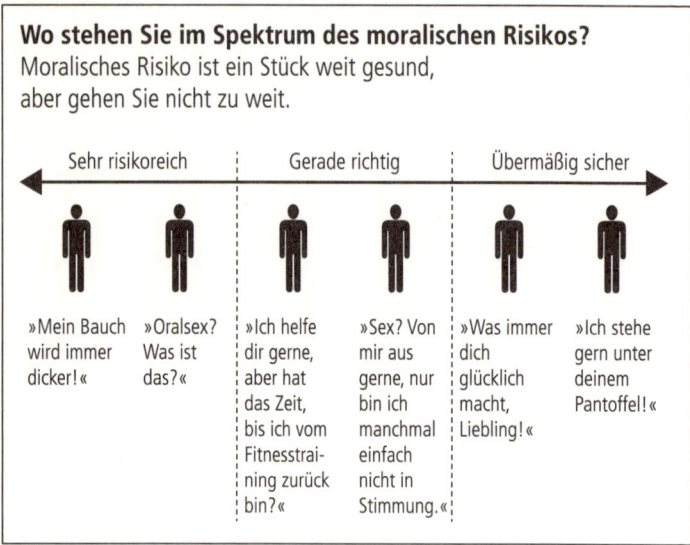

Wo stehen Sie im Spektrum des moralischen Risikos?
Moralisches Risiko ist ein Stück weit gesund,
aber gehen Sie nicht zu weit.

Sehr risikoreich		Gerade richtig		Übermäßig sicher	
»Mein Bauch wird immer dicker!«	»Oralsex? Was ist das?«	»Ich helfe dir gerne, aber hat das Zeit, bis ich vom Fitnesstraining zurück bin?«	»Sex? Von mir aus gerne, nur bin ich manchmal einfach nicht in Stimmung.«	»Was immer dich glücklich macht, Liebling!«	»Ich stehe gern unter deinem Pantoffel!«

DIE LÖSUNG: *Ein neuer Regulierungsrahmen*

Joe und Lana brauchten einen neuen Rahmenvertrag. Wenn es Regeln, Regularien und Verträge gibt, die bei Nichterfüllung Konsequenzen nach sich ziehen, haben wir etwas zu verlieren – das Biest mit Namen »moralisches Risiko« ist gebändigt.

Joe und Lana könnten Regelungen aufstellen, die einer Erneuerung ihres Eheversprechens gleichkämen, wie etwa »Ich verspreche, meine Schuhe nicht im Flur herumliegen zu lassen.«

Sie könnten rein theoretisch auch Sanktionen für den Fall des Vertragsbruchs festlegen (den Partner zum Beispiel sechs Tage lang mit Schweigen bestrafen, sich rächen, oder sich scheiden lassen). Doch Sanktionen führen eher zu einer fortgesetzten, langsamen Verkümmerung der Ehe – zu »harschen Worten und verbranntem Toast«, wie der Wirtschaftswissenschaftler Ted Bergstrom es bezeichnet.

Der Hang, auch die Liebe regulieren zu wollen, mag Ihnen widernatürlich vorkommen. Menschen sind schließlich keine Unternehmen, sondern komplexe, einzigartige Seelen, die auf Anforderungen unterschiedlich reagieren.

Wohl wahr, aber vergessen Sie nicht, dass auch die Partnerschaft selbst eine höchst regulative Institution ist. Paare agieren nach grundlegenden Regeln – nicht fremdgehen, nicht ohne Wissen des Partners in den Urlaub fliegen, nicht ohne beiderseitige Zustimmung eine Immobilie kaufen. Wieso sollte man diese Liste nicht um einige Regeln zur Verbesserung der ehelichen Sachlage erweitern? Das moralische Risiko entsteht, solange es keine Konsequenzen gibt. Und es gibt keine Konsequenzen, solange es keine Regeln gibt.

Joe und Lana hätten sich auch einfach nur das Versprechen geben können, künftig weniger selbstbezogen zu sein. Doch damit wäre es nicht getan gewesen. Was die beiden dringend brauchten, war ein gut durchstrukturierter Vertrag.

Bevor ihre Ehe langsam in die finstere Ecke der Gleichgültig-

keit abdriftete, hatten sie es einigermaßen geschafft, sich irgendwo in der Mitte zu treffen. Lana war vom Laufbandtraining zwar
nicht hellauf begeistert, trainierte aber trotzdem regelmäßig, um
Joe zuliebe ihre Figur zu halten. Und Joe war es eigentlich egal,
ob seine Hände gewaschen waren oder nicht, er wusch sie aber
trotzdem, wenn er nach Hause kam, um Lana eine Freude zu machen. Es galt, zu Toleranz und Kompromissen zurückzufinden –
und dafür brauchte es Regeln.

Lana nannte uns vier Dinge, mit denen Joe ihr entgegenkom-
men könnte:

1. anrufen, wenn er sich verspätete,
2. sich die Hände waschen, wenn er nach Hause kommt,
3. sich abends um sie und Bella kümmern,
4. sich im Bad die Hände waschen (siehe Punkt 2), wenn sie in der
   Küche das Abendessen kocht.

Und Joe erzählte uns, wie Lana ihm eine Freude machen könnte:

1. Bellas Sportsachen aus dem Flur räumen,
2. ab und zu »Bitte« und »Danke« sagen,
3. ein etwas längeres Vorspiel beim Sex, wenn es überhaupt mal
   dazu kommt. (Sollte Sie das jetzt schockieren, seien Sie beruhigt, uns hat es das auch!),
4. sich wieder öfter aufs Laufband stellen – (nicht, dass ihm ihre
   Figur nicht gefiele, nein, er meinte nur, dass sie sich selbst vielleicht besser fühlen würde, wenn sie wieder in Form käme).

Moralisches Risiko: ein Lebensretter!

Regeln können nicht nur Beziehungen, sondern sogar Leben retten. Die Ökonomen Michael Conlin, Stacy Dickert-Conlin und John Pepper untersuchten, ob Gesetze, die der Kontrolle der Rotwildpopulation dienen sollen, eine unbeabsichtigte Wirkung auf die allgemeine Sicherheit haben. Im Zuge ihrer Studie verglichen sie die Häufigkeit von Jagdunfällen in Pennsylvania in den Jahren 1990 bis 2005.

Um die Rotwildbestände des Staates auszudünnen, war es den Jägern ab dem Jahr 2000 gestattet, an ein und demselben Tag sowohl Hirschböcke als auch Hirschkühe zu schießen. Zuvor waren bestimmte Tage der Jagd und dem Schießen von Hirschkühen vorbehalten gewesen. Im Jahr 2002 änderte der Staat das Gesetz erneut, diesmal um jüngere Böcke zu schützen. Von nun an war es erlaubt, Hirschen jeglicher Größe zu schießen, aber Hirschböcke nur dann, wenn ihre Geweihe eine Mindestgröße erlangt hatten.

In den Jahren, in denen bestimmte Jagdtage für Böcke oder Kühe festgelegt waren, und in den Jahren, in denen das Schießen jüngerer Hirschböcke erlaubt war, musste ein Jäger seine Schüsse also gut abwägen, um keine Strafe zu riskieren. Hat der Jäger dagegen die Erlaubnis, an jedem beliebigen Tag jedes Geschlecht jeglicher Größe zu schießen, so die Theorie der Wirtschaftswissenschaftler, wird er weniger bedacht vorgehen und mit jedem Schuss auf »Freiwild« (im wahrsten Sinne des Wortes) zielen.

Und genau hier liegt das moralische Risiko: Darf der Jäger uneinge-schränkt schießen, wird er mehr Risiken in Kauf nehmen.

Diese Theorie bestätigte sich prompt in der Praxis. Wie sich zeigte, kam es in den Jahren von 2000 bis 2002 zu einer Häufung von Jagdun-fällen, in die andere Jäger oder sogar Unbeteiligte verwickelt waren.

Die Moral von der Geschicht': Manchmal liegt die Lösung in einem simplen »Entweder-oder«.

Sie schrieben jeweils eine umfangreichere Wunschliste und tausch-ten diese aus. Sie beschlossen, dass es genügen sollte, wenn je-der zunächst auf drei bis vier Wünsche des anderen einginge. Lana wollte ihre Sachen künftig aus dem Weg räumen, aber ob sie das auch mit Bellas Sachen schaffte, dafür konnte sie nicht ga-rantieren. Und Joe brauchte erst mal eine halbe Stunde für sich, wenn er abends nach Hause kam, ehe er sich der Familie wid-men konnte. Aber drei von vier Punkten zu berücksichtigen war für den Anfang nicht schlecht. Und was die Konsequenzen anbe-langte: Sobald einer der beiden die Dinge schleifen ließ, tat das auch der andere.

Indem sie ihre Wünsche klipp und klar formulierten, lösten sie das Rätsel um ihre kriselnde Ehe. Schwarz auf weiß hatten sie vor sich, was alles auf der Strecke geblieben war. Gewiss, das Eltern-sein hatte seinen Tribut gefordert und ihr »bockiger Teenager« hatte ihnen auch allerhand Energie abgezogen. Im Wissen da-rum, dass Ehen heutzutage sehr verwundbar sind, so der Psychiater John Jacobs, sei regelmäßige Beziehungspflege besonders wichtig, damit »die Partnerschaft nicht zu kurz kommt« – und das kommt letztlich auch den Kindern zugute.*

Joe und Lanas neuer Rahmenvertrag offenbarte, wo sie den Bogen des moralischen Risikos überspannt hatten. Indem sie sich – in wenigen einfachen Schritten – aufeinander zubewegten, wurde ihnen langsam wieder bewusst, warum sie sich einmal ineinander verliebt hatten und was sie zu verlieren riskierten, wenn sie wie bisher weitermachten.

Wenn Sie wissen wollen, inwieweit Ihre eigene Partnerschaft durch das moralische Risiko gefährdet ist, stellen Sie in einem ersten Schritt einen Vertrag mit einigen wenigen Regeln auf. Eine Regel könnte beispielsweise sein, Ihrem Partner öfter den Rücken zu massieren. Wollen Sie nicht? Überlegen Sie doch mal. Wenn Sie ihm nie den Rücken massieren, geben Sie ihm zu verstehen, dass Ihnen eine kleine Aufmerksamkeit dieser Art gar nicht in den Sinn kommt. Er wird sich daran gewöhnen – welcher Mann erwartet schon von seiner Frau, dass sie ihm täglich den Rücken massiert, wenn sie Vollzeit arbeitet und zwei Kinder hat? Schlimmstenfalls ärgert er sich ab und zu darüber. Aber damit können Sie leben, richtig?

Falsch. Kleiner Ärger führt zu kleinen Verstimmungen, die wiederum zu einer leichten Verweigerungshaltung führen, was wiederum zu kleinem Ärger, kleinen Verstimmungen und kleinen Verweigerungen Ihrerseits führt – und ehe Sie sich versehen, wird

---

* Oder wie Homer Simpson es formuliert: »Die Ehe ist wie ein Sarg – und jedes Kind ein weiterer Nagel.«

eine Sache, die Sie nur fünf Minuten Zeit gekostet hätte, zu einem Quell der Spannungen. Das soll nicht heißen, dass eine Rückenmassage der Schlüssel zum Eheglück ist, aber Ihrem Partner etwas zu versagen, an dem er Freude hätte, und sei es eine noch so kleine Aufmerksamkeit, hat einen Welleneffekt. In einer Partnerschaft geschieht eben nichts ohne Folgen.

Nachdem Sie Ihren Vertrag aufgesetzt haben, kontrollieren Sie zumindest in den ersten Monaten regelmäßig Ihre Fortschritte. Reflektieren Sie jede Woche, ob Sie beide Ihre Versprechungen erfüllt haben. Beispiel: Haben Sie am Mittwoch gegrüßt, als Sie heimkamen, oder nur Ihr übliches Grummeln vernehmen lassen? Wie oft haben Sie sich mit Ihrem Partner gemeinsam Gedanken über den täglichen Essensplan gemacht und Vorschläge eingebracht? Haben Sie für Samstagabend einen Babysitter organisiert und Kinokarten reserviert? Hatten Sie in der vergangenen Woche jeden Tag Sex? Wenn nicht, ist das für Sie beide in Ordnung so? (Übrigens, falls Sie »jeden Tag Sex« vereinbart und auch tatsächlich umgesetzt haben, sollten Sie die Fortsetzung zu diesem Buch schreiben.)

Ein solcher Vertrag soll dazu dienen, den Status quo, jenen eingeschliffenen Beziehungsstandard, an dem wir alle nur zur gerne festhalten (siehe Kapitel 2 über Risikoaversion und Status-quo-Tendenz), neu zu justieren. Die Kunst dabei besteht darin, den neuen Vertrag nicht zu einem neuen Status quo werden zu lassen. Gehen Sie ihn regelmäßig durch und überprüfen Sie, ob er noch aktuell ist oder ob sich Ihre Bedürfnisse inzwischen verändert haben. Wenn ja, feilen Sie daran, aber schmeißen Sie ihn nicht komplett um. Kleine Taten haben mitunter große Wirkung.

DIE AKTEURE: *Carla und Pete*

Die Journalistin Carla aus New York lernte Pete in Wyoming kennen, von wo sie im Auftrag eines Männermagazins über ein Rodeo berichtete – nicht ohne den heimlichen Gedanken, vielleicht einen echten Cowboy abzukriegen.

Und Pete war ein echter Cowboy. Er arbeitete auf einer Rinderfarm und ritt Pferde zu. Er hatte vor, sich selbständig zu machen. Er war groß, blond, höflich, selbstbewusst, ein Mann der leisen Töne, sprach geradeheraus, war kräftig und emotional gefestigt – kurzum, er war alles, was keiner der Männer zu bieten hatte, mit denen Carla sich in den vergangenen 15 Jahren abgegeben hatte.

Sie verbrachten ein romantisches Wochenende zusammen, doch Carla hätte nie geglaubt, dass etwas Festes daraus werden würde. »Es schien unmöglich, dass zwei so unterschiedliche Menschen wie wir das hinbekommen«, sagte Carla.

Nach sechs Monaten Fernbeziehung, fünf Besuchen, Tausenden von Dollars an Telefonrechnungen, wöchentlichen Briefen (jawohl, Pete schrieb noch ganz altmodisch mit Füller und auf Briefpapier, was Carla auf die gleiche Art beantwortete), kam der Heiratsantrag und sie machten Nägel mit Köpfen.

Gewiss, es war von Anfang an eine Romanze der Gegensätze: Mädchen aus der Großstadt und Cowboy vom Land; Designer-Schuhe von Manolo Blahnik und grobe Karohemden. Doch es schien zu funktionieren.

»Er brachte das Beste in mir hervor«, sagte Carla, die endlich rauswollte aus der Tretmühle Manhattan – aus der buchstäblichen Tretmühle im Fitnessstudio ebenso wie aus der im bildlichen Sinne, in der sie sich befand, seit sie in die Großstadt gekommen war, um als Journalistin Karriere zu machen.

»Niemand hat mich je so zum Lachen gebracht wie sie«, sagte Pete, der nie in irgendeiner Tretmühle, egal welcher Art, gesteckt hatte, der aber sehr wohl zuzupacken wusste.

Wie aber waren ihre zwei so grundverschiedenen Leben unter einen Hut zu kriegen? Pete war naturverbunden, er ritt und baute Weidezäune. Wenn er in einer Wohnung im soundsovielten Stock mit Blick auf eine Tankstelle leben müsste, würde er eingehen. Und Carla wollte Pete nicht ins Unglück stürzen. Sie war für ein Leben auf dem Land eher bereit als Pete für ein Leben in der Stadt.

Also packte sie ihr Hab und Gut in seinen Transporter und zog zu ihm.

Sie kauften ein Haus mit Garten, und Carla stürzte sich in ihr neues Leben. Sie legte ein Gemüsebeet an und lernte Grünkohl von Mangold und Rüben von Pastinaken zu unterscheiden. Pete hatte bereits einen Hund, und Carla holte noch einen zweiten aus dem Tierheim. Der folgte ihr auf Schritt und Tritt, wenn sie im Garten nach ihren Setzlingen sah oder im Arbeitszimmer schrieb. Ohne irgendeine »Tretmühle« weit und breit fing Carla an, durch die Wälder zu joggen. Sie lernte kochen und verwöhnte Pete mit fantasievollen Gerichten, wenn er nach einem langen Tag draußen auf den Weiden nach Hause kam.

Doch auch wenn Carla ganz neue Seiten an sich entdeckte und ausprobierte, es gab Tage, an denen sie vor Einsamkeit schier wahnsinnig wurde – ein Problem, das Pete nicht kannte. Er konnte Wochen zubringen, ohne mit einem Menschen zu sprechen, nur den Hund an seiner Seite.

Carla hingegen war ein geselliger Mensch. Sie vermisste ihre Freunde. Wie lange wohl würde sie es aushalten, dass die einzigen Wesen, mit denen sie sprach, die Hunde und Pete waren? Langsam machte sie sich über finanzielle Dinge, über ihre Karriere und über das Fehlen enger Freunde Gedanken. Sie steigerte sich in Zweifel darüber hinein, ob ihre Entscheidung richtig gewesen war, an diesen Fleck in der sprichwörtlichen Mitte von Nirgendwo zu ziehen. Sie sah in den Spiegel und erkannte sich selbst kaum wieder. Sie trug Tag für Tag dieselbe ausgefranste Jeans, denselben Rolli und dieselbe Weste.

Dass Pete eine Siebentagewoche hatte und von frühmorgens bis spät in die Dunkelheit arbeitete, war nicht gerade hilfreich. Er war damit beschäftigt, seinen Betrieb aufzubauen, den Grundstein für ihre gemeinsame Zukunft zu legen und besaß eine endlose Ausdauer und Energie. Er bemerkte zwar, dass Carla zunehmend düsterer Stimmung war und nicht mehr so viel lachte wie früher. Aber, so dachte er, das würde sich mit der Zeit geben, sie würde sich schon einleben. Und das versuchte Carla wirklich, was aber nicht leicht war mit einem Mann, der nichts anderes zu sagen wusste als »Kopf hoch, das wird schon!« Mit Depressionen konnte Pete nicht umgehen. »Unser Leben war doch wunderbar«, sagte er. »Wir waren verliebt. Kein Grund, Trübsal zu blasen.«

DAS PROBLEM: *Pervertierte Anreize*

An dieser Stelle sei kurz erwähnt, dass Pete jener Mann war, der seine Ehe mit der Eroberung des Aztekenreiches verglich und sagte, dass ein Scheitern nicht zur Debatte stünde.

Einerseits spricht aus dieser Einstellung, dass er seine Frau niemals verlassen und alles tun würde, um sie und seine Ehe festzuhalten (15 Stunden am Tag arbeiten, Ersparnisse anlegen, in ewiger Treue leben. Glück, wer einen Mann wie Pete hat!). Andererseits aber spricht daraus auch eine gewisse Blindheit gegenüber allen Warnsignalen, wenn ein Scheitern bereits im Anzug ist. Dass irgendetwas seine Ehe entzweien könnte, kam Pete gar nicht in den Sinn, weshalb er Carlas Befinden als ein kurzzeitiges Phänomen ansah, das sich mit der Zeit geben würde.

Petes Bild von der Ehe gab einem Phänomen Raum, das in der Ökonomie als »pervertierte Anreize« bezeichnet wird – Anreize, die das Gegenteil des Beabsichtigten bewirken. Ein Beispiel aus der Unternehmenswelt: Nicht selten werden Manager von ihren Firmen angehalten, abteilungsinterne Gesamtbudgets zu kürzen. Kommt der Manager dieser Aufforderung nach und kürzt sein Budget um 15 Prozent, wird sein Gesamtbudget im Folgejahr um 15 Prozent niedriger ausfallen – schöne Belohnung! Und kaum ein Anreiz, weitere Kürzungen vorzunehmen. Eine Krankenkasse in den USA vergütet ärztliche Leistungen nach diagnosebezogenen Fallpauschalen, nicht nach erbrachten Zeiteinheiten. Dadurch werden Ärzte angehalten, den Patienten im Eilverfahren zu untersuchen und ihm möglichst eine Kernspintomographie zu verordnen. Solche pervertierten Anreize schaffen insofern moralische

Risiken, da sie die Menschen verleiten, das Gegenteil von dem zu machen, was sie tun sollten.

Was uns zu Pete zurückbringt. Ein Nebeneffekt seiner unverrückbaren Sicht auf die Ehe war, nicht zu berücksichtigen, dass Trennungen tatsächlich passieren. Und so hatte er mit derartigen Tatsachen nicht umzugehen gelernt. Da er der Meinung war, dass die Ehe eine Versicherung auf Lebenszeit darstellt, hatte er auch keinerlei Anreize, irgendwelche Anpassungen seinerseits zu leisten. »Scheitern ausgeschlossen« – sein ansonsten so taugliches Motto bot ihm in diesem Fall keinen Anreiz, als Ehemann das Beste aus sich herauszuholen.

Eines Tages kam Pete nach Hause, und das Haus war leer. Carla war weg. Auf dem Küchentisch fand er einen Zettel: Sie sei zu ihren Eltern gefahren, würde, wenn überhaupt, erst in einigen Wochen zurückkommen, sie wolle ja, dass die Ehe funktionierte, doch dafür müsse sich grundlegend etwas ändern. Pete war schockiert. Er hatte immer geglaubt, dass die größte Hürde für Carla darin bestand, sich für ein Leben mit ihm auf dem Land zu entscheiden – war die erst genommen, würde sich alles Weitere schon finden.

DIE LÖSUNG: *Intelligente Anreize*

Anreize können Ihr Leben komplett über den Haufen werfen, sie können aber auch vor unüberlegten Schritten bewahren. Denken Sie an das Beispiel mit den Bauchschmerzen und der einjährigen Ärzteodyssee in der Hoffnung auf Heilung. Das moralische Risiko war die Versicherung: Sie bot Ihnen keinerlei Anreiz, sich um die Kosten zu sorgen, da die Behandlungen sämtlich gedeckt waren. Und verheiratete Männer, die sich ihrer Sache allzu sicher sind, haben keinen Anreiz, sich besonders für ihre Frau anzustrengen.

Eine Versicherung bietet starke Anreize für ein rücksichtsloses Verhalten. Das bedeutet zwar nicht, dass ein Versicherungsnehmer zwangsläufig rücksichtslos *ist,* aber ein *völlig selbstloses* Verhalten ist auch nicht von ihm zu erwarten. Wie gelingt es einer Versicherung, dass wir von ihren Vorteilen profitieren, gleichzeitig aber angehalten sind, verantwortungsbewusst zu handeln?

Sie bittet zur Kasse.

Hier setzt das Prinzip der Rabatte und Eigenleistungen an. Der Versicherungsnehmer soll durch eine Beteiligung an den Kosten angespornt werden, weniger Leistungen zu beanspruchen und sich verstärkt präventiv zu verhalten. Auf dem Land profitierte Pete zwar von sämtlichen Vorteilen, beteiligte sich jedoch nicht an Carlas Kosten, die da hießen: Einsamkeit, Verlust enger Freunde, abruptes Karriereende.

Carlas Lösung des Problems, sich aus dem Staub zu machen (ein Schritt, der für manch ein Paar das Ende wäre), halten wir zwar nicht für ideal; das Ganze hat Pete aber wachgerüttelt (und Carla ebenso), und das war bitter nötig. »Die ganze Zeit hatte ich geglaubt, es sei alles nur mein Problem, dass ich aufhören müsse, mir selbst leidzutun und anfangen müsse, mit meinen Entscheidungen zu leben«, erzählte uns Carla. »Doch ich konnte es einfach nicht abstellen. Was mir gefehlt hat, war ein bisschen Unterstützung von meinem Mann.«

Carla hatte aber auch nie darum gebeten. Sie versuchte, es allein zu schaffen, scheiterte und zog sich dann zurück. Was Carla brauchte, war, dass Pete sie entlastete – dass er sich an ihren Kosten beteiligte und ihr half, von den Vorteilen zu profitieren.

Pete hätte sich in Form von Eigenleistungen einbringen müssen. Natürlich gehörte der Begriff »Eigenleistung« nicht zu Carlas Vokabular – sie ist schließlich Journalistin, kein Versicherungsunternehmen. Aber die Lösung, die sie suchte, war exakt die, die ein Wirtschaftswissenschaftler ihr geraten hätte.

Während sie bei ihren Eltern war, überlegte sie, in welcher Form Pete mehr Verantwortung übernehmen könnte, damit ihr langfristiges Glück gesichert wäre (vorausgesetzt, sie bliebe bei ihm). Hier eine Zusammenfassung ihrer Liste:

- Pete sollte »nur« noch sechs Tage die Woche arbeiten. So hätten sie einen ganzen Tag für sich, den sie entweder allein oder mit den paar wenigen Freunden, die sie vor Ort hatten, verbringen könnten. Gewiss, Carla vermisste ihre alten Freunde, sie sah aber auch ein, dass sie an ihrem neuen Wohnort niemandem wirklich eine Chance gegeben hatte.
- Carla würde sich einen Blog und eine Website einrichten lassen. Für Pete war das platte Land ja der perfekte Ort, um sich beruflich zu verwirklichen, für Carlas Karriere hingegen war die ländliche Idylle ein Graus. Sie hatte Angst, ihre beruflichen Kontakte über kurz oder lang zu verlieren.
- Pete sollte seine handwerklichen Fähigkeiten zu Hause einbringen und endlich die längst versprochene Zentralheizung installieren. Es war an der Zeit, das überfällige Versprechen einzufordern.
- Pete sollte ab und an bei der Zubereitung des Abendessens mithelfen. Anfangs hatte Carla noch Gefallen an dieser klischee-

haften Ironie gefunden – sie, eine Hausfrau, die ihrem Mann jeden Abend das Essen serviert! Doch bald fühlte sie sich nur noch, nun ja, als eine Hausfrau, die ihrem Mann jeden Abend das Essen serviert.

»Ich kam mir eigentlich ein wenig zu fordernd vor«, sagte Carla. »Aber im Grunde hatte ich bis dahin kaum etwas von Pete verlangt, und ich glaube, das hat er kapiert.« Und tatsächlich stimmte Pete allen »Eigenleistungen« zu und machte sich mit Feuereifer und ohne einen Mucks daran. Er brachte sogar noch eine weitere ein, die Carla gar nicht eingefordert hatte: Er kaufte Hühner und baute einen Hühnerstall. »Ich dachte mir, das findest du bestimmt lustig«, sagte er. »Und du kannst in deinem Blog darüber schreiben!«

Und das tat sie dann auch.

ANREIZE

Oder: Ihren Partner dazu bekommen
zu tun, was Sie wollen

Das Prinzip

Versetzen Sie sich in die Lage von Maurice »Hank« Greenberg, dem Mann, der im Jahr 2001 an der Spitze des Versi-
cherungsriesen *American International Group* (AIG) stand.
Sie sitzen in einem großen Büro an einem Schreibtisch im
klassizistischen Stil. An der Wand hängt ein auf etwa sechs
Millionen US-Dollar geschätzter »relativ unbedeutender«
van Gogh. Ihr Firmenjet ist mit einem Fitnessgerät ausge-
stattet, damit auch ja kein Moment ungenutzt verstreicht,
und Ihr Privatchauffeur ist jederzeit abrufbereit, um Sie
nach Hause in die Upper East Side oder zu Ihrem Anwesen

außerhalb der Stadt zu kutschieren. Sie haben die hübsche Summe von 200 Milliarden Dollar an Geschäftsvermögen zur Verfügung – in dem aufregenden und gleichzeitig beunruhigenden Wissen, dass Sie, sollte irgendetwas schieflaufen, das Leben unzähliger, hart arbeitender Amerikaner ruinieren können. AIG hat Niederlassungen in 130 Ländern, Tausende von Mitarbeitern sind Ihnen unterstellt, und es ist Ihre Aufgabe herauszufinden, wie Sie die dazu bewegen, eine möglichst effiziente Leistung zu erbringen.

Was tun Sie?

Halten Sie täglich eine zweistündige flammende Rede? Senden Sie regelmäßig Motivationstrainer aus, welche die Mitarbeiter mit Besuchen im Klettergarten oder Hot-Stone-Massagen beglücken? Oder lassen Sie die Wände der Firmenkorridore mit Fotos der Mitarbeiter des Monats schmücken?

Nein. Wenn Sie Hank Greenberg sind, bieten Sie Ihren besten Mitarbeitern die Chance, enorm viel Geld zu verdienen. Zum Beispiel machen Sie dem aufstrebenden Börsenspekulanten Joe Cassano, den Sie eben zum Abteilungsleiter ernannt haben, folgenden Vorschlag: *Hör zu, Joe. Wenn dein Team hart arbeitet, mich gut dastehen lässt und haufenweise Geld verdient, kannst du dir von deinen erwirtschafteten Gewinnen 30 bis 35 Prozent ohne Abzüge in die eigene Tasche stecken.* Keine unbedeutende Geste. Selbst an der Wall Street, wo Händler den Mund sehr voll nehmen und damit prahlen, »zu essen, was sie töten« (sprich, einen ordentlichen Anteil von ihren Gewinnen abzubekommen), sind 30 bis 35 Prozent kein Pappenstiel.

Joe Cassano ist von diesem Vorschlag sehr angetan. Er geht zu seinen Mitarbeitern und sagt: *He, seht mal zu, was ihr machen könnt; Hank sagt, wir können ein Drittel von dem einstreichen, was wir erwirtschaften.* So angespitzt, geben Joes Mitarbeiter alles, und die Umsätze ihrer Abteilung steigen rasant – von 737 Millionen im Jahr 1999 bis auf 3,26 Milliarden im Jahr 2005. Joes persönlicher Gewinn beläuft sich somit auf über 300 Millionen Dollar.

Im Allgemeinen befürworten Ökonomen strukturwirksame Kompensationsmaßnahmen wie diese. In gewissem Maße waren Bonusleistungen schon immer das Herzblut der Wall Street. Der Zweck, der so einem Bonussystem zugrunde liegt, ist folgender: Zahlt man Arbeitern einen Stundenlohn, bekommt man nur eine Art stundenlohnbezogene Leistung; stellt man ihnen dagegen einen wahren Geldregen in Aussicht, schuften sie, als hinge ihr Leben und das ihrer Frauen, Kinder, Mütter und Steuerberater davon ab. »Ein Grundpfeiler der Personalökonomie ist, dass Arbeiter auf Anreize anspringen«, schreibt Edward P. Lazear, Wirtschaftswissenschaftler an der Standford Business School.

Leistungsanreize sind aber nicht nur im Bereich der Personalökonomie (und an der Wall Street) anwendbar, sondern in fast allen Lebensbereichen. Im vorangegangenen Kapitel haben wir gesehen, wie gut solche Anreize gegen das moralische Risiko funktionieren. In diesem Kapitel wollen wir zeigen, zu welchen weiteren Wunderwerken sie taugen – sie schaffen es in der Tat, dass Menschen Dinge tun, von denen man möchte, dass sie sie tun.

Zunächst einige Beispiele: Als Regierung möchten Sie, dass das Volk das Rauchen aufgibt (weil Ihnen die Gesundheit der Bürger am Herzen liegt, aber auch, weil die Raucher die Gesundheitskassen schröpfen). Sie erhöhen also so lange die Tabaksteuer, bis den Menschen das Rauchen zu teuer wird und sie es bleiben lassen. Oder Sie sind Betreiber eines Fitnessstudios, haben aber in letzter Zeit nicht genügend Zulauf. Also bieten Sie potenziellen Neumitgliedern ein einmonatiges Gratistraining an. Oder Sie haben es als Stadtverwaltung satt, dass die Autofahrer ständig rote Ampeln ignorieren. Sie installieren Kameras, um die Verkehrssünder zu überführen und ihnen Strafzettel zu verpassen. Kreditkartenfirmen offerieren eine kostenlose und zinsfreie Nutzung der Kreditkarte im ersten Jahr. Schuhgeschäfte bieten beim Kauf von einem Paar Schuhen das zweite zum halben Preis. Buchratgeber versprechen einen Waschbrettbauch oder eine bessere Partnerschaft.

Doch auch im privaten Umfeld werden Anreize bemüht. Wenn Ihr Kind nicht essen will und Ihnen allmählich der Geduldsfaden reißt, sagen Sie zu ihm: *Wenn du heute noch ein Eis willst, dann isst du jetzt besser deinen Spinat.* (Wir behaupten nicht, dass das die beste Methode ist, aber Sie haben ja schließlich nicht ewig Zeit.) Jedes Mal, wenn Sie Ihren Partner dazu bewegen wollen, den Abwasch zu machen, den Keller aufzuräumen oder endlich das Bild aufzuhängen, das Sie vor einem halben Jahr gerahmt haben, bieten Sie ihm Anreize: Sie sind besonders nett zu ihm, sprechen Drohungen aus, setzen Ultimaten oder machen Versprechungen. Wenn sein Bauch bedrohliche Ausmaße annimmt, schenken Sie Ihrem Partner zum Geburtstag Nordic-Walking-Stöcke, um ihn sachte anzustoßen, sich hin und wieder zu bewegen. Sie organisieren einen Babysitter und buchen ein Zimmer in dem Romantikhotel, in dem Sie Ihre Hochzeitsnacht verbracht haben, um Ihre Chancen zu steigern, das erste Mal nach Jahren wieder tollen Sex zu haben. Sich unter die Haube zu begeben, gehört rein zufällig mit zu den effektivsten Anreizen überhaupt: *Schwöre, dass du mich nie verlässt, und ich mache eine brave und biedere Hausfrau (oder einen Hausmann!) aus dir.*

WAS DIE LEUTE SAGEN ...

Über Anreize

Viele derer, die an unserer »Ehe-Umfrage« teilnahmen (zumindest die 49 Prozent, die ehrlich waren), gaben zu, dass sie Anreize gebrauchen, um den Partner dazu zu kriegen, Dinge zu tun, die er andernfalls nicht zu bewegen ist zu tun. Unter den Taktiken, die als »effektiv« oder »sehr effektiv« gelten, sind:

- ihn loben (49 Prozent),
- ihm anbieten, sich erkenntlich zu zeigen (48 Prozent),
- ihm erklären, wo der *Nutzen* liegt (43 Prozent),
- ihn immer wieder bitten (25 Prozent),
- ihn auf den Freundeskreis verweisen, wo die Partner damit kein Problem haben.

Ohne Anreize wäre die Wall Street ein öder Ort, die Fitness-studios würden pleitegehen, Ihre Kinder würden an Eisen-mangel leiden, und Ihr Partner würde irgendwann verges-sen haben, dass es so etwas wie Sex überhaupt gibt. Kurzum, ohne Anreize würde keiner von uns je nur einen Finger rüh-ren. Hätten Sie nun gerne einen Anreiz weiterzulesen? Bit-teschön: Wenn Sie in Sachen Anreize mitreden wollen, dann müssen Sie auch die entsprechende Falle kennen.

Die Falle

Mit Joe Cassano ging es wie folgt weiter: Bis 2008 war of-fenkundig, dass er und seine Abteilung dabei waren, viel Geld zu verlieren. Seit Jahren hatten sie riesige Gewinne eingefahren, indem sie Milliarden von Dollar als Schulden abgeschrieben hatten – Schulden, die als Kreditderivate in anderen Finanzinstituten steckten, was bedeutete, dass Rückzahlungen seitens der *AIG* nur im Falle eines Wert-verfalles der Schulden fällig würden. In der Zwischenzeit konnten Cassano und seine Mitarbeiter getrost ihre Prämi-en einstreichen. Sie setzten einfach als gegeben voraus, dass es nicht zu einer vorzeitigen Fälligkeit der Schulden (*Obli-gation Default*) kommen würde.

Falsch gedacht.

Im Jahr 2007 holte die US-amerikanische Immobilienkri-se auch Cassano ein, und schon bald begann das vermeint-lich sichere Finanzgeschäft Milliardenverluste zu verursa-chen. Cassanos Abteilung war dabei, *AIG* zu verramschen. Zum Glück für ihn gaben die US-amerikanischen Steuerzahler 182,5 Milliarden Dollar aus, um das Unternehmen zu retten. Doch Cassanos Team war ganz vorne mit dabei, die Hypothekenkrise, die die amerikanische Wirtschaft in die Knie zwang, noch weiter anzuheizen.

Und das Beste für Joe Cassano: Er blieb ein reicher Mann. Er durfte seine Boni behalten. Und seinen Job. *AIG* behielt ihn an Bord, damit er, bei einem Monatsgehalt von einer Million Dollar, den Scherbenhaufen aufräumte, den er hinterlassen hatte. (Was einen zornigen Kongressabgeordneten dazu bewog, Hank Greenberg zu fragen, was man eigentlich tun müsse, um gefeuert zu werden.)*

Wir lernen aus diesem Beispiel, dass scheinbar simple Anreize (mehr Lohn zahlen, bessere Arbeit bekommen) nach hinten losgehen können, wenn sie nicht klug durchdacht sind. In Cassanos Fall nutzten die satten Boni von *AIG* rein gar nichts, denn sie garantierten den Börsenspekulanten eine Gewinnbeteiligung von 30 bis 35 Prozent ohne Rückzahlungspflicht, auch im Falle einer Pleite der *AIG*. Hier wurde also der finanzielle Anreiz zum Ziel, und nicht die langfristige wirtschaftliche Gesundheit von *AIG* – eine todsichere Methode, mit Anreizen baden zu gehen.

Und das ist nicht etwa ein spezifisches Phänomen der Wall Street. Ökonomen haben herausgefunden, dass alle Arten von Anreizen früher oder später scheitern, auch die, die lange Zeit als todsicher galten. Bestes Beispiel dafür ist der

---

* Mr. Cassano brachte vor dem Kongress-Ausschuss vor, er habe besonnen gehandelt und hätte den Steuerzahlern Milliarden erspart, da er bei AIG geblieben sei, um mit der Regierung zu verhandeln.

Anreiz Geld. Wie sich zeigt, *wollen* die Menschen oft gar nichts mehr tun, wenn sie Geld bekommen – sich freiwillig einbringen etwa oder gute Noten anstreben. Der Grund liegt darin, dass Geld die angeborene Motivation, Gutes um des Guten willen zu vollbringen, »beiseitedrängt«. (Der Fachbegriff für diesen Typ der Motivation nennt sich »prosoziale Motivation«.) Eine Gruppe schwedischer Wirtschaftswissenschaftler kam nach Abschluss eines Forschungsxperiments zu folgendem Ergebnis: Nur 30 Prozent der Frauen, die für eine Blutspende Geld geboten bekamen, entschieden sich dafür, Blut zu spenden. Dagegen zeigten sich immerhin 52 Prozent der Frauen bereit, die dafür kein Geld geboten bekamen.

Ein weiteres Beispiel: Wenn Lehrer ausschließlich nach den Prüfungsergebnissen ihrer Schüler bewertet werden, unterrichten sie nur prüfungsorientiert. Das wirkt sich positiv auf die Prüfungsnoten, aber weniger positiv auf das eigenständige und kreative Denken unserer Kinder aus.

Strafen gegenüber einem bestimmten Verhalten können eine abschreckende Wirkung haben. Drohende Bußgelder halten die meisten Autofahrer davon ab, mit 80 Sachen durch eine 30er-Zone zu fahren; eine drohende Scheidung hindert manch einen daran, Ehebruch zu begehen; und die drohende Gefahr, den Job zu verlieren, ist ein guter Ansporn, jeden Tag zur Arbeit zu gehen. Doch die Androhung von Strafe kann auch zu weiteren Verstößen gegen die rechtlichen Normen anreizen: Nach der Einführung verschärfter Strafgesetze in Kalifornien ist die Zahl der Gewaltverbrechen im Nachbarbundesstaat Nevada angestiegen; wo der Verstoß gegen das Rauchverbot auf Flugzeugtoiletten geahndet wird, ist mit dem Diebstahl des Rauchmelders zu rechnen; weigern Sie sich, mit Ihrem Partner zu schlafen, weil Sie wütend auf ihn sind, müssen Sie damit rechnen, ihn beim Surfen auf Pornoseiten zu erwischen.

Manchmal sind jene Anreize am effektivsten, die am schwächsten oder am wenigsten wirksam erscheinen (Lob und Anerkennung für Leistung und Einsatz im Job, oder dem Partner, Freund oder Angestellten Vertrauen zu schenken). Wie wichtig es ist, die richtigen Anreize adäquat einzusetzen, kann nicht oft genug betont werden. Sie nämlich machen den Unterschied zwischen einem wirtschaftlich nutzbringenden *AIG* oder einem *AIG* aus, das die USA wirtschaftlich und finanziell ausbluten lässt; sie machen den Unterschied zwischen einem Fettwanst und einem Hungerhaken und zwischen einer Sexflaute und unbändiger Lust im Bett. Anreize können eine Person zu einem bestimmten Verhalten bewegen – bestimmt auch Ihren Partner, ab und zu das Bett zu machen.

FALLSTUDIE **1**

DIE AKTEURE: *Jenny und Thorold*

Wenn es eine Sache gab, die Jenny (eine der Autorinnen dieses Buches) bezüglich ihres Mannes wusste, dann die, dass er es hasste, wenn man ihm sagte, was er zu tun habe. Man bitte ihn, sein

»Wochenend -T-Shirt« alle halbe Jahre mal zu wechseln … und man erlebe ihn Woche für Woche in demselben alten Fetzen, auf dem das Bild eines grinsenden Hühnchens prangt. Man bestehe darauf, dass er die 13 Buddhas, vier unidentifizierbare Holzdinger und diese unselig dreinblickende Gorilla-Schnitzfigur vom Kaminsims entfernt … und kann sicher sein, dass alles bis zum Sankt-Nimmerleinstag so stehen bleiben wird. Man erinnere ihn zum x-ten Mal daran, dass der allerletzte Termin für die Steuererklärung in drei Tagen sei … und man sieht ihn zum Hörer greifen, um einen nochmaligen Aufschub zu beantragen.

Es gab eine Zeit – in einer frühen Phase ihrer Partnerschaft –, da liebte Jenny diese Seite an Thorold. »Das ist toll, er lässt sich nichts vorschreiben«, hatte sie damals gedacht. Und nun hatte sie ihn, diesen Mann, der machte, was und wie es ihm gefiel. Sein Wesen war voller Widersprüche: Auf der einen Seite hatte er einen picobello gepflegten Blumengarten, in den er sich gerne zurückzog. Auf der anderen Seite sah es im Bad immer aus wie in einem Saustall, und ein Badezimmer putzt sich schließlich nicht von alleine. Jenny, die nach dem Abendessen gerne sofort den Abwasch erledigt, um es sich danach bei einem Hitchcock-Film gemütlich zu machen, weiß, dass Thorold es genau anders herum macht: Fernsehen, spazieren gehen, neueste Nachrichten abrufen … und *dann* kommt der Abwasch.

»Dem Abwasch ist es doch egal, wann er erledigt wird«, hielt er ihr entgegen.

Dabei schien anfangs alles so romantisch zu sein.

Nachdem sie zusammengezogen waren, hatte Jenny nichts zu meckern. Im Umgang mit den lästigen Alltäglichkeiten (wie Putzen, Steuern, Schimmel) hatten die beiden zwar eine diametral entgegengesetzte Art. Aber wen juckte das schon?

»Ich hatte einen Mann gefunden, der mich morgens weckt, um mit mir den Sonnenaufgang zu sehen, der eine Woche lang von Buttertee leben kann, und der mich zum Lachen bringt«, sagte Jenny. »Seine mangelnden Fähigkeiten beim Putzen störten mich da herzlich wenig.«

Dann heirateten sie, und Thorolds charmanter, antiautoritärer Charakterzug wandelte sich bald zu einer Art Anti-Jenny-Programm, nach dem Motto »Ich will nicht das, was meine Frau will.«

Überfordert mit einem Säugling, ihrem Buchprojekt, der plötzlich viel zu engen Wohnung und ihrer bevorstehenden Rückkehr in einen Vollzeitjob, spürte Jenny, wie Thorolds »Art« ihre Geduld mehr und mehr strapazierte. Sie begann, ihn mehr in die Pflicht zu nehmen und Forderungen zu stellen. Und diese Forderungen klangen immer mehr nach »Nörgelei« – ein Begriff, den sie bis dahin nie und nimmer auf sich bezogen hätte. Könnte er vielleicht *hin und wieder* den Müll rausbringen? Oder *ab und zu* den Windeleimer leeren? Oder *einmal* sein Glas spülen? Und was fiel ihm eigentlich ein, morgens quietschfidel aufzuwachen und sie zu fragen, ob sie gut geschlafen hätte? Als hätte er die Nacht nicht neben ihr verbracht, während der sie viermal aufgestanden war, um das Baby zu füttern?

Thorold fand seine so veränderte Frau alles andere als toll. Wie konnte es sein, dass er vor nicht allzu langer Zeit nichts falsch machen konnte, und sie ihm nun den Tag vergällte, kaum dass er morgens die Augen aufschlug.

»Ich wusste, dass sie Stress hatte, aber ich hatte keine Ahnung, wieso sie das ausgerechnet an mir ausließ«, sagte er.

Er versuchte, diplomatisch zu sein, wies immer wieder darauf hin, dass sie beide doch nur ihr Bestes taten. Jenny stimmte ihm bei, war aber keine Minute später wieder wütend auf ihn.

Thorold reagierte völlig natürlich: Er begann sich zurückzuziehen. Und das machte Jenny nur noch wütender. Aber auch traurig. Denn tief in ihrem Innern hasste sie die Person, zu der sie sich gewandelt hatte.

DAS PROBLEM: *Dauer-Nörgelei*

Für Thorold stellt sich diese Phase seiner Ehe anders dar. Er habe, so sagte er, eine etwas andere Sicht auf diese Kräfte gehabt, die sich in seinem Haus Bahn brachen. Er blieb bis eins oder zwei in der Nacht mit dem Baby auf, schlief oft auf dem Sofa, damit seine Frau etwas Ruhe bekam, dabei hatte er selbst gerade einen neuen, anstrengenden Job, bei dem er morgens um acht konzentriert am Schreibtisch sitzen musste, während Jenny weiterschlafen konnte.

Damit noch nicht genug. Thorold kochte jeden Abend, sagte Jenny immer, wie großartig sie alles meisterte und brachte ihr mehrmals in der Woche Blumen mit. Ja, er musste zwar manchmal bis 21 Uhr arbeiten, aber da half es doch nichts, sich hängen zu lassen.

Und dennoch. Für Jenny war das nicht genug. Aber, so fragte Thorold sich, wenn man 20 Sachen gleichzeitig macht, wie soll man da *noch mehr* machen? Ein Teufelskreis begann: Je mehr sie nörgelte, desto frustrierter wurde er; je mehr sie auf ihm herumhackte, desto mehr zog er sich zurück – und desto mehr nörgelte sie. Musste ihre Tochter erst vier werden, bis die Geburtsanzeige in der Zeitung erschien? Und wieso sollte sie sämtliche Dankeskarten für die Babygeschenke alleine schreiben?

Jenny versuchte mit allen Mitteln, ihren Mann dazu zu veranlassen, mehr im Haus zu machen: Wut, Schlechtes-Gewissen-Einreden, Bestrafung. Wie kam sie bloß darauf, dass diese »Anreize« funktionieren würden? Sie hätte sich denken können, dass der Schuss nach hinten losgehen und ihr ansonsten so liebenswerter Mann alle Schotten dicht machen würde. Und sie wusste auch, dass kein Wesen dieser Welt – kein Hund, kein Killerwal und schon gar kein Mann – auf Bestrafungen anspricht. Trotzdem sprach sie alles aus, was ihr nicht passte. »Es kam wie von allein«, meinte Jenny. »Ich versuchte oft, mir auf die Zunge zu beißen, aber drei Sekunden später brach es aus mir heraus.«

Eines Morgens bat Jenny Thorold, noch eben eine Ladung Wäsche in die Maschine zu packen und sie anzustellen, bevor er zur Arbeit ging. Klar, mache er, sagte er. Doch dann bekam er einen Anruf vom Büro und eilte aus der Tür.

Den ganzen Tag lang schäumte Jenny vor Wut.

Sie begann, in Gedanken eine Liste mit all den Dingen aufzustellen, die Thorold längst erledigt haben wollte, die er aber immer noch nicht erledigt hatte: die ausgebrannte Glühbirne auf der Veranda wechseln, die Baby-Winterklamotten vom Schlafzimmer auf den Speicher räumen, die Flüge zu seinen Eltern buchen. Und er hatte seit drei Monaten immer noch nicht die kaputte Vorhangstange an ihrer beider Himmelbett repariert. Sie setzte sich an den Computer und schrieb ihm bitterböse Mails. Doch dann besann sie sich eines Besseren und löschte die Mails wieder. Jenny fühlte sich gefangen – sie hielt ihre Wut zwar für berechtigt, war sich gleichwohl aber bewusst, dass diese Wut niemandem guttat.

DIE LÖSUNG: *Vertrauen schaffen*

Im Laufe unserer Recherche stießen wir auf keine Belege, wonach Nörgelei ein besonders wirksamer Anreiz wäre. Auf was wir aber stießen, waren eine Reihe von Forschungen über einen Anreiz, der allen Nörglern ein Gedanke wert sein sollte, bevor sie die nächste Forderung an ihren überlasteten Partner stellen. Dieser Anreiz heißt Vertrauen. Und zwar genau das: Vertrauen Sie Ihrem Partner. Er wird schon alles richtig machen. So haben Sie die besten Chancen, dass er dies auch tut.

Wir können Sie förmlich lachen hören: Von wegen Vertrauen … »Vertrauen Sie ihm«, und er soll sich *angehalten* fühlen, den Rasen zu mähen, die Socken zu sortieren, seine Mutter zum Geburtstag anzurufen, und zwei Millionen andere Dinge zu tun, die er nie tut, von denen er aber genau weiß, dass ich will, dass er sie tut? Ha!

Klar, wir verstehen Ihre Bedenken!

Tatsache aber ist, dass wir weit mehr gewillt sind, anderen etwas zu geben und uns einzubringen, wenn uns Vertrauen geschenkt wird. Und diese Tatsache hat enorme Auswirkungen auf unsere Partnerschaft. In unserer Umfrage gaben die Befragten an, dass Lob »doppelt so wirksam« sei wie Nörgeleien.

Bevor Sie gleich erfahren, wie das im Falle von Jenny funktioniert hat, sehen wir uns ein Beispiel aus der experimentellen Ökonomie an – das sogenannte »Investor-Spiel«. Es zeigt, wie wirksam Vertrauen (und wie unwirksam Bestrafung) ist, um ein wohlwollendes, kooperatives Verhalten hervorzurufen.

Zwei Spieler – ein Anleger und ein Verwalter – erhalten jeweils einen Betrag von 10 Euro. Der Anleger kann nun entscheiden, wie viel von diesen 10 Euro er beim Verwalter hinterlegen möchte. Er weiß, dass die von ihm gewählte Summe verdreifacht wird, sobald er sie dem Verwalter übergibt (bei 5 Euro beispielsweise bekommt der Verwalter 15 Euro). Danach muss der Verwalter bestimmen, wie viele Euro er an den Anleger zurückgeben möchte und kalkuliert dabei ein, dass dieser Betrag nicht verdreifacht wird.

Theoretisch ist Kooperation die beste Strategie: Übergibt der Anleger dem Verwalter den vollen Betrag von 10 Euro, werden daraus in den Händen des Verwalters 30 Euro. Wenn der Verwalter dem Anleger 20 Euro zurückgibt, gewinnen beide jeweils 20 Euro – und haben damit das Doppelte der Ausgangssumme.

In der Realität jedoch riskiert der Anleger eine ganze Menge, wenn er dem Verwalter 10 Euro übergibt. Was, wenn der beschließt, das Geld in die eigene Tasche zu schieben und sich mit 40 Euro davonzumachen? Welchen Anreiz hat der Verwalter, dem Anleger auch nur einen Cent zurückzugeben?

Bei der Durchführung des Experiments fanden die Wirtschaftswissenschaftler Ernst Fehr und Bettina Rockenbach heraus, dass die Anleger im Schnitt mehr als 50 Prozent ihres Geldes (6,50 von 10 Euro) den Verwaltern überlassen, und dass die Verwalter rund 40 Prozent des verdreifachten Betrags (7,80 Euro) wieder an die Anleger zurückgeben. So hat der Verwalter am Ende die hübsche Summe von 21,80 Euro eingestrichen, der Anleger dagegen nur

11,30 Euro. Der Verwalter hat den Anleger aber auch nicht komplett leer ausgehen lassen, wie es Ökonomen der traditionellen Schule vorausgesagt hatten – getreu einer Grundannahme der Verhaltensforschung, dass der Mensch immer zur Optimierung seiner eigenen Interessen handelt.

Fehr und Rockenbach führten noch eine zweite Spielvariante durch: Hier hatte der Anleger die Möglichkeit, einen festen Betrag als Strafe festzulegen, wenn er vom Verwalter nicht den Geldbetrag zurückerhält, den er gefordert hatte. Und nun passierte etwas Eigenartiges: Drohte der Anleger dem Verwalter, von der Möglichkeit Gebrauch zu machen und eine Strafe zu vollziehen, zahlte der Verwalter *weniger* Geld zurück als bei der ersten Spielvariante. Versprach der Anleger aber, von einer Strafe abzusehen, gab der Verwalter *mehr* Geld zurück.

Was hat das alles zu bedeuten? Es bedeutet, dass wir einander vertrauen müssen. Warum? Weil die Androhung von Strafe dem anderen vermittelt, dass kein Vertrauen vorhanden ist. Eindeutiges Fazit: Vertrauen wird belohnt, Drohungen werden bestraft.

Hat man hingegen die Möglichkeit zu bestrafen, macht von dieser Möglichkeit aber keinen Gebrauch, vermittelt man seinem Partner, dass man ihm vertraut, das Richtige zu tun. Und dieses Vertrauen wird meist belohnt.

Vertrauen funktioniert nicht nur im Labor – es ist das Fundament der freien Marktwirtschaft. Sie geben Ihrer Bank Geld, weil Sie darauf vertrauen, dass die Bank es Ihnen nicht stiehlt. Sie kaufen im Internet Weingläser, weil Sie darauf vertrauen, dass sie unversehrt geliefert werden. Sie spenden an Greenpeace, weil Sie darauf vertrauen, dass Ihr Geld für Maßnahmen gegen die globale

Klimaerwärmung verwendet wird und nicht, um dem Geschäftsführer den nächsten Urlaub zu finanzieren.

Nun werfen Sie einmal einen Blick von außen in Ihr heimisches
Wohnzimmer. Was sehen Sie? Sie sitzen mit Ihrem Partner auf
dem Sofa. Im Gegensatz zu den Probanden im Versuchslabor, die
einen Tag lang zusammen an einem Experiment teilnehmen und
danach wieder getrennte Wege gehen, wird dieser Partner neben
Ihnen hoffentlich auch morgen und übermorgen noch da sein,
und wohl auch an allen Tagen danach, bis der Tod Sie am Ende
scheidet. Die Natur der Ehe, die mit tagtäglicher Nähe und mit einem ewigen Auf und Ab verbunden ist, macht Vertrauen umso
wichtiger, um offen und empfänglich füreinander zu bleiben.
Ohne Vertrauen werden aus kleinen Rissen schnell große Klüfte.

»Bei Paaren in Langzeitbeziehungen wirken die gleichen Kräfte
wie in der Marktwirtschaft«, erläutert der Ökonom Colin Camerer,
der das Thema Vertrauen erforscht. »Nur in verstärktem Maß.«

Was hat Jenny gelernt? (Es hat ihr nicht geschadet, dass sie im
Zuge ihrer Recherchen zu diesem Buch Colin Camerer interviewt
hat, der ihr (unwissentlich) eine Lehrstunde über verstärkte Wirk-
kräfte in ihrer eigenen Ehe und dem entsprechenden Umgang
damit erteilte.)

Als Thorold am »Abend der nicht erledigten Wäsche« nach
Hause kam, versuchte Jenny, das Gelernte umzusetzen und erwähnte die Wäsche mit keinem Wort. Stattdessen fragte sie ihn
beim Abendessen nach seinem Tag und erzählte ihm von ihrem.
Nein, sagte sie sich immer wieder, er hat die Wäsche nicht vergessen – er wird sie schon noch erledigen. Sie kanalisierte all ihre
Energie in dieses Vertrauen – weg von ihrer Wut. Ruhig zu blei-

ben fiel ihr nicht leicht, denn Jenny ist von Natur aus ungeduldig. Doch sie wusste, dass ihr mangelndes Vertrauen in ihren Mann seinen Verdruss nur verstärkte, was wiederum ihre Wut steigerte. Um diesen Kreis zu durchbrechen, musste sie Vertrauen in ihn setzen – und es in dem Augenblick, da er sie enttäuschte, nicht gleich wieder zerbröseln lassen.

»Natürlich wollte er mir alles recht machen«, sagte Jenny. »Aber ich habe ihm ja gar keine Chance gelassen.«

Nach dem Abendessen warf Thorold seine Socken in den Wäschekorb, und plötzlich fiel ihm ein, dass er die Wäsche vergessen hatte. Er fühlte sich schrecklich. Aber nicht, weil Jenny ihm dieses Gefühl vermittelt hätte. Nein, er fühlte sich schrecklich, weil er wusste, dass er sie enttäuscht hatte. Er entschuldigte sich bei ihr und blieb die halbe Nacht lang auf, bis die Wäsche erledigt war. Nein, sie sei ihm nicht böse, versicherte Jenny ihm. Und damit vertrugen sich die beiden wieder.

Thorold zu bestrafen, weil er etwas vergessen hatte – egal, wie fix und alle sich Jenny gefühlt haben mag –, wäre definitiv ein unwirksamer Anreiz gewesen. Das in ihn gesetzte Vertrauen hingegen wirkte wahre Wunder! Doch nicht nur Jenny hat an jenem Tag eine Lehre gezogen, auch Thorold: Wenn Jenny heute gereizt reagiert, erinnert er sie an jene schwierige Phase von damals und daran, dass sie viel mehr davon hatte, wenn sie ihm vertrauen und nicht diesen »gereizten Ton« anschlagen würde.

Kommen wir noch einmal auf das Experiment zurück, das bewiesen hat, dass ein Verwalter mehr Geld zurückbezahlt, wenn er weiß, dass die Möglichkeit einer Strafe zwar besteht, der Anleger diese aber nicht wahrnehmen wird. Damit am Ende beide auf der

Gewinnerseite stehen, muss einer den ersten Schritt tun – im Experiment war das der Anleger, indem er dem Verwalter einen Teil seines Geldes »anvertraute« und ihn wissen ließ, dass er ihn nicht mit einer Strafe belegen würde, komme, was da wolle. Dieser erste Schritt setzt eine Kettenreaktion von gegenseitigem Vertrauen in Gang. Vertrauen gegen Vertrauen – ein Geschäftsmodell, das wir auch für die Partnerschaft erstrebenswert finden. Meinen Sie nicht auch?

FALLSTUDIE **2**

DIE AKTEURE: *Rebecca und Paul*

Paul und Rebecca waren beide eigensinnig und bockig und auf sture Trägheit abonniert. »Ich wusste, dass ich den Richtigen gefunden hatte, als ich die zweite Runde Getränke übernehmen wollte, und er nichts dagegen hatte«, sagte Rebecca. »Für mich war das ganz selbstverständlich. Wieso sollte er gleich zweimal bezahlen?«

»Es schien mir nur fair, dass sie die zweite Runde zahlte«, meinte Paul. »Schließlich leben wir nicht mehr in den 50ern.«

Sie lernten sich kennen, als sie beide mit Anfang 30 in derselben Firma arbeiteten. Paul war schon einmal für kurze Zeit verheiratet gewesen und hatte sich geschworen, es ein für alle Mal seinzulassen. Rebecca war seit sieben Jahren in einer festen Beziehung, aber noch nicht bereit für den ewigen Bund. Während sie herausfand, was sie wirklich wollte, verging ein ganzer Monat, in dem sie mit Paul und anderen Kollegen ein Projekt vor Ort bei einem Kunden betreute.

In jenem Monat entdeckten sie, wie ähnlich sie sich waren. »Nach täglich zehn Stunden harter Arbeit gingen wir essen und feiern und kamen immer wahnsinnig spät ins Bett«, erzählte Rebecca. Morgens im hoteleigenen Fitnessraum trainierte Rebecca trotzdem eisern mit Paul, der ebenso diszipliniert sein Programm durchzog. »Rebecca ist die ehrgeizigste Person, die ich kenne«, sagte Paul und fügte an: »Nach mir.«

Nach ihrer Rückkehr trennte sich Rebecca von ihrem Freund und zog mit Paul zusammen.

Sofern sie nicht Schach spielten, in Karaokebars gingen, Ausflüge machten, mit Freunden abhingen, Drachen steigen ließen oder sonst irgendetwas taten, das auch nur die geringste Chance barg, miteinander in Konkurrenz zu treten, war die Anfangsphase ihrer Beziehung frei von Sorgen.

Das galt im Großen und Ganzen auch für ihre Ehe. Als wir die beiden kennen lernten, waren sie seit acht Jahren verheiratet. Sie hatten ein Kind, einen Hund und zwei Hamster. In Sachen Arbeitsteilung verfuhren sie nach dem Gleichheitsprinzip, so wie es ihnen auch sonst entsprach. Sie regelte die Finanzen, organisierte den Alltag, kochte und schmiss den Haushalt. Er ging mit dem Kind zum Arzt, sie in die Schulsprechstunden. Er half dem Kind bei naturwissenschaftlichen Referaten, sie bei den täglichen Schulaufgaben. Er war für den Garten zuständig (er rechte, schippte Schnee, mähte Rasen), sie für das Haus (Wäsche, Müll, Putzen).

Auch ihre Geldausgaben hatten sie streng reglementiert: Sie hatten ein stillschweigendes Abkommen, dass keiner von ihnen irrsinnige Summen für persönliche Dinge verschleuderte und dass sie beide in etwa gleich viel ausgaben. Wenn sich Rebecca zum Beispiel ein neues Kleid gönnte, nahm Paul das zum Anlass, sich neue Linsen für seine Kamera zu kaufen. Und weil er sich die Linsen gekauft hat, wusste Rebecca, dass sie sich irgendwann wieder etwas kaufen konnte, was Paul wiederum dazu bewog, sich nach weiterem Zubehör für seine Kamera umzusehen – und so weiter und so fort. Sie rechneten zwar nicht jede Ausgabe auf den Cent genau auf, aber alles in allem kamen sie mit diesem System gut zurecht.

Paul und Rebecca hatten für ihre Ehe einen Anreiz-Mechanismus entwickelt, den man in der Ökonomie die Tit-for-Tat-Strategie nennt (»Wie du mir, so ich dir«). Und das bedeutet im richtigen Leben nichts anderes als in der Wirtschaft – wenn du X machst, mache ich auch X. Das war alles gut und schön, bis zu jenem Tag, als einer von ihnen beiden aufhörte, X zu machen.

Und das war Paul. Er fuhr auf einer nagelneuen Vespa vor. Preis: 6 000 US-Dollar. Seit Ewigkeiten hatte er davon geredet, sich eine anschaffen zu wollen. Nun hatte er beschlossen, mit Reden sei jetzt Schluss, es sei an der Zeit für Taten. Rebecca war alles andere als erfreut. »6 000 Dollar auszugeben, ohne sich zuvor mit mir abzusprechen, das ging gar nicht«, erinnerte sie sich. »Ich hatte für mich noch nie auch nur annähernd so viel ausgegeben, und wenn ich es getan hätte, dann bestimmt nicht für etwas, das mich umbringen und mein Kind zum Halbwaisen machen kann.«

DAS PROBLEM: *Wie du mir, so ich dir*

Natürlich bezeichneten Paul und Rebecca ihr System nicht als Tit-for-Tat-Strategie und benutzten auch nicht Begriffe wie »Anreizstruktur«. Dabei hatten sie genau ein solches Anreizsystem geschaffen: Sich einzubringen, seinen Beitrag zu leisten, die Haushaltspflichten zu erledigen, im finanziellen Rahmen zu bleiben – das alles waren für sie Anreize im sicheren Wissen, dass sie sich beide daran hielten.

Und man kann es ihnen auch kaum verdenken. Die ganze Einrichtung der Ehe, von dem Moment an, in dem Sie »Ja« sagen, ist eine lebenslange Übung in Sachen *Wie du mir, so ich dir.* Egal, wie sehr Sie den Kerl lieben, mal ehrlich: Sie würden diese ganze Chose von einer in Treue gelebten Beziehung, in guten wie in schlechten Zeiten, gar nicht mitmachen, wenn er sich nicht ebenso auf Sie einlassen würde. Dem anderen bedingungslos Gutes tun – das tun wir in glücklichen Stunden sehr gerne. Aber darüber hinaus sind wir immer noch Menschen: Wenn Sie ihm die Füße massieren, erwarten Sie, dass er sich in ähnlicher Weise revanchiert. Und wieso sollten Sie ihr zum Geburtstag teure Geschenke machen, wo Sie im vorigen Jahr von ihr nur ein Paar Socken bekommen haben? Wieso sollten Sie seine Eltern einladen und bewirten, wo Sie Ihre eigenen schon seit Monaten nicht gesehen haben? Sie haben gestern die Betten gemacht? Dann ist er heute dran.

Es gibt keinerlei Anreiz, dem anderen Gutes zu tun, wenn der nur nimmt.

Möglicherweise waren Paul und Rebecca in ihrem Ansatz eine Spur zu extrem, aber das System funktionierte über etliche Jahre ganz gut. Die Probleme begannen, als einer von ihnen aufhörte zu geben, zu »kooperieren«, wie es im ökonomischen Fachjargon heißt. *Wie du mir, so ich dir* ist eine sogenannte »Nachahmungsstrategie«, das heißt, wenn einer der Spieler aufhört zu kooperieren, dann tut das auch der andere.

In Paul und Rebeccas Ehe verkehrte die Vespa einen kooperativen Ansatz in einen nichtkooperativen und eine zuvor funktionierende Anreizstruktur in einen Reinfall.

Paul mag sich mit der Vespa noch einmal wie mit 16 gefühlt haben. Auf der anderen Seite aber hat er damit jeglichen Anreiz zunichtegemacht, den eine nun vor Wut schäumende Rebecca gehabt hätte, den Kauf eines Markenkleides für 250 Dollar, das sie seit langem im Auge hatte, bleiben zu lassen. »Wenn Paul es fertigbringt, die Regeln einfach so zu brechen, dann kann ich das auch, oder nicht?«, meinte Rebecca.

Das Problem dieser Tit-for-Tat-Strategie ist, so die Ökonomen Avinash Dixit und Barry Nalebuff, »dass jeder Fehler zu einem hin- und herspringenden Echo führt. Eine Seite straft die andere für den Bruch der Kooperation, was sofort eine Kettenreaktion in Gang setzt. Der Rivale reagiert auf den Bruch mit einem Gegenbruch, und das wiederum ruft erneut nach einem Bruch.«

Nichts anderes machte Rebecca, die nach dem Vespa-Vorfall zu überlegen begann, wie sie Paul mit allen erdenklichen Mitteln bestrafen könnte. Sie könnte das obere Badezimmer renovieren, ohne es mit ihm abzusprechen. Sie könnte ihm seine Kreditkarten sperren lassen. Sie könnte der Polizei melden, dass Paul den Roller ohne Führerschein fährt. Und eigentlich hatte sie keinerlei Anreiz, *nicht* die Polizei zu rufen (außer, dass Paul noch immer ihr Ehemann war und es sich nicht richtig anfühlte, ihn anzuschwärzen.)

Doch Rebecca stieß immer wieder auf das gleiche Problem: Strafe half weder ihr noch ihm, die Risse zu kitten. Im Gegenteil. Mit einer Strafe würde sie Paul nur signalisieren, dass sie quitt wären – und alles wäre wieder beim Alten. Aber welchen Anreiz konnte es für ihn überhaupt geben, das alte »stillschweigende Abkommen« wieder aufzunehmen, wenn er wusste, dass er auch ungeschoren davonkommen konnte?

»Irgendwie steckte ich fest«, sagte Rebecca. »Ich wusste, wenn ich die Sache jetzt nicht klarstellte, würde so etwas wahrscheinlich immer wieder passieren.«

DIE LÖSUNG: *»Joker« ziehen*

Um ihre Ehe wieder auf eine kooperative Basis zu stellen und Paul anzuregen, sich nicht noch einmal so einen Schnitzer zu erlauben, machte Rebecca Folgendes: Sie verzieh ihm.

»Ich hatte keine Wahl«, erklärte sie. »Ich hätte es ihm ewig und drei Tage vorhalten können, hätte schreien, brüllen oder ebenfalls einen Haufen Geld ausgeben können, aber es hätte alles nichts geholfen.«

Verzeihen, diese kleine Geste, so haben Wirtschaftswissenschaftler belegt, kann ein großer Anreiz sein – was Rebecca gar nicht wusste. Indem sie Paul verzieh, anstatt sein Verhalten »nachzuahmen«, führte Rebecca die Tit-for-Tat-Strategie in ihre Ausgangsstellung zurück, läutete eine weitere Runde ein und gab Paul damit eine neue Chance zur Kooperation. Paul hatte einen »Joker« bekommen, eine »Freikarte«, wenn man so will – und dessen war er sich sehr wohl bewusst.

»Ich war schockiert«, sagte Paul. Er wusste, dass er die Regeln gebrochen hatte und erzählte uns, dass er nach Rebeccas erster Reaktion Angst hatte, sie könne die Scheidung einreichen. »Als sie mir dann sagte, dass es in Ordnung war und ich den Roller behalten solle, dachte ich nur ›Was ist denn mit der passiert?‹«

Paul hatte schnell begriffen, dass er seiner Frau etwas schuldig war. Und genau darauf hatte Rebecca gehofft.

Mollys Rache

Tim und Molly führten eine gute Ehe, hatten aber ein großes Problem. Während Molly morgens schon aus dem Haus war, nahm Tim eine Dusche, trocknete sich ab und ließ das nasse Handtuch dann auf ihrer Seite des Bettes liegen. Molly musste jede Nacht auf feuchten Laken schlafen. »Das ist unverschämt«, erzählte sie uns. »Schlichtweg unverschämt.« Molly hatte schon alles versucht, Tim zu bewegen, das Handtuch aufzuhängen. Sie hatte es auf die freundliche, auf die humorvolle, auf die wütende und auf die schmollende Tour probiert. Und ja, sie keifte Tim auch an. Es half alles nichts. Jede Nacht das Gleiche. Schließlich zahlte sie es ihm mit gleicher Münze heim. Eines Abends, er war nicht zu Hause, schob sie ein klitschnasses Handtuch unter sein Laken. Tim sagte keinen Ton, als er ins Bett kroch. Er hatte kapiert.

Molly hatte Tim abgestraft. Strafe ist zwar kein Anreiz, den wir ohne weiteres empfehlen würden, aber manchmal geht es eben nicht ohne – wie in Mollys Fall. Im ökonomischen Fachjargon wird die Androhung von Strafe auch als »koerziver Anreiz«, als Prinzip von Zuckerbrot und Peitsche, bezeichnet. Doch es gilt, ihn weise einzusetzen: Greifen Sie lieber zum Zuckerbrot und nicht zur Peitsche.

Nicht dass sie sofort wieder vor Glück strahlte. Nein. Ihre Geste war mit einem neuen Abkommen verbunden, an das einige Bedingungen geknüpft waren. Das einstige *stillschweigende* Abkommen, wonach keiner von beiden hohe Summen ausgeben würde, wurde nun durch ein *explizites* Abkommen ersetzt: Keine Käufe über 200 Dollar, ohne sich mit dem jeweils anderen abzusprechen. Paul wollte die Idee zwar nicht so recht schmecken, aber er war dermaßen froh, mit einem »Joker« davongekommen zu sein, dass er sich die Sache nicht verscherzen wollte.

»Zum Glück gibt es auch Motorradhelme unter 200 Dollar«, witzelte er.

FALLSTUDIE **3**

DIE AKTEURE: *Colin und Lily*

Colin und Lily lernten sich 1996 bei einer kleinen Investmentbank kennen. Colin, Mathematiker und Statistikgenie, war ein ruhiger Typ, der früher davon geträumt hatte, Raumfahrttechniker zu werden. Er wirkte wie einer, der nicht so recht wusste, wie es ihn in die Finanzwelt hatte verschlagen können.

Lily dagegen wirkte so, als wäre sie in dieser Welt genau richtig. Sie war ein Star unter den Börsenhändlern. Sie fungierte als Mittlerin zwischen Kunden, die mit großen Aktienpaketen jonglierten, und der Bank, die diese Aktien auf dem globalen Markt handelte. Es war ein aufreibender, extrem stressiger Job. Lily musste ihre launischen Kunden ständig überzeugen, ihr als Händlerin zu vertrauen. Und da ihre Kundschaft fast ausschließlich männlich und ihr

Gegenüber meist überaus skeptisch war, hatte sie unentwegt das Gefühl, sich beweisen zu müssen. »Meine Kunden nahmen automatisch an, dass ich als Frau zu nett sei«, sagte Lily. »Was mich umso aggressiver machte.«

Sie behandelte ihre Kunden mit einer, wie Colin es ausdrückte, bemerkenswerten »femininen ›Du-verstehst-einen-Dreck‹-Attitüde« – vollkommen souverän und immer auch ein wenig kokett.

Colin war eine solche feminine (oder auch maskuline) Attitüde ganz und gar nicht eigen. Er hasste es, mit Kunden zu *sprechen und sie zu umwerben*. Er wurde nervös, wenn alle Telefone gleichzeitig klingelten und mehr als eine Person etwas von ihm wollte. Er empfand das Börsenparkett als aufdringlich laut und voller Grünschnäbel. Colin fand es sehr viel spannender zu ergründen, warum sich die Aktien in diese oder jene Richtung bewegten und welchen Strömungen der Markt unterlag; nach seinem Dafürhalten ging es den meisten seiner Kollegen nur um das schnelle Geld.

Lily musste sich zwar immer wieder mächtig ins Zeug legen, um ihr Können unter Beweis zu stellen, aber sie sah sehr wohl, dass Colin anders war – im besten Sinne des Wortes. »Er stach irgendwie hervor«, sagte Lily. »Jeder wandte sich an ihn, wenn ein Kunde mal Details über eine Aktie wissen wollte. Colin studierte den Markt, was alle anderen nicht taten.«

Colin wartete den richtigen Augenblick ab. Er sah, dass Lily sich bemühte, zu diesen Jungs dazuzugehören. Doch wenn sie einigermaßen Verstand hatte, würde sie sich irgendwann mit ihnen langweilen, da war er sich sicher. »Das sagte mir mein Bauchgefühl«, meinte er.

Und sein Bauchgefühl sollte Recht behalten. Nach zwei Jahren hatte Lily genug vom Parketthandel. Sie hatte mit einigen ihrer Kollegen flüchtige Affären gehabt. »Guter Sex, am nächsten Morgen vorbei«, erzählte sie uns. Colin witterte seine Chance, schickte ihr eine E-Mail und lud sie ein, mit ihm auszugehen.

Sie sagte zu.

Sie unterhielten sich über ihre Kollegen. Und über ihre Familien. Er erfuhr, dass sie drei Schwestern hatte, die sie jeden Monat besuchte, und einen Vater, mit dem sie jeden Tag telefonierte.

Colin brachte sie nach Hause, und sie bat ihn noch herein. Dann, so erinnerte sich Colin, »fiel sie regelrecht über mich her, stellte es mir aber frei zu gehen«.

Das tat er nicht. Und für Lily war es auch am nächsten Morgen nicht vorbei.

Zu Hause war Lily der Boss – die Geschäftsführerin und die Entscheiderin. Für Colin war das in Ordnung. Wenn die Urlaubsplanung anstand, rief Lily ein Reisebüro an, suchte ein Ziel aus, und verkündete Colin dann, wohin die Reise gehen würde. Morgens kam er mit zwei Krawatten die Treppe herunter und fragte: »Welche?«

»Die«, sagte sie dann und schaute kaum auf.

Als sie ihre erste gemeinsame Wohnung einrichteten, rührte Colin keinen Finger. »Ich kann mich nicht erinnern, dass wir irgendeine Diskussion um irgendwelche Möbel, Kacheln oder Gerätschaften gehabt hätten. Das nahm alles Lily in die Hand.«

Als Lily schwanger wurde, traf sie eine weitere Entscheidung: Sie hatte keine Lust auf einen Spagat zwischen Job und Baby. »Lieber gleich Nägel mit Köpfen machen«, sagte sie. Lily ging in ihrer Mutterrolle in einer Weise auf, wie es Colin nie für möglich gehalten hätte. Sie nähte Kissenhüllen, arrangierte Krabbelgruppentreffen und machte Bananen-Birnen-Brei selbst.

Sie zogen an den Stadtrand, bekamen ein zweites Kind und begannen ein neues Leben mit neuen Freunden. Mit all diesen Veränderungen schien sich aber auch Lily zu verändern – und damit ihre Ehe, was Colin nicht erwartet hatte. Er fühlte sich irgendwie ausgeschlossen. Für Lily gab es anscheinend nur noch die Kinder – Elternabende, Fußballturniere, Nachhilfelehrer. Colin schien darin gar nicht vorzukommen. Und wenn die Kinder abends im Bett waren, war sie viel zu kaputt, um sich noch um Colin zu kümmern. Entweder sie wollte sofort ins Bett und lesen oder sie saß vor dem Fernseher. Sex stand längst nicht mehr auf dem Programm.

»Wenn es um mich ging, bemühte sie sich herzlich wenig«, sagte Colin. »Sie erkundigte sich zwar, wie mein Tag gewesen sei, hörte dann aber gar nicht richtig zu.«

Im Gegensatz zu den Anfangsjahren ihrer Beziehung klagte Lily nun in einem fort, müde oder gestresst zu sein, weil es irgendetwas in puncto Kinder zu entscheiden gab oder weil sie sich um die Finanzen Gedanken machte. Colin stand vor einem Rätsel – soweit er wusste, liebte sie es, Entscheidungen zu treffen, und Geldsorgen hatten sie auch keine. »Wir hatten nicht nur kaum mehr Sex, sondern zeigten auch sonst kaum mehr Sympathie«, erklärte er.

Colin ließ sich allerlei einfallen, um Lilys Zuneigung zurückzugewinnen und ihr Liebesleben wieder in Schwung zu bringen. Er machte ihr in jeder Hinsicht Komplimente, erntete aber meist nur ein Augenrollen. »Mir ist nicht nach Sex zumute«, war ihre Antwort, wenn er ihr sagte, dass sie »den knackigsten Hintern im ganzen Viertel« hatte.

Doch eines Tages wurden seine Mühen belohnt. Er kam von einer Geschäftsreise aus London zurück und brachte ihr einen sündhaft teuren Kaschmirpulli mit. »Oh mein Gott, ist der schön!«, meinte Lily. Sie zog ihn sofort an.

Und an jenem Abend hatten sie Sex.

Wenige Wochen später bekam er zufällig mit, wie Lily einer Freundin am Telefon sagte, dass sie deren neue Handtasche sehr hübsch fand. Am folgenden Tag rief Colin die Freundin an, um zu erfahren, was genau das für eine Handtasche sei. Er wollte Lily damit überraschen. »Von Hermès«, sagte Alexandra. Also ging er in das Geschäft und ließ sich die Tasche zeigen. Als er das Preisschild sah, fragte er die Verkäuferin, ob das ein Tippfehler sei.

»Das soll doch 800 Dollar heißen, nicht 8000?«

Es war kein Tippfehler. Colin kaufte die Tasche trotzdem. (Wie gesagt, er verdiente ja ganz gut.)

Lily war hin und weg.

Um es deutlich zu sagen: Colin wusste, dass derartige Geschenke übertrieben waren. Er war in einer Arbeiterfamilie aufgewachsen, für die 8000 Dollar ein kleines Vermögen gewesen waren. Doch seine innere Verzweiflung bedrückte ihn. Und das Geschenk ließ Lily aufleben – in einer Phase, in der er mit nichts anderem an sie heranzukommen schien. »Diese Geschenke machten sie überglücklich«, sagte Colin. »Und dieses Glück kam zur Abwechslung auch mal mir zugute – was sich super anfühlte.«

Teure Geschenke? Anreize. Anreize, um Lily dazu zu kriegen, zu lächeln, glücklich zu sein, zu entspannen und letztlich – seien wir ehrlich – Colin mehr Zuneigung zu schenken.

Das Problem bei diesen Anreizen? Sie währten nicht lange. Sie brachten Lily zwar dazu, sie zu erwidern. Doch das war rasch wieder vorbei. Am folgenden Tag war sie wieder müde, gestresst und »früh mit einem guten Buch im Bett«.

DAS PROBLEM: *Überstrapazierte Anreize laufen sich tot*

Erinnern Sie sich noch an Joe Cassano, der mit Finanzanreizen satte Gewinne für *AIG* einfahren sollte, was am Ende aber gewaltig nach hinten losging? Unser Freund Colin, der seine Lily mit dem ehelichen Pendant zu einem solchen Finanzanreiz überschüttete, schoss ebenfalls ein Eigentor.

In Colins Fall war der Grund seines Scheiterns nicht pure Gier, sondern die simple Tatsache, dass seine Anreize keine lange Lebensdauer hatten. Unglücklicherweise brauchte er eine Weile, um das zu kapieren. Und so machte er Lily ein Geschenk nach dem anderen. Er kaufte ihr einen E-Reader. Dann schenkte er ihr einen Privatkurs bei einem angesagten Yogalehrer. »Danke, aber ich glaube, das muss bis 2020 warten, dann habe ich vielleicht wieder mehr Zeit«, sagte sie und fügte hinzu: »Mach du doch den Kurs. Würde dir guttun.«

Das war nicht ganz die Reaktion, die Colin sich erhofft hatte (Wurde er langsam dick?).

Colins Anreize verloren zunehmend an Wirkung, was nicht weiter verwunderlich ist, wie Wirtschaftswissenschaftler wissen – die stärksten Anreize lassen mit der Zeit nach. Uri Gneezy, Ökonom an der University of California, und John A. List, Wirtschaftswissenschaftler an der University of Chicago, haben untersucht, wie und warum Anreize ihr Ziel verfehlen. In einem ihrer Experimente ging es um finanzielle Anreize. Wie würden die Probanden, die eine simple Aufgabe auszuführen hatten, auf eine beträchtliche Lohnerhöhung reagieren? Würden sie produktiver arbeiten oder nicht?

Um das herauszufinden, suchten sie per Aushang Studenten, welche die Bibliotheksbestände der Universität in den Computer einspeisen sollten. Laut Aushang betrug der Stundenlohn 12 US-Dollar und die Gesamtarbeitszeit sechs Stunden. Die Studenten, die nicht ahnten, dass sie an einem Experiment teilnahmen, wurden in zwei Gruppen eingeteilt. Die einen bekamen die angekündigten 12 Dollar pro Stunde, die anderen freuten sich über unerwartete 20 Dollar pro Stunde.

WAS DIE LEUTE SAGEN ...

Über Geschenke, die funktionieren

Auf unserer Recherchetour haben wir verheiratete Paare gefragt: »Was war das schönste Geschenk, das Sie kürzlich von Ihrem Partner bekommen haben?« Hier ein paar Antworten:

- »Er fing an, überall im Haus kleine Zettelchen mit süßen Nachrichten zu verteilen. Wir haben nicht viel gemeinsame Zeit. Ich arbeite nachts. Er arbeitet den ganzen Tag über. Das war seine Art, mir zu sagen, dass er immer noch an mich dachte.«
- »Sie ließ mich das Endspiel anschauen. Das vergesse ich ihr nie.«
- »Er gab zu, dass er beim letzten Streit vor einem Monat Unrecht hatte. Das macht er sonst nie.«
- »Ihr fiel auf, dass ich beim Friseur war.«

Zunächst ackerten die Studenten mit dem höheren Stundenlohn härter. Doch nach einiger Zeit ließen sie nach und arbeiteten im gleichen Tempo wie ihre Kollegen, die für einen Stundenlohn von 12 Dollar schufteten. Genau wie bei Colins Geschenken war der finanzielle Anreiz – die Anhebung des Stundenlohns – anfangs ein Riesenerfolg. Doch dann ließ die Motivation nach – das Geld hatte langfristig seine Wirkung verloren.

Nun sind die meisten Partnerschaften bekanntlich eine langfristige Angelegenheit. Und doch sind schnelle und schnöde geldorientierte Anreize in Liebesbeziehungen nur allzu gebräuchlich. Wenn ich ihr Rosen mitbringe, verzeiht sie mir vielleicht, dass ich ihren Geburtstag vergessen habe. Wenn ich ihm eine Dauerkarte für seinen Fußballverein schenke, komme ich eventuell um den Besuch bei seinem schrecklichen Cousin herum. Wenn Anreize wie diese funktionieren, dann wahrscheinlich nur, weil sie einmalige kleine Extras sind. Wenn sie ihr jeden Tag Blumen mitbringen, macht sie sich vielleicht nicht einmal mehr die Mühe, sie in die Vase zu stellen.

An einem Freitagnachmittag überlegte Colin, was er seiner Frau wohl heute mitbringen könnte, und … war plötzlich schrecklich deprimiert. Erwiderte Lily seine Geschenke *oder* erwiderte sie seine Liebe? Ja, doch, sie liebte ihn (oder nicht?). Aber wieso zeigte sie ihm diese Liebe eher, wenn er mit einem Geschenk ankam? Ging es ihr um ihn? Oder ging es ihr um die *Hermès-Handtasche?* Würde sie ihn überhaupt wahrnehmen, wenn er mit leeren Händen nach Hause käme?

....
DIE LÖSUNG: **Am Ball bleiben**

Hier ein Ratschlag, den Sie bestimmt schon kennen, aber immer mal wieder vergessen: In einer Partnerschaft bewirken aufmerksame Gesten oft viel mehr als materielle Ausgaben.

Hinter diese Tatsache kam auch Colin, ganz zufällig. Irgendwo zwischen absurden Geschenkekäufen für Lily und der panischen Angst, aus seiner Ehe womöglich ein handelbares Gut gemacht zu haben, rief er zu Hause an, um Lily zu fragen, wie es ihr ginge. Nicht so toll, meinte sie. Draußen regnete es, was bedeutete, dass das Fußballtraining ausfiel, was bedeutete, dass der Sohnemann durchs Haus tobte, was bedeutete, dass das Töchterlein durchs Haus tobte, was bedeutete, dass Lily rasende Kopfschmerzen hatte. Obendrein war Kyle, der Freund des Sohnes, zum Spielen vorbeigekommen, aber dann heulend wieder abgezogen, weil ihre ungezogenen Kinder es lustig fanden, eine Stunde lang ohne ihn zu spielen.

»Unsere Kinder sind Terroristen«, klagte sie. »Und ich habe nichts zum Abendessen im Haus.«

»Ich bringe etwas mit«, meinte er.

»Um acht? Das ist viel zu spät«, antwortete sie.

»Dann komme ich früher.«

»Gut.«

»Lily«, sagte Colin. »Ich kümmere mich darum, okay?«

Und das tat er.

Er machte um fünf Feierabend und kaufte auf dem Heimweg Lebensmittel ein. Zu Hause schenkte er Lily ein Glas Wein ein und machte den Kindern Omeletts nach Wunsch (eins mit Tomate, eins ohne; eins mit Spinat, eins mit Käse). Es gelang ihm sogar, dass sie ohne Murren fast alles aufaßen, was Lily in stummes Erstaunen versetzte.

Nach dem Essen badete er die Kinder, während Lily ihre E-Mails checkte. Sie las einen witzigen Artikel und musste lachen, was sie ansonsten zwischen fünf und acht Uhr abends selten tat, weil ihre Kinder ihr dann meist den letzten Funken Energie abzogen. »Zwei ganze Stunden lang musste ich nichts entscheiden, niemanden ins Bad scheuchen, nicht mit Fernsehverbot drohen oder irgendwelche Streitereien schlichten«, sagte Lily.

Nachdem Colin die Kinder zu Bett gebracht hatte, war Lily darauf gefasst, sich anhören zu müssen, wie fertig er war. Falsch gedacht. Stattdessen schenkte Colin sich auch ein Glas Wein ein und setzte sich neben seine Frau. Sie erzählten sich von ihrem Tag.

Lily war erleichtert. Entspannt sogar. Es war ihr nie bewusst gewesen, wie gut es ihr tat, wenn Colin ihr ein wenig unter die Arme griff. Dass sie ihn so selten um seine Hilfe gebeten hatte, war ihr unbegreiflich. »Ich war daran gewöhnt, alles alleine zu machen«, meinte sie.

Auch Colin war erleichtert. Und entspannt. Seit langem hatte Lily ihm nicht mehr so aufmerksam zugehört, wenn er ihr von seinem Tag erzählte. Er konnte sich gar nicht mehr erinnern, wann er sie das letzte Mal so ruhig und ansprechbar erlebt hatte. Er wollte zwar nichts überstürzen, aber trotzdem versuchte er, sich ihr zärtlich zu nähern – und Lily erwiderte seine Avancen.

Am folgenden Tag auf dem Weg zur Arbeit war Colin klar, was die Lösung war: »Ich muss ihr mehr zur Hand gehen. Ich muss sie entlasten.« Und so übernahm er einmal wöchentlich die abendlichen Aufgaben – kochte für die Kinder, badete sie und brachte sie zu Bett. Er beschloss, Lily mehr Aufmerksamkeit zu schenken, auf dass sie ihrerseits auch ihm mehr Beachtung schenkte.

Natürlich hat sich auch die empirische Ökonomie mit Aufmerksamkeit als Anreiz befasst. In einem Experiment, das uns besonders gut gefiel, erhielten die Probanden (wieder Studenten) die anspruchslose Aufgabe zu zählen, wie oft ein doppeltes »s« (»ss«) auf einem Blatt Papier mit zufällig angeordneten Buchstabenreihen auftauchte. Die Probanden wurden in drei Gruppen eingeteilt und für jedes gelöste Blatt bezahlt. In der ersten Gruppe wurden die Probanden gebeten, ihre Namen auf jedes Blatt zu schreiben, die Aufgabe zu lösen und das Blatt dann einer Aufsichtsperson zu geben, welche die Korrektur vornahm. In der zweiten Gruppe sollten die Probanden ihre Namen dagegen ausdrücklich nicht auf das Blatt schreiben. Die Aufsichtsperson legte die abgegebenen Blätter auf einen Stapel anderer Papiere. In der dritten Gruppe schrieben die Probanden ihre Namen ebenfalls nicht auf, und kaum hatten sie die Blätter abgegeben, wanderten diese vor ihren Augen in den Shredder.

Nun raten Sie, wer die meisten Blätter bearbeitet hat. Genau. Die Probanden der ersten Gruppe, für die Aufmerksamkeit und Anerkennung offenbar starke Motivationsaktivatoren waren.

Bei Colin und Lily funktionierte das genauso.

Bevor wir nun das Kapitel über Anreize beschließen, wollen wir noch auf ein kleines, aber feines Detail hinweisen. Zunächst war es Colin, der Lily immer wieder anzuregen suchte, ihm mehr Aufmerksamkeit zu schenken. Am Ende aber war es Lily, die ihm klarmachte, welcher Anreiz für sie der wirksamste ist: partnerschaftliche Mithilfe. Und vielleicht ist das auch für Sie ein Schlüssel zum Glück!

KOMPROMISSE

oder: Die Kunst, Alternativen abzuwägen

Das Prinzip

Jedes Unternehmen möchte ein Stück vom großen Kuchen abhaben. Doch als die US-amerikanische Großhandelskette *Costco* Ende 2009 ihre erste Filiale in East Harlem, einem Bezirk von Manhattan, eröffnen wollte, stieß sie auf ein Problem: mehrere New Yorker Politiker forderten von *Costco* eine grundsätzliche Änderung seiner Unternehmenspolitik.

Im Gegensatz zur Konkurrenz akzeptierte *Costco* keine Lebensmittelmarken. Da aber über 30 000 Einwohner von East Harlem solche Marken benutzten und *Costco* bereits 55 Millionen US-Dollar an staatlichen Subventionen erhalten hatte, war das ein echtes Problem. Die Stadtpolitiker setzten dem Unternehmen Daumenschrauben an: Wenn

Costco vom 564 Milliarden Dollar schweren Markt in New York profitieren wolle, dann nur mit Lebensmittelmarken.

Costco hatte die Wahl zwischen zwei Möglichkeiten, die beide nicht perfekt waren: entweder Lebensmittelmarken einführen und die Profite schmälern oder weiterhin keine Lebensmittelmarken akzeptieren und eine Anti-*Costco*-Stimmung unter potenziellen Kunden riskieren.

In einer Welt der begrenzten Ressourcen sind Kompromisse unumgänglich. Das wusste schon Mick Jagger, als er »You can't always get what you want« sang. Vor allem aber wusste das der Harvard-Professor Gregory Mankiw, der die komplizierte Welt der Wirtschaft in simple »10 ökonomische Prinzipien« fasste.

Prinzip eins: Alle Menschen stehen vor abzuwägenden Alternativen.

Das klassische Beispiel hierzu, das in jedem Einführungsseminar in die Volkswirtschaft bemüht wird, trägt den Namen »Waffen oder Butter«. Je mehr ein Land für Waffen bzw. die nationale Sicherheit ausgibt, desto weniger hat es für Butter bzw. die Haushaltsgüter, die das häusliche Leben schöner machen, zur Verfügung. (Die meisten Regierungen haben sich dafür entschieden, diese Entscheidung erst gar nicht zu treffen und stattdessen ein Vermögen für Waffen *und* Butter auszugeben. Doch auch dies ist eine abzuwägende Alternative: Indem wir heute über die Maßen konsumieren, bürden wir künftigen Generationen unsere Zeche auf.)

Alternativen wohl abzuwägen ist kein leichtes Unterfangen. Man denke nur an all die Begrenztheiten: Der Tag hat nur 24 Stunden, auf der Bank liegt eine begrenzte Summe Geld und viel zu viele Menschen fordern unsere Aufmerksamkeit ein. Es gilt abzuwägen: Wollen wir in einer engen Wohnung in der Stadt leben, damit wir abends schnell zu Hause sind, oder möchten wir ein ruhiges Leben in einem Vorort führen und jeden Tag eine Stunde pendeln? Wollen wir 15 Stunden täglich arbeiten und etwas auf die hohe Kante legen, oder wollen wir Teilzeit arbeiten und Zeit für die Ballettvorführungen unserer Tochter haben? Geländelimousine oder Mittelklassewagen? Geld sparen oder Urlaub machen? *AEG* oder *Miele?* Sex haben oder sofort schlafen? Jeden Tag stehen wir vor unzähligen Entscheidungen. Wie teilen wir unsere Zeit und unser Geld am besten ein? Es gibt haufenweise Alternativen, die es wohl abzuwägen gilt.

Wir wollen alles, können aber nicht alles haben. Und darin besteht das Grundproblem bei der Sache.

… Das zum Glück aber kein Problem bleiben muss. Wie wir es intelligent lösen können, sagt uns der Ökonom Alfred Marshall – mit seiner bereits im Jahr 1890 entwickelten Kosten-Nutzen-Analyse.

Marshall war der König im ökonomischen Elfenbeinturm im England des frühen 20. Jahrhunderts. Er gilt als Vater der neoklassischen Ökonomie: Er ging von einer isolierten Betrachtung der Märkte ab, hin zu einem Studium des alltäglichen menschlichen Verhaltens – ein äußerst interessanter Ansatz, wie wir finden. Marshall stellte heraus, dass Konsumenten immer dann ein Gut kaufen, wenn der Grenznutzen des Gutes die Grenzkosten übersteigt.

Die Kosten-Nutzen-Analyse war nicht einfach nur ein »Spielveränderer« für Wirtschaftswissenschaftler. Auch Unternehmen machen von ihr Gebrauch, um etwa zu entscheiden, ob sie Milliarden in die Forschung für ein Medikament stecken oder aber neue Firmensitze eröffnen sollen. Kleine Unternehmen nutzen die Kosten-Nutzen-Analyse, um zu entscheiden, ob sie den Bau von Kundenparkplätzen bezuschussen oder ihren Mitarbeitern gesundheitliche Vorsorgeleistungen anbieten sollen. Regierungen nutzen sie, um zwischen Steuererhebungen und Steuersenkungen abzuwägen und zwischen diplomatischen Bemühungen und bewaffneten Konflikten zu entscheiden.

Doch Kosten und Nutzen zu kalkulieren ist komplizierter als gedacht. Die meisten Kosten sind nämlich nicht offensichtlich. Nehmen wir mal an, Sie sind Versicherungsberater für Rentenfonds und überlegen, entweder in Ihrem Job zu bleiben oder aber auf der Kunsthochschule einen Doktor in früher niederländischer Malerei zu machen. Die Kosten-Nutzen-Analyse für diese Entscheidung könnte so aussehen:

KOSTEN	NUTZEN
45 000 Euro Studiengebühr	erweiterter Horizont
	freitags ausschlafen können
	ein Job, der Spaß macht (falls man einen bekommt)

Sieht recht eindeutig aus, meinen Sie nicht?

Falsch. Es gibt weitere Kosten, die einzukalkulieren sind,

die sogenannten »Opportunitätskosten«, wie Ökonomen sie nennen: Die Kosten eines Gutes bestehen aus dem, was man für den Erwerb eines anderen Gutes aufgibt. Eine kluge Kalkulation ist nicht möglich, ohne die Opportunitätskosten darin einzubeziehen. (Auf Mankiws Liste der »10 ökonomischen Prinzipien« stehen die Opportunitätskosten unter Punkt zwei). Opportunitätskosten zwingen uns, über das Offensichtliche hinauszudenken. Der Besuch der Hochschule kostet Sie nicht nur 45 000 Euro an Studiengebühren, sondern auch all das, was Sie aufgeben müssen, um ein Kunstexperte auf dem Gebiet der frühen niederländischen Malerei zu werden: ein festes Einkommen und einen sicheren Job. Wenn Sie die Opportunitätskosten verrechnen, sieht die Kosten-Nutzen-Analyse schon sehr viel komplizierter aus:

KOSTEN	NUTZEN
45 000 Euro Studiengebühren	Horizonterweiterung
Einkommen, inkl. potenzielle Lohnerhöhung	freitags ausschlafen
ein relativ sorgen- und schuldenfreies Leben	ein Job, der Spaß macht (falls man einen bekommt)
berufliches Weiterkommen	
freie Wochenenden	
Pensionsplan	
Motorrad	
Motorradausrüstung	

Plötzlich liegen die Kosten dieses so exotischen Hochschulabschlusses nicht nur bei 45 000 Euro, sondern kalkulieren all die Möglichkeiten mit ein, die verloren sind, sobald man den alten, langweiligen Job an den Nagel hängt.

Wir raten Ihnen nicht, an Ihrem Beruf festzuhalten. Träume sind schließlich dazu da, um verwirklicht zu werden. (In unserem Fall hieß der Traum, dieses Buch zu schreiben, aber das zog eine ganze Menge anderer Kompromisse nach sich, die Sie wahrscheinlich gar nicht wissen wollen.) Wir raten Ihnen nur, beim Abwägen der Alternativen *alle* Kosten und *jeglichen* Nutzen zu betrachten – was bedeutet, Ihre persönlichen Opportunitätskosten zu ermitteln und Sie in Ihre Entscheidung mit einzubeziehen.

Und das kann, wie gesagt, recht kompliziert sein. Die Gleichung könnte folgendermaßen aussehen:

$$C'(s; \theta) = \frac{(1 - \mu)\, \tilde{g}_N(s) + \mu g_M(s)}{f_P\left[F_{\bar{F}}^{1}((1 - \mu)\, \tilde{G}_N(s|) + \mu G_M(s))\right]}$$

Die gute Nachricht: Sie müssen kein Mathematiker sein, um zu entscheiden, ob Sie heute Abend lieber in einem Restaurant essen gehen oder sich das Essen nach Hause liefern lassen. Die schlechte Nachricht: Es gibt eine Komplikation.

Wenn wir Kosten bestimmen und Nutzen bemessen, lassen wir uns leicht ablenken – von Dingen wie unseren Gefühlen, der Windrichtung oder Komplimenten unseres Partners. Im ökonomischen Fachjargon heißt dies, dass wir sogenannten *Decision Making Biases* unterliegen, einer »Tendenz zu Urteilsverzerrungen«, verursacht durch Dinge, die unsere Fähigkeit zum vernunftgemäßen Denken vernebeln. Genau in dem Moment also, da wir für die Kosten-Nutzen-Analyse dringend einen rationalen, ruhigen und klaren Verstand bräuchten, machen uns unsere Emotionen, die borniert eine Lösung wollen, blind gegenüber den Gesamtkosten und unfähig, den Gesamtnutzen zu ermessen.

In diesem Kapitel stellen wir Ihnen drei Paare vor, deren Beziehung an drei der häufigsten Urteilsverzerrungen krankte, als da wären: die Wirkung kleiner Veränderungen unterschätzen oder aber nicht in »Grenzbegriffen« denken; sich in »versunkene Kosten« oder getroffene, unumkehrbare Entscheidungen hineinsteigern; sich versteifen auf Fairness und Gerechtigkeit, zu meinen, immer den Kürzeren zu ziehen, auch wenn man es verdammt gut erwischt hat.

FALLSTUDIE **1**

DIE AKTEURE: *Claire und Shawn*

Als wir Claire und Shawn in ihrem Häuschen besuchten, machten sie den Eindruck eines gut eingespielten Pärchens. Wir hatten vor, am Morgen Shawn und einige seiner Freunde, am Nachmittag dann die entsprechenden Ehefrauen zu befragen.

Als Shawn kurz nach unserem Eintreffen nach draußen ging, weil sich die Kinder um ein Spielzeug stritten, war Claire anzusehen, wie froh und erleichtert sie war, nicht selbst den Schlichter spielen zu müssen.

Kurz bevor Claire das Haus verließ, erinnerte sie Shawn noch einmal daran, den Kindern zum Sporttraining die Erfrischungsgetränke mitzugeben. Er schien für diese Erinnerung dankbar zu sein.

»Aber kein Wort über unser Liebesleben«, warnte Claire ihn noch.

»Würde mir nicht im Traum einfallen, ich will ja niemanden neidisch machen«, erwiderte Shawn.

Doch kaum waren wir draußen auf der Veranda, um mit dem Interview zu beginnen, schlug die Stimmung um.

Unsere erste Frage an Shawn und seine Freunde lautete: Welche Probleme sind in Ihrer Ehe von besonderer Relevanz?

»Alles in Ordnung«, gab Shawn von sich. »Nur ist das Geld knapp, und darüber streiten wir manchmal.« Oder darüber, dass Claire die nervige Angewohnheit hatte, die Kinder auf dem Spielplatz zu beglucken.

»Natürlich machen Kinder sich mal dreckig, fallen hin und tun sich weh«, sagte er. Einige Monate zuvor hatte er mit seiner ältesten Tochter in die Notfallambulanz fahren müssen, weil sie vom Kletterturm gefallen war und sich die Lippe aufgeschlagen hatte. Von Claire hatte er daraufhin einiges zu hören bekommen, von wegen: *Kannst du deine Kinder auf dem Spielplatz zur Abwechslung auch mal im Auge behalten?*

Was Shawn außerdem aufstieß, war das aktuelle Verhältnis von »ihr den Rücken massieren« zu »Sex haben«. Es lag bei ungefähr zehn zu eins und das ging seiner Meinung nach etwas zu einseitig in Richtung Rückenmassage. Im Großen und Ganzen aber klang er recht zufrieden. »Wir haben Glück«, sagte er. »Es gibt keine größeren Probleme.«

Ein paar Stunden später setzten wir uns mit den Frauen zusammen. Die Atmosphäre war wesentlich entspannter – die meisten konnten es gar nicht erwarten, über ihre Beziehungen zu plaudern. Claire legte sofort los: Shawn sei heute noch immer so sexy wie damals, als sie ihn kennen lernte, und obendrein ihr bester Freund. Ja, Geld sei zwar schon ein Thema, aber das habe seit jeher für Spannungen zwischen ihnen gesorgt, weil Claire sich Sorgen darum machte und Shawn nicht.

Claire führte Buch über jeden Dollar, der reinkam und rausging. Sie hatte immer etwas daran auszusetzen, wenn Shawn mit Bio-Avocados und Bio-Hühnchen vom Einkaufen nach Hause kam. »Dass er darauf achtet, dass die Kinder gesundes Essen bekommen, weiß ich zu schätzen, aber es muss sich ja nicht bei allem um Bio-Produkte handeln.« Und natürlich kümmerte Claire sich auch um die Rechnungen – Shawn scherte sich entweder nicht darum oder warf sie aus Versehen ins Altpapier.

Das war nicht immer so gewesen. Als sie sich mit Mitte zwanzig kennen lernten, hatten sie nie über Geld nachgedacht. Shawn war Zweitliga-Baseballprofi, und Claire jobbte als Kellnerin, um sich den Besuch einer Hauswirtschaftsschule leisten zu können. Eines Tages besuchte Shawn das Restaurant, in dem Claire arbeitete, sah sie und bat sie um eine Verabredung. Es verging kein Monat, da wohnten sie zusammen, und kein Jahr, da waren sie verheiratet. Shawns Baseballmannschaft kam zu ihrer Hochzeit. Sie waren wie eine große Familie, sagte Claire, und sie sei überglücklich gewesen, zu einer so verschworenen Gemeinschaft zu gehören, »wo einer für den anderen da war, komme, was da wolle«.

Claire ging auf die Hauswirtschaftsschule. Shawn gab das Baseballspielen auf, als klar war, dass er es aufgrund einer Schulterverletzung nie in die erste Liga schaffen würde. Er fand einen Job als Betriebsrat in einem kleinen Industrieunternehmen. Dann kam das erste Kind auf die Welt.

Bei nur einem Verdienst begann das Geld schnell knapp zu werden, und so hatten sie schon bald Schulden. »Babymilch ist teuer«, sagte Claire. »Und das ganze andere Zeug genauso – Autositze, Kinderwagen, Babywippen … es hörte gar nicht mehr auf.«

Doch sie waren jung und fanden immer einen Weg, um sich etwas dazuzuverdienen. Shawn trainierte an mehreren Abenden die Woche den Baseball-Nachwuchs, und wenn er sich um die Kinder kümmerte, jobbte Claire wieder als Kellnerin. Langsam konnten sie ihre Schulden abbauen.

Und auch Shawns alte Baseball-Freunde halfen ihnen. »Sie haben unser Haus neu gestrichen, als es aussah, als würde es gleich in sich zusammenfallen«, erklärte Claire. »Und ihre Frauen boten sich als Babysitterinnen an, wenn wir abends beide arbeiten mussten.«

Es waren harte Zeiten, aber sie schafften es.

Doch dann drehte sich das Blatt.

Als Claire mit dem zweiten Kind schwanger war, bekam Shawn ein Angebot, das Team zu trainieren, für das er selbst gespielt hatte. Seit seinem Ausstieg hatte er immer nach einem Weg gesucht, in irgendeiner Form wieder mit Baseball zu tun haben zu können. Nun war die Chance da. Doch es gab mehrere Haken: Das Gehalt lag nur knapp über dem Mindesttarif, und das Ganze war mit häufigen Fahrten zu Auswärtsspielen verbunden.

»Wir haben immer gesagt, dass wir die Träume des jeweils anderen unterstützen wollen«, erzählte uns Claire. Doch als Shawn ihr von dem Jobangebot erzählte, war ihre spontane Reaktion: »Ausgeschlossen.« Ihre erste Schwangerschaft sei schon kompliziert gewesen und die zweite aufgrund ihres fortgeschrittenen Alters riskant.

Trotz aller Befürchtungen (und nachdem Shawn sie immer wieder bekniet hatte) entschied Claire schließlich, dass sie ihm seinen Traumjob nicht guten Gewissens verwehren könne. Sie einigten sich jedoch darauf, dass er die Stelle erst nach der Geburt ihres zweiten Kindes antreten und bis dahin noch in seinem alten Job arbeiten würde.

Ein guter Kompromiss, wie beide fanden.

»Schön wär's gewesen«, sagte Claire.

DAS PROBLEM: **Das Versteifen auf ein Thema**

Kurz nach der Geburt ihres zweiten Kindes fuhr Shawn mit seiner Mannschaft für sechs Tage zu einem Auswärtsturnier, und Claire war mit Säugling und Kleinkind allein zu Hause. Wie schon das erste Kind machte auch das zweite keinerlei Anstalten, nachts durchzuschlafen.

Gewiss, sie hatte Shawns neuem Job zugestimmt, trotzdem war sie nun wütend. Und ihre Wut wuchs mit jedem seiner Auswärtstermine. »Shawn rief von unterwegs an, aber ich war zu wütend, um mit ihm zu reden. Ich wollte ja, dass er das tat, was er liebte, aber es fiel mir nicht leicht«, sagte sie. »Er wusste doch, wie anstrengend ein Säugling ist. In den ersten Monaten vor allem. Und ich war allein, ohne Mann, und hatte obendrein noch ein Kleinkind zu versorgen.«

Die ganze Situation verschlimmerte sich noch infolge der Wirtschaftskrise im Jahr 2008, als Shawns sowieso schon mickriges Gehalt drastisch gekürzt wurde. Plötzlich stritten sie jeden Abend um das ewig gleiche Thema.

Claire: »Hast du die Vereinsführung mal auf dein Gehalt angesprochen?«

Shawn: »Nein, habe ich nicht. Und hör auf zu fragen. Es ist auch ohne deine Fragerei schon schlimm genug.«

Claire: »Du brauchst dringend einen neuen Job. Hast du dir mal die Kreditkartenabrechnungen angesehen?«

Ja, das hatte er und er wusste, dass sie tiefer in der Kreide standen als je zuvor.

Während dieser Streits warf einer dem anderen an den Kopf, was er zu tun habe, um zur Verbesserung der Finanzlage beizutragen. Shawn könne in der Saisonpause auf dem Bau aushelfen, so Claire. Er sähe die Kinder ohnehin kaum, hielt Shawn dagegen. Claire könne als Tagesmutter Kinder aus der Nachbarschaft betreuen. Sie sei doch keine Babysitterin, konterte Claire.

Mitten in der Nacht wachte Claire mit neuen Ideen auf. Shawn könne ein Medizinstudium beginnen und im Anschluss ein ordentliches Arztgehalt nach Hause bringen. (Mit dieser Aussicht würde sie auch damit klarkommen, dass er den ganzen Tag außer Haus sei.) Und eigentlich müsste es ihr doch irgendwie gelingen können, dass einer dieser Fernsehköche auf sie aufmerksam würde und ihr einen Job als Sous-Chefin anböte.

Das Ende vom Lied?

Genau. Shawn hasste Skalpelle – ein Medizinstudium konnte er sich nicht im Geringsten vorstellen. Und Claire wartet bis heute auf einen Anruf von Jamie Oliver.

WAS DIE LEUTE SAGEN ...

Über »Viel Geld und alle Sorgen los!«

Ein schöner Gedanke, mit dem die meisten von uns spielen, wenn sie große Finanzsorgen haben wie Claire und Shawn. Schnell malen wir uns aus, wie unser Leben sich radikal ändern würde, wenn wir den 250-Millionen-Jackpot knacken, wir weniger oder gar nicht mehr arbeiten müssten, und jede Menge Zeit zu Hause hätten. Doch kaum zu Ende gedacht, ist unser Geld schon weg, verjubelt für wöchentliche Lottoscheine. Hier ein paar weitere »große« Gedankenspiele zur Lösung der Finanzprobleme, die uns einige Paare im Interview verraten haben:

- den reichen Schwager anpumpen, der sich mit dem rest der Familie zerstritten hat,
- die Lebensversicherung beleihen,
- Sperma verkaufen,
- Eizellen verkaufen,
- Nebenjobs suchen,
- die Kinder in der Nachbarschaft hüten,
- Urlaub auf Balkonien.

DIE LÖSUNG: *In Grenzbegriffen denken*

Aus der Sicht des Ökonomen ging es nicht darum, dass Shawn nicht genug verdiente. Es ging vielmehr darum, dass Claire und Shawn sich ausschließlich auf recht ausgefallene Lösungen fokussierten. Einen neuen Job in Erwägung ziehen, sich irgendwo Geld zu leihen – das war ein enormer Kraftakt, der sich nicht an einem Tag oder ohne eine Menge Stress erledigen ließ. Und vielleicht waren es überhaupt keine gangbaren Lösungswege.

Wirtschaftswissenschaftler würden zu einem ganz anderen Weg raten. Sie würden ein Denken in »Grenzbegriffen« empfehlen. Das heißt, Kosten und Nutzen eines bestehenden Aktionsplanes über kleine, schrittweise Änderungen abwägen.

Und so funktioniert es: Stellen Sie sich vor, Sie müssten sich zwischen einem Kredit über 10 000 Euro mit einer Zinsrate von fünf Prozent oder einem Kredit über 11 000 Euro zu einer Zinsrate von sechs Prozent entscheiden. Klingt fast identisch. Sechs Prozent sind etwas mehr als fünf Prozent, aber nur ein kleiner Unterschied zum höheren Kredit, richtig?

Nicht ganz. Fünf Prozent Zinsen auf 10 000 Euro machen 500 Euro. Sechs Prozent Zinsen auf 11 000 Euro machen 660 Euro. Der Grenznutzen des höheren Kredits besteht aus 1000 Euro, die Sie mehr in der Tasche haben. Die Grenzkosten jedoch liegen hier bei einem jährlichen Zins von 160 Euro (der Differenz zwischen 660 Euro und 550 Euro), was genau genommen enorme 16 Prozent Zinsen auf 1000 Euro Grenznutzen sind.

Das Denken in Grenzbegriffen besteht darin, Kosten und Nutzen dieser zusätzlichen 1000 Euro zu gewichten.

Unternehmen steigern ihre Erträge, indem sie in Grenzbegriffen denken. Fluggesellschaften verkaufen billige Last-Minute-Tickets, wenn die Flüge nicht ausgebucht sind, denn wenig Geld zusätzlich ist allemal besser als gar keines. Aus dem gleichen Grund bieten Hotels Schnäppchentarife für nicht gebuchte Zimmer. Damit erzielen sie zwar nicht die gleichen Gewinne wie beim Standardpreis, aber immerhin mehr als nichts. Anders gesagt: Kleinvieh macht auch Mist!

Eines Abends, nach einem heftigen Streit über das liebe Geld, lag Shawn im Bett und starrte die Decke an. Was, wenn seine geliebte Gattin sich zurück ins Arbeitsleben begeben würde? Kochen war ihre Leidenschaft – sie kochte wahnsinnig gut. Und es gab eine Menge Leute, die für gutes Essen viel Geld bezahlen würden. Shawn spann den Gedanken weiter: Vielleicht könnte er jeden Tag ein paar Stunden zu Hause auf die Kinder aufpassen, damit Claire Zeit zum Kochen oder Backen hatte. Die Opportunitätskosten würden sich auf Trainingseinheiten belaufen, die er ausfallen lassen müsste. Auf der anderen Seite aber würde er mehr Zeit mit seiner Familie verbringen und Claire zusätzliche Zeit am Herd bescheren. Einer musste schließlich in Grenzbegriffen denken und Kosten und Nutzen der schrittweisen Änderungen abwägen. Alfred Marshall wäre stolz!

Doch Claire sah diesen Plan skeptisch.

»Wer passt auf die Kinder auf, wenn ich mit Backen beschäftigt bin?«

»Ich«, sagte er und wies sie darauf hin, dass er bei seinem ohnehin gekürzten Gehalt nicht in aller Herrgottsfrüh zur Arbeit müsse. »Ich gehe um elf zur Arbeit, und du hast den Morgen zum Backen.«

»Und wer soll meine Muffins kaufen?«

»Jeder mit einem guten Geschmack«, antwortete er.

»Und *wo*, bitteschön, soll ich sie verkaufen?«, sagte sie. »Soll ich einen Laden eröffnen? Oder sie auf der Straße anbieten?«

»Jetzt mach mal halblang«, meinte Shawn. »Wir geben sie probeweise an ein paar Cafés und schauen, was passiert.«

Und sie probierten es aus.

Claire und Shawn feilten an einem Werbetext, der die Café-Besitzer überzeugen sollte. Claire stellte eine Auswahl an Muffins zusammen und ging damit ins Café um die Ecke. Der Besitzer schaute ein wenig verdutzt, als Claire mit Tablett und zwei Kindern am Rockzipfel in der Tür stand. Claire war so nervös, dass ihr schlecht war.

Doch der Besitzer schien angetan und nahm ihr ein Dutzend Muffins ab. Bis zehn Uhr waren alle verkauft. Und so bestellte er am nächsten Tag zwei Dutzend Muffins bei Claire. Sie konnte einen guten Preis für jeden verkauften Muffin aushandeln und bald die Küche des Cafés zum Backen nutzen. So kam sie mit den Gästen ins Gespräch, lernte viele neue Leute kennen und fand heraus, was sie wollten (Gebäck, Minimuffins, auch mal Kuchen). Der Besitzer schlug vor, das Sortiment entsprechend zu erweitern.

Das letzte Mal, als wir Shawn und Claire trafen, hatten sie noch immer Schulden und gerieten nach wie vor aneinander. Aber sie hatten eine gute Methode entwickelt, die Dinge anzugehen, bevor es zu spät war: in kleinen Schritten denken. Und das hatte bislang in wenigstens einem Fall große Wirkung gezeigt – etwas mehr Geld, etwas mehr Zeit mit den Kindern und für Claire die

Erfüllung ihrer kulinarischen Träume. Und wie hat Claire so schön gesagt? – »Immer einen Muffin nach dem anderen.«

FALLSTUDIE **2**

DIE AKTEURE: *Caroline und Tom*

Seinen Kindern erklären zu müssen, dass Mama und Papa sich auf der Party einer Studentenverbindung kennen gelernt haben, ist wohl nicht ganz das romantische Märchen, das man als Eltern gerne erzählt. Aber es war die Geschichte von Caroline und Tom, und sie standen dazu.

Caroline stand buchstäblich auf dem Kopf, kerzengerade, als Tom sie das erste Mal sah. Und das nach drei Bier. »Wie viele Mädchen, die Sie kennen, können so etwas?«, fragt er uns. Als sie wieder auf den Füßen stand, begannen sie ein lockeres Gespräch.

»Worüber?«, wollten wir wissen.

Doch auf diese Frage schauten uns beide nur mit großen Augen an.

»Weiß ich nicht mehr«, sagte Tom. »Ich dachte nur, an die kommst du nie ran. Keine Chance.«

»Und ich dachte, der erinnert mich viel zu sehr an diesen Fernsehschauspieler«, sagt Caroline.

Aber er bekam seine Chance. Fünf Jahre später heirateten sie.

Beide machten ihren Universitätsabschluss – Caroline in Jura, Tom in Neuropsychologie. Sie hatten oft gehört, wie schwierig es sein kann, bereits während des Studiums verheiratet zu sein, aber darauf gaben sie nicht viel. Ihre Beziehung war stabil.

Nach Beendigung ihres Studiums ergatterte Caroline einen Job bei einer großen Kanzlei. Bald arbeitete sie 80 bis 90 Stunden in der Woche. Auf Abruf der Partnersozietäten musste sie des Öfteren nach Düsseldorf fliegen. Für den häufigen Fall eines bis in die Nacht reichenden Meetings hatte sie stets eine Zahnbürste und frische Unterwäsche griffbereit in der Schreibtischschublade. Das unmenschliche Arbeitspensum kratzte nicht an ihrer Ehe, sagte sie sich, da Tom ohnehin mit seiner Dissertation beschäftigt und stundenlang im Labor zugange war. Außerdem hatten sie ja keine Kinder.

So weit, so gut. Doch es gab ein Problem, das beide außer Acht ließen: Sie sahen einander kaum noch. Langsam, aber sicher lebten sie sich auseinander und waren sehr viel vertrauter mit den Menschen in ihrer unmittelbaren Nähe (Kanzleikollegen, Forschungskollegen) als miteinander. Am Abend aßen sie so gut wie nie zusammen, gingen nie aus und die Kommunikation zwischen den beiden beschränkte sich größtenteils auf E-Mails.

Und wenn sie mal Zeit zusammen hatten, wussten sie kaum etwas zu reden. »Ich kannte ihre Kollegen ja nicht, und so war das, was sie erzählte, für mich nicht sonderlich interessant«, meinte Tom. Caroline kannte zwar ein paar von Toms Kollegen, doch die waren für sie langweilige Wissenschaftler. »Das sind Neuropsychologen! Natürlich sind das Wissenschaftler«, erwiderte Tom darauf. »Aber wenn man sie kennt, dann sind das sehr viel lustigere Gesellen als die Anwälte, mit denen du abhängst.«

Caroline und Tom begannen Seiten aneinander zu sehen, die ihnen zuvor nie aufgefallen waren. Tom empfand Caroline als streitlustig und aufgeblasen, und Caroline hielt Tom bisweilen für passiv-aggressiv und launisch.

Eines Tages lag Tom mit Grippe im Bett. Caroline, die an jenem Abend noch etwas vorhatte, beschloss, ihm eine Pizza nach Hause zu bringen und anschließend ihre Freunde in der Kneipe zu treffen. Das erzählte sie einem Kollegen im Büro, der sie daraufhin ziemlich verwundert ansah. »Er sagte, wenn dein Mann krank im Bett liegt, du ihm nur schnell eine Pizza bringst und gleich wieder weg bist, wird ihn das ziemlich verletzen«, erzählte uns Caroline. Das saß. »Ich betrachtete mich von außen – und was ich sah, gefiel mir gar nicht.«

Das »Pizza-Erlebnis« war für Caroline der Anstoß, mit Tom zu sprechen.

»Was ist mit unserer Ehe los?«, fragte sie ihn und erwartete im schlimmsten Falle einen Streit. Weit gefehlt. Eine wahre Flut brach los. Tom sagte ihr, er habe das Gefühl, sie hätte ihre Träume von einer glücklichen Familie gegen einen seelenlosen Job eingetauscht. Caroline war geschockt, dass jemand, der so gut wie gar nicht hinter seinem Computer vorkam und 50 Stunden die Woche im Labor mit Wiederholungsmustern von Gehirnwellenaktivitäten verbrachte, sie derart angehen konnte.

»Wir fühlten uns beide vernachlässigt und gaben uns gegenseitig die Schuld dafür«, berichtete Caroline. Doch das war nur die halbe Wahrheit. »Während dieser Unterhaltung erkannten wir beide, dass wir uns im Grunde gar nicht mehr kannten und uns möglicherweise auch gar nicht mehr kennen wollten.«

Einige Monate später zog Caroline aus.

DAS PROBLEM: *Versunkene Kosten*

Getrennt zu sein fiel beiden schwerer als gedacht.

»Ich kam in unser verwaistes Zuhause und wollte eigentlich wissen, wie Carolines Tag gewesen war«, berichtete Tom und gab zu, dass er ihre Geschichten aus der Kanzlei vermisste.

Auch Caroline kamen Zweifel. War sie überstürzt ausgezogen? Hatte sie ihrer Ehe keine Chance gelassen? »Ich bin eigentlich keine, die gleich davonläuft, wenn es mal schwierig wird. Es fühlte sich irgendwie nicht richtig an.«

Sie beschlossen, es noch einmal miteinander zu probieren. Aber wie? Das jobbedingte Zeitproblem bestand ja nach wie vor. Caroline war beruflich ebenso eingespannt wie Tom, der gerade dabei war, sich an den renommiertesten Universitäten zu bewerben. Sie hatten kaum Zeit fürs Abwaschen, geschweige denn dafür, ihre Ehe zu kitten. Jetzt kürzer zu treten und die Zeit und das Geld, die bzw. das sie in ihre Karrieren investiert hatten, einfach wegzuwerfen – das brachten sie nicht fertig. »Wir haben Jahre unseres Lebens, Hunderttausende Dollar an Studiengebühren und im Grunde genommen auch unsere Ehe geopfert«, erläuterte Tom.

Was meint die Ökonomie? Sie besagt, dass es Zeitverschwendung ist, den Blick auf vergangene Investitionen zu heften, wenn es gilt, Lösungen für die Zukunft zu finden. Versunkene Kosten sind das, was der Name schon besagt: versunken, begraben, weg. Man muss sie abhaken und den Blick auf künftige Kosten und Nutzen richten – nicht auf Geld, das man bereits ausgegeben hat und nicht mehr zurückbekommen kann.

Was das bedeutet, mussten auch die Nationen Frankreich und

England schmerzlich erfahren. Über viele Jahre hinweg hielten beide Länder an ihren Concorde-Flotten fest, da sie es als Schmach empfunden hätten, die Flugzeuge auszurangieren – zumal beide Länder etliche Milliarden in das gemeinschaftliche Luftfahrtprojekt investiert hatten, um der ganzen Welt ihr technisches Können unter Beweis zu stellen. Auch die NASA muss sich häufig vorwerfen lassen, Geld für aussichtslose Projekte zu verschleudern. Im Jahr 2008 steckte sie zusätzliche 100 Millionen US-Dollar in ein längst überbudgetiertes und immer wieder verschobenes Forschungsprojekt auf dem Mars, was laut dem Astrophysiker und ehemaligen NASA-Projektleiter Alan Stern teilweise darauf zurückzuführen ist, dass es ohnehin bereits 1,8 Milliarden Dollar verschlungen hatte.

Kommen wir noch einmal zurück auf Greg Mankiw und seine Liste der »10 ökonomischen Prinzipien«. Bevor er zum gefeierten Wirtschaftswissenschaftler wurde, hatte er mit seinen eigenen versunkenen Kosten zu kämpfen. Er studierte in Harvard zunächst Jura, wechselte dann auf die Wirtschaftswissenschaftliche Fakultät, begann ein Promotionsstudium, wechselte ein Jahr später wieder auf die Juristische Fakultät, merkte zwei Jahre später, dass ihm die Ökonomie doch sehr viel mehr lag als die Juristerei, kehrte zur Wirtschaftswissenschaft zurück und schloss seine Promotion ab. »Während ich über den Parkplatz von der Juristischen zur Wirtschaftswissenschaftlichen Fakultät ging, wo ich mittlerweile seit 20 Jahren tätig war, erinnerte ich mich an die Irrelevanz der versunkenen Kosten«, sagte er einmal.

Überlegen Sie, wie viele versunkene Kosten Ihnen im Laufe der Jahre schon entstanden sind. All die schlechten Kinofilme, die Sie sich bis zum Schluss ansahen, weil Sie 10 Euro Eintritt bezahlt haben. Oder das Seeigel-Sashimi für 20 Euro, das Sie aufaßen, obwohl es nach ranzigen Algen schmeckte. Die lange Einkaufstour, an deren Ende Sie einen Krokodilledergürtel kauften, den Sie weder wollten noch brauchten, den Sie sich aber zu kaufen genötigt sahen, weil die Shoppingtour ja nicht vergebens sein sollte.

DIE LÖSUNG: **Versunkene Kosten ignorieren**

Caroline und Tom standen vor der Entscheidung: weniger arbeiten und mehr Zeit füreinander haben? Oder wie bisher weitermachen und die endgültige Trennung riskieren? Eigentlich eine leichte Entscheidung, doch die versunkenen Kosten trübten ihren Blick.

Sie beschlossen, alles auf eine Karte zu setzen. Caroline zog wieder ein, und sie und Tom nahmen sich vor, jeden Samstag zusammen zu verbringen, Radtouren zu machen und ins Kino zu gehen. Sie kamen überein, einmal die Woche früher Feierabend zu machen, damit sie gemeinsam zu Abend essen konnten. Doch sie konnten von Glück sagen, wenn ihnen das gemeinsame Abendessen einmal im Monat gelang. Und die für samstags geplanten Radtouren fielen regelmäßig ins Wasser, da mindestens einer von ihnen sich Arbeit mit nach Hause nahm, die nicht bis Montag warten konnte. »Wir waren zwar nicht mehr in einem so tiefen, dunklen Loch wie vorher, aber gestresst und reizbar waren wir noch immer«, sagte Tom.

Die Situation änderte sich schlagartig, als sie den Plan fassten, ein Kind zu bekommen, was aber partout nicht klappen wollte. Monat für Monat waren sie mit Tests zugange, die den genauen Zeitpunkt des Eisprungs anzeigen. Aber es klappte einfach nicht. Sie suchten eine Fachärztin auf, die ihnen riet, die Sache in den kommenden

Monaten entspannter anzugehen und sich nicht unter Druck zu setzen – danach könne man immer noch eine Behandlung beginnen.

»Sie meinte auch, dass wir wahrscheinlich nicht oft genug Sex hätten«, sagte Caroline. »Sie hatte Recht – ich war ja ständig auf Geschäftsreise.«

Sie nahmen sich mehrere Wochen frei und machten einen Campingurlaub. Sie wanderten, lasen, schliefen lange und hatten jede Menge Sex. Und irgendwann während dieses Urlaubs beschlossen sie, die versunkenen Kosten versunken sein zu lassen. Sie erkannten, dass sie ihre Karrieren mit Scheuklappen verfolgten und dabei waren, den Blick für das Wesentliche in ihrem Leben zu verlieren: Familie, Freunde und gelegentlich einen BlackBerry-freien Tag.

Prompt wurde Caroline schwanger.

Wenige Monate später trat Caroline eine weniger stressige Stelle in einer nicht ganz so prestigeträchtigen Kanzlei an, und Tom begann in einem Forschungslabor an der Uni einen Job mit einem ordentlichen Tarifgehalt und regelmäßigen Arbeitszeiten. »Es tat weh, aber ich bin froh, dass wir es durchgezogen haben«, sagte Caroline. »Wenn wir so weitergemacht hätten wie bisher, wären wir heute reich, erfolgreich – und geschieden.«

FALLSTUDIE **3**

DIE AKTEURE: *Abby und Gus*

Abby und Gus lernten sich in Japan kennen – bei einer Investmentfirma, in der es von frischgebackenen College-Absolventen wimmelte, die Auslandserfahrung sammeln wollten. Gus war Südafrikaner, Abby Amerikanerin. Sie diskutierten über Gott und die Welt und verstanden sich auf Anhieb.

Sie lasen einander von ihren jeweiligen Lieblingsautoren vor, wanderten und verbrachten viele Nächte in Sake-Bars.

Sie liebten ihr Arbeitsumfeld, wussten aber auch, dass die Investmentbranche nicht für immer und ewig ihre Sache war. Sie sprachen über die Zukunft, und – zumindest für Abby – klang das so, als würden sie das Gleiche wollen: eine große Familie, häufige Reisen und eine erfüllende Arbeit.

Ein Jahr später verkündete Abby, dass sie es satt sei, jeden Tag bis tief in die Nacht zu arbeiten, um reichen Leuten dabei zu helfen, noch reicher zu werden. Sie war bereit für ein neues Abenteuer.

Sie schlug Gus vor, nach Hongkong zu ziehen. Oder nach London. Oder Mosambik. Qualifiziert und erfahren wie sie waren, würden sie problemlos wieder eine Arbeit finden. »Mich interessierte damals der Bereich Katastrophenschutz«, sagte sie.

Gus meinte, er sei noch nicht so weit, um fest an einem anderen Ort zu leben. Nach seiner Zeit in Japan wolle er erst einmal die Welt bereisen. Abby, so sagte er, »könne gerne mitkommen«.

Gerne mitkommen? »So etwas sagt man zu seinen Kumpels oder seiner Mutter«, entgegnete Abby ihm damals, »aber nicht zu seiner *Freundin,* mit der man den Rest seines Lebens verbringen will.«

Das sei nicht fair gewesen, sagte sie, denn Gus hatte sie glauben gemacht, ihre Beziehung wäre mehr als nur eine College-Liebe. Gus sah das anders. Er hatte eine schöne Zeit mit Abby und wollte keinen Tag mit ihr missen. Es war nicht etwa so, dass er mit ihr Schluss machen wollte, er war nur noch nicht bereit dazu, sich fest zu binden. Er wollte *Erfahrungen* sammeln. Aber deshalb sei er noch lange kein Scheißkerl. Und wie komme Abby eigentlich dazu, sich als Herrscherin des Beziehungsfahrplans aufzuführen? Es war nicht fair von ihr zu erwarten, dass er sich irgendwo mit ihr niederließ, ehe er 30 war.

»Gus war *der* Mann für mich«, sagte Abby. »Ich hatte gar keine Zweifel. Er war auf eine sexy Art selbstbewusst – nicht arrogant. Er hatte ein paar Brocken Japanisch gelernt und gab sich, als hätte er es schon immer gesprochen. Er hatte die Leute in der Bank um den Finger gewickelt, um einen Job zu bekommen, von dem er keinen blassen Schimmer hatte – und fand dann einen Kollegen, der ihn ihm erst mal erklärte.«

Sie hatte angenommen, dass er sich mit ihr ebenso sicher war wie sie mit ihm. Da Abby aber keine war, die gern die Opferrolle übernahm, packte sie ihre Sachen und zog nach London, wo sie einen Job in einer Anti-Atomkraft-Organisation und bald auch einen neuen Freund fand.

Als Gus (der inzwischen etliche Verabredungen mit Mädchen, die Abby nicht annähernd das Wasser reichen konnten, gehabt hatte) erfuhr, dass Abby einen anderen hatte, reagierte er extrem eifersüchtig. Er flog nach London und teilte Abby mit, dass er sie zurückhaben wolle – aber, und das fügte er hinzu, er sei noch immer nicht bereit für die Ehe.

Abbys Reaktion: »Ohne mich.« Sie wollte entweder eine feste und verbindliche Beziehung – oder aber gar keine. »Ob ich bluffte? Ein bisschen schon. Aber ich wollte keine Enttäuschung mehr erleben.«

Gus brauchte ein paar Tage, versprach ihr aber schließlich, sie binnen eines Jahres zu heiraten. Daraufhin machte Abby mit ihrem neuen Freund Schluss.

»Nicht, dass es noch eine andere gegeben hätte«, sagte Gus. »Nein. Ich war einfach etwas langsamer als sie.«

Die Anfangsjahre ihrer Ehe waren ein Traum. Sie bekamen ein Kind und stellten fest, dass sie als Eltern gut harmonierten und in allen Belangen ähnliche Ansichten hatten – sowohl was das Baby als auch was ihre Partnerschaft anging. Sie waren sich einig, dass jeder mindestens einmal die Woche einen freien Abend haben und ausgehen sollte. Die familiären Aufgaben rund um die Betreuung des Babys teilten sie untereinander zu gleichen Teilen auf und auch die berufliche Karriere kam bei beiden nicht zu kurz. Alles lief so weit gut – bis zu jenem Abend, da Abby und Gus in ihrem Lieblingsrestaurant saßen und sie ihm eröffnete, dass sie noch einmal studieren wolle. Medizin. Mit 32.

»Du willst Ärztin werden? Das ist doch verrückt.« Eine nicht gerade positive Reaktion. Sie hatten beide ein gewisses Alter. Waren glücklich. Und schuldenfrei. Wieso alles über den Haufen werfen? Doch die Idee blieb ein Dauerthema, das sie über ein Jahr lang immer wieder diskutierten. Als Abby schließlich entschied, den Sprung ins kalte Wasser zu wagen, stand Gus voll und ganz hinter ihr. Er hatte seine berufliche Erfüllung bereits gefunden, was er auch Abby zugestehen wollte. Und natürlich, so Gus, würde er langfristig auch davon profitieren – emotional wie finanziell.

Die folgenden zehn Jahre waren eine einzige Tortur. Abby kämpfte sich durch das Grundstudium, bewältigte ein irres Lernpensum und wurde obendrein zum zweiten Mal Mutter. »Die Uhr tickte«, erläuterte sie.

Kaum war das Baby da, begann sie einen Job als Assistenzärztin im Krankenhaus – das bedeutete eine Wochenarbeitszeit von gnadenlosen 80 Stunden. »Ich verbrachte doppelt so viel Zeit in der Klinik wie zu Hause«, erzählte sie.

Gus hielt die Familie mit seinem Job als Finanzvorstand einer Webdesign-Firma über Wasser und übernahm zu einem Großteil die Versorgung der Kinder: Er ging mit ihnen zum Arzt, organisierte Babysitter, wenn er auf Geschäftsreise musste und traf sich mit den Lehrern. Abby ging nach Gus ins Bett und stand vor ihm auf.

Tief in seinem Innern wusste Gus, dass sich all die Strapazen eines Tages auszahlen würden, und dass Abby nicht nur für sich selbst, sondern auch für die Zukunft ihrer Familie so hart arbeitete. Doch er fühlte sich zunehmend ausgenutzt und überfordert. Sie gerieten immer öfter aneinander (sofern er das Glück hatte, dass sie ihm überhaupt einmal zuhörte), und er war froh, aus dem Haus zu kommen, wenn sie am Wochenende, selten genug einmal, daheim war. »Ich hatte keine Lust mehr, immer nur ruhig und nett zu sein. Ich war gereizt und wütend«, berichtete er uns.

DAS PROBLEM: *Ungleichheitsaversion*

Niemand mag es, den Kürzeren zu ziehen und am Ende als der Dumme dazustehen. So die nackte Wahrheit aus der Ökonomie. Diese »Ungleichheitsaversion«, unser Wunsch nach gleicher Verteilung der Gewinne, führt uns zu Entscheidungen, die uns nicht immer zum Besten gereichen.

Diese Erkenntnis bedeutete in der Wirtschaftswissenschaft eine radikale Abkehr von der lange Zeit gültigen Grundannahme, wonach der Mensch stets nach dem Prinzip der eigenen Gewinn- oder Nutzenmaximierung agiert. Sinn für Gerechtigkeit ist auf dem freien Markt nicht gefragt. Beispiel: *Ich jobbe für fünf Euro die Stunde im Copyshop, auch wenn alle anderen acht Euro die Stunde bekommen. Fünf Euro sind besser als nichts und in meinem vorherigen Job habe ich auch nicht mehr verdient.*

Halt, nicht so schnell. Sobald die Ungleichheitsaversion zu wirken beginnt, was ziemlich sicher schon am ersten Arbeitstag passieren wird, schmeiße ich den Job wieder hin, weil es absolut ungerecht ist, dass ich weniger verdiene als alle anderen in dem Laden. Ich gehe heim und überlege, mir am nächsten Tag einen neuen Job zu suchen.

»Wenn Sie sich übermäßig darüber grämen, dass der andere mehr haben könnte als Sie selbst, werden Sie ewig unglücklich sein«, erklärte uns Robert Frank, Ökonom an der Cornell University. »Und Sie können auch nichts dagegen tun – das Leben wird nach einer Verteilungskurve bemessen.«

Was hat das mit meiner Entscheidung zu tun, werden Sie fragen.

Nun, Sie müssen abwägen: a) *Job trotz geringfügigem Verdienst behalten* oder b) *Job hinschmeißen, in den Tag hineinleben und kein Geld verdienen.* Wenn Sie sich von Ihrem Gerechtigkeitssinn leiten lassen, entscheiden Sie sich für b). Und stehen dann ohne Geld da.

Vor rund 30 Jahren entwickelten die deutschen Ökonomen Werner Güth, Rolf Schmittberger und Bernd Schwarze ein Spiel, um herauszufinden, inwiefern der Gerechtigkeitssinn ökonomische Entscheidungen beeinflusst. Das sogenannte »Ultimatumspiel« sorgte für eine kleine Sensation in wirtschaftswissenschaftlichen Fachkreisen. Und so funktioniert es:

Sie bekommen 100 Euro zur Verfügung gestellt. Nun müssen Sie entscheiden, wie viel von dieser Summe Sie einer Mitspielerin anbieten, die Sie nicht kennen. Nennen wir diese Mitspielerin der Einfachheit halber Julia.

Die Regeln: Sie können nicht mit Julia sprechen, da Sie sich in einem anderen Raum befinden. Sie können also nicht verhandeln, feilschen oder sich einigen. Sie können nur ein Angebot abgeben. Der Haken: Gefällt Julia Ihr Angebot nicht, kann sie es ablehnen und dann müssen auch Sie auf Ihren Anteil verzichten. Sie gehen in diesem Fall beide leer aus. Natürlich wollen Sie Julia nur den geringstmöglichen Teil anbieten, um selbst den größtmöglichen Batzen einzustreichen. Aber wenn Sie ihr zu wenig anbieten, bspw. lediglich fünf Euro, könnte sie Ihr Angebot als unfair empfinden und es ablehnen.

Vom rein ökonomischen Standpunkt aus betrachtet ergibt Julias Wunsch nach einem »fairen« Angebot keinen Sinn. Bieten Sie ihr nur einen Euro, hätte sie immer noch einen Euro mehr zur Verfügung als vor dem Spiel. Sie müsste sich eigentlich über jeden Betrag freuen, den sie angeboten bekommt. Im reellen Spielverlauf aber lehnten mehr als die Hälfte der Teilnehmer Angebote unter 20 Euro ab. Und da die Anbieter offenbar wussten, dass ihre Mitspieler ein »unfaires« Angebot ablehnen werden, machten zwei Drittel von ihnen Angebote zwischen 40 und 50 Euro. Nur vier von 100 boten weniger als 20 Euro.

Es liegt in unserer Natur

Eine Gruppe ambitionierter Ökonomen und Anthropologen baute das Ultimatumspiel noch weiter aus. Sie wollten herausfinden, wie kleinere Völker dieses Spiel spielen. Ergebnis: Einige Stämme gaben mehr Geld, andere weniger, doch im Allgemeinen erwies sich die (kooperative) Fairness als ein kulturübergreifender Motivator.

Es gab allerdings auch Ausnahmen. Die Lamalera in Indonesien beispielsweise erwiesen sich als ungewöhnlich großzügig und boten im Schnitt 58 Prozent ihres Geldes (als Waljäger, die gemeinschaftlich in Kanus auf Walfang gehen, sind sie das Teilen gewohnt, schlossen die Ökonomen). Am anderen Ende des Spektrums standen die Machiguenga in Peru. Sie boten nur 26 Prozent ihres Geldes – symbolhaft, so die Wissenschaftler, für eine Gesellschaft, die stärker auf die Sippe und weniger auf die Gemeinschaft ausgerichtet ist. Andere Völker wie die Gnau auf Papua-Neuguinea wiederum boten einen relativ hohen Betrag, der aber sehr oft ausgeschlagen wurde. Die Forscher führen dies auf Traditionen zurück, in denen die Annahme von Geschenken als ein Zeichen der Schwäche und Unterordnung gilt.

Der Ökonom Richard Thaler erläutert: »Die meisten Spieler geben eher mehr Geld, denn so wie sie selbst gerecht behandelt werden wollen, behandeln sie auch andere gerecht. Und da beide Spieler gegensätzliche Ziele haben, gehen sie Kompromisse ein.«

Thaler stellt damit heraus, was jedes lang verheiratete oder zusammenlebende Paar weiß: Auf die Fairness kommt es an. Der einzige Unterschied zwischen dem Ultimatumspiel und der realen Partnerschaft ist der, dass in der Ehe sehr viel höhere Einsätze auf dem Spiel stehen als 100 Euro.

Jedes lang verheiratete Paar weiß aber auch, dass Schwarz-Weiß-Denken (*entweder* zusammenbleiben *oder* auseinandergehen) der falsche Weg ist, um Fairness zu erreichen. Fairness ist immer ein bewegliches Ziel (sofern in der Partnerschaft nicht schon alles zu spät ist). Auch wenn man nicht alles als fair empfinden mag, gleichen sich die Dinge über viele Ehejahre hinweg tendenziell aus. Fairness auf kurze Sicht überzubewerten, kann sich auf lange Sicht rächen – und in der Zwischenzeit zu fürchterlichen Kämpfen führen.

Und genau an diesem Punkt fanden sich Gus und Abby auf halbem Weg von Abbys Facharztausbildung wieder.

Gus begann, gegen Abbys Ehrgeiz (eine Eigenschaft, die er einmal sehr an ihr geliebt hatte) einen Groll zu entwickeln. Seine eigene Karriere stagnierte. Gewiss, Abby brachte sich hin und wieder ein, engagierte Kindermädchen und arrangierte Spielnachmittage. Doch der Großteil der Arbeit blieb an Gus hängen. Wenn die Kinder krank waren, kümmerte er sich um sie und blieb zu Hause.

»Ich kann nicht alles alleine machen«, sagte er zu Abby. Oder: »Ich habe nicht geheiratet, um alleinerziehender Vater zu sein.« Oder: »Wann gedenkst du eigentlich, dich auch mal einzubringen?« Und natürlich: »Das ist nicht fair.«

Abby warf Gus Egoismus vor. Ihrer Meinung nach tat sie, was sie konnte, holte die Kinder von der Schule ab, auch wenn sie schon seit 20 Stunden auf den Beinen war. »Ist es etwa fair, dass du mit den Kindern zusammen sein kannst und ich nicht? Ist es fair, dass andere Mütter ihre Kinder morgens zu Gesicht bekommen?«

Abby war wütend auf ihren Mann, der ihr seine Unterstützung zugesichert hatte, sich jetzt aber über die Situation beklagte. Und sie war wütend auf ihre Kinder, die offenbar lieber mit Gus spielten. Und sie war wütend auf sich selbst, weil sie allen diese Quälerei zumutete. »Ich konnte nicht mehr«, sagte sie. »Ich wollte meine Facharztausbildung an den Nagel hängen. Ich wollte mich in mein Bett verkriechen und zwei Monate lang nur schlafen.«

DIE LÖSUNG: *Augen zu und durch!*

In einer Marktwirtschaft, so die Ökonomen, begegnen wir unweigerlich Kompromissen zwischen Fairness (dem, was gerecht ist) und Effizienz (der optimalen Verteilung der Ressourcen). Nicht jeder wird reich, auch wenn das unfair ist. Manche besitzen Firmen, andere arbeiten für diese Unternehmen. Die einen müssen ihre Facharztausbildung beenden, die anderen auf die Kinder aufpassen.

Auf die Ungerechtigkeiten des Lebens fixiert zu sein, macht uns unfähig, mit klarem Verstand über Kompromisse nachzudenken. Das führt mitunter zu sehr ineffizienten Ergebnissen. Und genau darin besteht das Problem.

Die Lösung: Augen zu und durch!

Das ist nicht gerade eine tolle Lösung. Doch der einzige Weg, um gegen die Ungleichheitsaversion anzugehen, ist, sie auszublenden – einzusehen, dass es nichts bringt, sich mit einer *Das-ist-nicht-fair*-Denkweise aufzuhalten. Je mehr wir uns damit aufhalten, desto weniger Zeit haben wir, den langfristigen Nutzen eines Kompromisses zu kalkulieren, die kurzfristigen Kosten zu addieren und letztlich Lösungen zu finden.

Lange Zeit herrschte im Leben von Abby und Gus keine Fairness. Aber Abby hat ihre Facharztausbildung nicht abgebrochen, und Gus hat sich auch nicht aus dem Staub gemacht. Bevor die Dinge allzu sehr aus dem Ruder liefen, haben die beiden Mittel und Wege gefunden, sich weiter durchzubeißen und an dem Kompromiss festzuhalten, den sie vereinbart hatten.

Entscheidend war, Dinge zu finden, von denen beide persönlich ein bisschen und die Gesamtsituation sehr viel profitierte. Zunächst ließen sie die Streitereien um das leidige Thema Fairness bleiben. Dann stießen sie auf immer neue Kleinigkeiten, die das tägliche Leben angenehmer machten. Zum Beispiel stellte sich Abby des Öfteren in die Küche, was ihr sehr viel Freude machte. An ihren seltenen freien Tagen kochte sie im Voraus und fror alles ein. So musste Gus sich nicht jeden Tag um das Kochen kümmern (oder Pizza bestellen). »Ich wollte, dass er und die Kinder sich gesund ernähren«, erklärte Abby. »Ich wollte nicht über Pizza-Kartons stolpern, wenn ich nach Hause kam. Und so hatte ich außerdem das Gefühl, eine gute Mutter zu sein.«

Abby überredete Gus, der früher ein begeisterter Marathonläufer gewesen war, dreimal die Woche von der Arbeit nach Hause zu joggen. »Gus braucht seinen Sport«, erzählte uns Abby. »Und wenn der Babysitter dafür eine Stunde länger bleiben muss, dann ist das eben so.« Abby hatte davon zwar keinen direkten Nutzen, dafür war es für Gus ein großer Gewinn: Er war glücklicher und entspannter. Und so hatten Abby und die Kinder immerhin einen indirekten Nutzen davon.

Alle paar Monate verbrachten Abby und Gus eine Nacht außer Haus. Meist wählten sie ein Motel. »Nicht zu weit weg und nicht zu teuer«, meinte Gus.

Und sie versuchten, ihr Liebesleben in Schwung zu halten. Es gab Monate, da sich nichts weiter tat, als dass sich ihre Zehen unter der Bettdecke berührten. Sie nahmen sich vor, mindestens einmal pro Woche Sex zu haben. Sich dazu zu zwingen, wenn sie kaum die Augen offen halten konnte, kam Abby anfangs wie eine mechanische Pflichtübung vor. Doch wenn sie, so sagte sie sich, ihren Patienten zuliebe die halbe Nacht wach bleiben konnte, dann konnte sie das wohl auch für ihre Ehe. »Es war schon komisch«, erzählte sie uns. »Ich dachte wirklich, ich hätte keinen Funken Energie mehr in mir – schon gar nicht für Sex. Aber ich wollte es trotzdem versuchen, und es ging mir danach sehr viel besser. Ich fühlte mich wieder inniger mit Gus verbunden – zu einer Zeit, in der wir sonst im Alltag nicht viel miteinander zu tun hatten.«

Natürlich waren die beiden nicht perfekt. Sie kabbelten sich nach wie vor darüber, wer von ihnen mehr machte. Wenn Abby nach einer 24-Stunden-Schicht hundemüde nach Hause kam, war Gus oft eher genervt als mitfühlend. Und wenn Gus die Kinder mal anfuhr, bedauerte Abby es manchmal, dass sie nicht so richtig eingreifen konnte: Er war derjenige, der sich mehr mit ihnen beschäftigte, und sie hatte kein Recht, ihm vorzuschreiben, wie er was zu regeln habe.

Die beiden kämpften sich neun Jahre lang durch und gingen gestärkt aus dieser Zeit hervor. Abby kann bis heute nicht glauben, dass sie nun einen »Dr.« vor dem Namen hat, und Gus erzählt voller Stolz, wie heiß seine Frau im OP-Kittel aussieht. »Es war nicht allein *mein* Erfolg«, sagte Abby. »Es war unserer. Ohne Gus hätte ich es niemals geschafft.«

Heute ist Abby wieder mehr für die Kinder zuständig, so dass Gus mehr Zeit für sich hat. Er ist wieder mehr auf Reisen, was er während Abbys Ausbildung nur selten war. Abby arbeitet als Radiologin und hat mit dem Boxen angefangen – ein Sport, der zum »Aggressionsabbau« beiträgt, wie sie sagt. Und obwohl Abby heute nicht mehr als Assistenzärztin im Krankenhaus tätig ist, mutmaßen wir mal, dass sie für Gus gerne Extraschichten im OP-Kittel einlegt.

ASYMMETRISCHE INFORMATION

Oder: Warum Sie mit Ihrem Partner
Klartext reden sollten

Das Prinzip

Die Verabredung lief super. Aaron war total süß. Ein schlauer Bursche mit einem Doktor in Geschichte und einer Festanstellung an einer renommierten Universität. Er war wie Leah jüdischen Glaubens. Er zahlte das Abendessen. Er lachte über ihre Witze. Er brachte sie nach Hause, gab ihr einen Kuss, versuchte aber nicht, ihr noch näherzukommen, schickte ihr am folgenden Tag eine E-Mail und bat sie erneut um eine Verabredung.

Warum also zögerte Leah und sagte nicht einfach zu?

Weil sie die gleiche Frage wie nach jedem auf den ersten Blick erfolgreichen Date quälte: Warum ist er noch Single, wenn er doch so toll ist?

Ihre Freundinnen wollten ihr am liebsten den Hals umdrehen, wenn sie damit ankam: *Du stehst dir selbst im Weg. Ständig findest du das Haar in der Suppe, hör auf damit. Willst du ewig Single bleiben?*

Wir stimmen nicht mit Leahs Freundinnen überein. Wir meinen, dass es ihr um etwas ganz anderes ging.

Worum, das sagen wir Ihnen gleich. Zunächst wollen wir ein kleines Experiment wagen: Sie möchten sich einen Gebrauchtwagen zulegen. Im Anzeigenblatt lesen Sie folgendes Angebot: eine japanische Marke, zehn Jahre alt, 80 000 km, wie neu, Garagenwagen, kaum gefahren, für unglaubliche 500 Euro!

Sie machen sich sofort auf den Weg, um den Verkäufer zu treffen – Sie wissen, so ein Angebot gibt es kein zweites Mal. »Ich will ehrlich sein«, sagt der Verkäufer. »Es geht mir nicht ums Geld. Ich tue nur meiner Großmutter einen Gefallen. Sie ist 90 und sollte nicht mehr Auto fahren.«

»Wann war die letzte Inspektion?«

»Vor ein paar Monaten.«

»Haben Sie die Unterlagen?«

»Nicht bei mir. Aber ich kann sie gerne heraussuchen.«

»Wann hat Ihre Oma den Wagen gekauft? Wissen Sie, wer der Vorbesitzer war? Hatte der Wagen Unfälle?«

»Unfälle? Nein, gar keine. Sehen Sie ihn sich an! Ich denke, meine Großmutter hat ihn neu gekauft … doch, ja, sie hat ihn ganz bestimmt neu gekauft.«

»Haben Sie den Kaufvertrag?«

»Ich kann sie fragen, aber ich bezweifle, dass der noch aufzufinden ist. Meine Oma ist ein wenig verwirrt.«

Ein verlockendes Angebot. Zu schön, um wahr zu sein.

Ökonomen haben für derlei Szenarien einen speziellen Begriff, das Saure-Gurken-Problem (englisch: *Lemon Problem,* daher auch »Zitronenproblem«). Geprägt hat diesen Begriff im Jahr 1970 der Wirtschaftswissenschaftler George Akerlof (der 31 Jahre später dafür den Nobelpreis erhielt). Er verweist in Teilen auf Märkte, in denen eine Person über mehr Information verfügt als die andere – wo also eine »Asymmetrie« der Information gegeben ist – sowie auf alles Negative, das infolgedessen eintreten kann.

Die Gebrauchtwagensituation im Beispiel ist insofern asymmetrisch, da der Verkäufer weiß, dass der Wagen in drei Unfälle verstrickt war, das Getriebe ausgetauscht und der Tacho nach 150 000 km auf null zurückgesetzt worden ist. Sie aber wissen nichts von alledem – und sind daher im Nachteil. Wenn Sie den Wagen nun kaufen, damit nach Hause fahren und er am nächsten Tag nicht mehr anspringt, sind Sie über alle Maßen wütend.

Das Problem der asymmetrischen Information lässt sich auch auf Aaron und Leah übertragen: Aaron weiß, dass er meist das Interesse an einer Frau verliert, sobald er mit ihr geschlafen hat, dass er Bindungsängste hat und keine Kinder möchte. Leah aber weiß nichts von alledem – und ist daher in der nachteiligen Position. Wenn sie sich jetzt erneut auf eine Verabredung mit Aaron einlässt, weil er so nett ist, ihn mit zu sich nach Hause nimmt und danach nie wieder etwas von ihm hört, dann ist sie sicher sehr gekränkt.

Und genau deshalb werfen wir Leah ihr behutsames Vorgehen nicht vor, egal, wie klasse Aaron ihr bei der ersten Verabredung erschienen sein mag.

Ohne vollständige Information können wir keine fundierten Entscheidungen treffen. Und dann treffen wir entweder unfundierte Entscheidungen, was zu einem Reinfall geraten kann, oder aber wir klinken uns komplett aus, was bedeutet, dass wir die Chance auf einen tollen Typen oder ein super Auto verpassen.

Eigentlich völlig logisch, meinen Sie nicht? Ganz so klar war es der ökonomischen Fachwelt nicht, als Akerlof seinerzeit das Problem der asymmetrischen Information formulierte. Denn die Theorien über Konsum und Markt gehen alle davon aus, dass sowohl Käufer als auch Verkäufer über sämtliche relevanten Informationen bezüglich Güter und Dienstleistungen am Markt verfügen. Dieses theoretisches Modell wird als »vollkommene Information« bezeichnet, die postuliert, wie die unsichtbare Hand des Marktes vermeintlich funktioniert.

Akerlof meint, dass die vollkommene Information zu viele Fragen unbeantwortet lässt – etwa: *Warum sollte jemand ein gebrauchtes Auto kaufen? Müsste nicht vielmehr die Tatsache, dass jemand sein Auto überhaupt verkaufen will, nahelegen, dass irgendetwas damit nicht stimmt?*

Akerlofs Fragen offenbaren eine Schwachstelle in der Theorie der vollkommenen Information, nämlich die, dass ein Verkäufer mitunter *mehr* Information über die zum Verkauf stehende Ware zur Verfügung hat als der Käufer. Nur der Verkäufer weiß, ob er dem Käufer einen Rohrkrepierer andrehen will.

Wenn wir diesen Gedanken logisch zu Ende führen, bricht der Gebrauchtwagenmarkt vollständig zusammen. Im Wissen, dass der Verkäufer wahrscheinlich Informationen zurückhält, kann der Käufer ihm von vornherein nicht trauen. Versichert der Verkäufer, dass der Wagen einwandfrei ist, wird der Käufer sich fragen, warum der Verkäufer ihn überhaupt verkaufen will. Bietet der Verkäufer an, im Preis nachzulassen, wittert der Käufer Verzweiflung und wird noch skeptischer. Da der Käufer nicht weiß, ob er ein auf lange Sicht fahrtüchtiges Auto bekommt, will er den Preis so verhandeln, dass er sich nicht total verschaukelt vorkommt, sollte er tatsächlich eine Schrottkiste erwischen. Dieser Preis, so Akerlof, liegt in etwa in der Mitte vom Preis für das Auto im neuwertigen Zustand und dem einer Schrottkarre.

Das Problem: In einem Markt, in dem sowohl neuwertige Gebrauchtwagen als auch Rostlauben angeboten werden, werden die Verkäufer von neuwertigen Fahrzeugen den Markt verlassen, weil sie keinen fairen Preis erwarten können. Übrig bleiben die Schrottkarren. Asymmetrische Märkte sind also für beide Seiten problematisch – auch für Verkäufer.

Und das gilt nicht nur für den Gebrauchtwagenmarkt.

Eine Versicherungsgesellschaft beispielsweise hat das gleiche Problem: Wie soll sie Prämien berechnen, wenn sie nicht weiß, welche Kunden übergewichtige Raucher sind und welche Triathleten, die keinen Alkohol trinken?

Wie kann ein Kreditgeber sich auf eine Zinsrate festlegen, wenn er nicht weiß, welcher Kreditnehmer zuverlässig ist und rechtzeitig seine Raten bezahlt – und welcher nicht?

Wie kann ein Unternehmer einen neuen Mitarbeiter einstellen, wenn er nicht weiß, ob dieser in seinem letzten Job möglicherweise die Kantine angezündet hat?

Wie kann eine Frau (oder ein Mann) sich entschließen, jemanden mit nach Hause zu nehmen, wenn sie/er nicht weiß, ob er oder sie die ganz große Liebe sucht – oder aber nur ein schnelles Abenteuer?

Doch bevor Ihnen die Gebrauchtwagenhändler jetzt leidtun, sei gesagt, dass Versicherer, Kreditgeber, Firmenbosse sowie Singlemänner, die auf der Aufreißermasche reiten, das Problem der Informationsasymmetrie im Wege einer Angleichung der Interessen zu lösen wissen. Seriöse Gebrauchtwagenhändler verkaufen nur werkstattgeprüfte und scheckheftgepflegte Vorbesitzermodelle. Versicherer lassen sich alle Details Ihrer Krankengeschichte vorlegen, um zu prüfen, ob Sie tatsächlich Nichtraucher sind. Kreditgeber nehmen Bonitätsprüfungen vor. Arbeitgeber wollen Referenzen. Und Singles? Nun, für die gestaltet sich die Sache nicht ganz so einfach. Aber da man heutzutage ja so ziemlich alles googeln kann, kommt man so wohl auch eventuellen Psychopathen auf die Spur.

Information ist für Ökonomen normalerweise etwas Positives. Je mehr wir wissen, umso mehr sind wir gerüstet, um kluge Entscheidungen zu treffen – und umso effizienter funktionieren die Märkte.

Das Gleiche gilt für die Partnerschaft. Ein ständiger Informationsaustausch ist unerlässlich, um Ihr kleines Beziehungsunternehmen am Laufen zu halten. Aus diesem Grund rufen Sie Ihren Partner an, wenn Sie sich verspäten, damit er weiß, dass er das Essen warm halten muss. Deshalb machen Sie den Mund auf, wenn Ihre Gefühle verletzt wurden, damit Ihr Partner weiß, dass er sich entschuldigen muss. Und deshalb erklären Sie, Kopfschmerzen zu haben, damit Ihr Partner weiß, dass es nicht an Ihnen liegt, wenn Sie keinen Sex haben möchten, sondern daran, dass Sie im Augenblick *unpässlich* sind.

Was sagen Sie?

Sie reden nicht immer Klartext miteinander? Sie rufen nicht immer an? Ihnen ist manchmal gar nicht nach Reden zumute? Sie fressen alles in sich hinein, bis Sie fast platzen? Sie meinen, er müsse Ihre Gedanken doch lesen können?

Kann es sein, dass es in Ihrer Liebesbeziehung Asymmetrien gibt?

Wie in allen Liebesbeziehungen. Und wir wetten, dass viele Probleme, die unter die Kategorie »Kommunikation« fallen, auf Informationsasymmetrien zurückzuführen sind. Wenn Sie nur bestimmte Details durchsickern lassen, weil Sie nicht wollen, dass Ihr Partner die ganze Geschichte kennt, oder weil Sie seine Reaktion fürchten, dann ist das eine Asymmetrie. Wenn Sie einfach davon ausgehen, dass er weiß, was Sie wollen, was Sie denken oder was Sie gerne wollen, das er tut, und Sie deshalb nicht den Mund aufmachen, dann ist das eine Asymmetrie. Wenn irgendetwas an Ihnen nagt, Sie es aber für sich behalten, dann ist das … jawohl … eine Asymmetrie.

In diesem Kapitel möchten wir Ihnen zeigen, wie es gelingen kann, den Informationsfluss ins Gleichgewicht zu bringen, eindeutige Signale zu senden, Ihrem Partner zu sagen, was Sie meinen, das zu tun, was Sie sagen und schließlich zu erkennen, wann zu viel Information das Gleichgewicht ins Wanken bringt.

FALLSTUDIE **1**

DIE AKTEURE: *Bill und Angela*

Bill und Angela mussten das gesamte Internet abgrasen, bis sie sich fanden. Beide hatten schon Ehen hinter sich und es fiel ihnen anfangs sehr schwer, sich auf Dating-Seiten umzutun.

So verzweifelt bin ich nun auch wieder nicht, dachte Angela.

Und Bills Gedanke war: *Suchen nicht nur verzweifelte Frauen im Internet nach einem Partner?*

Doch beide hatten etliche Freunde, die ihre Partner im Netz gefunden hatten, und so gaben sie sich schließlich einen Ruck und stellten ihr Profil ein.

Bei Bill stand zu lesen: »Restaurateur sucht Tisch für zwei«. Für ihn war der Partnermarkt im Internet wie ein wundersamer Planet voller Frauen, die um nichts weiter baten als um einen Strand-spaziergang oder ein Abendessen bei Kerzenschein. Seinetwegen konnten sie beides haben. Das Leben hatte Bill hart zugesetzt: Seine erste Frau war bei einem Autounfall gestorben, als er Ende 20 war, und seine zweite war mit seinem besten Freund durch-gebrannt. Beim Durchgehen der Profilseiten kam er sich wie »ein Kind im Süßwarenladen« vor. Er hatte dutzende von Verabredun-gen – manche davon waren ganz lustig, manche hätte er sich auch sparen können (wie jene, bei der die Frau den Moment nutzte, als er auf der Toilette war, um den teuersten Wein und das teuerste Gericht auf der Speisekarte zu bestellen).

Bei Angela stand zu lesen: »Hallo, Fremder. Erfolgserlebnis ge-sucht?« Sie war noch nicht bereit, sich sofort wieder in eine Ehe zu stürzen. Mit ihrem ersten Mann war sie, seit kurz nach ihrer Schulzeit, 22 Jahre lang verheiratet gewesen. Nun wollte sie sich austoben und nachholen, was ihr entgangen war. Ihren Schätzun-gen zufolge hatte sie in jenem ersten Jahr ungefähr 100 Verabre-dungen gehabt, darunter genau wie bei Bill jede Menge Idioten. An einen erinnert sie sich besonders: ein angeblich über 1,80 m großes Mathegenie, das in Wahrheit nur knappe 1,60 m maß, bis auf den Cent ausrechnete, wie viel Trinkgeld die Bedienung zu kriegen hatte und sich danach bei ihr das Taxigeld für den Heim-weg leihen wollte. »Damals war es mir egal, wenn eine Verabre-dung mal nicht so lief«, erzählte sie. »Irgendeine Ausrede fiel mir immer ein, um abzuhauen, mich zu Hause an den Computer zu setzen und gleich den Nächsten rauszusuchen.«

Doch schließlich, so Angela, hatte sie genug vom Austoben. Sie hatte genug vom unverbindlichen Sex, von Gesprächen über

Sex und von Martinis zur Happy Hour. Sie sehnte sich nach etwas Festem. Sie begann, ihre Ansprüche höherzuschrauben und sortierte all jene Männer aus, die auf ihren Profilseiten nur Porträtfotos hatten, die angeblich auf Universitäten waren, von denen sie nie gehört hatte, und die mehr als ein Ausrufezeichen in einem Absatz benutzten. Und auch ein allzu aufgeblasener Stil, um Eindruck zu schinden, war ihr suspekt.

Sie war überrascht, wie wenige Männer in ihr Raster passten. Nach mehreren Wochen hatte sie lediglich vier Kandidaten gefunden, die ernsthaft in Frage kamen.

Bill war einer davon.

Bei ihrem ersten Treffen fuhren sie an einen See, wo Bill ein Ruderboot mietete. »Klischeehaft«, meinte Angela. »Aber süß.« Auf der Tour über den See, auf der sie über das Angeln und die Gefahren des Onlinedatings plauderten, wollte Angela von Bill auch wissen, wie er mit seinen beiden halbwüchsigen Kindern aus erster Ehe zurecht käme. »Ich glaube, die hassen mich«, sagte Bill. »Sie haben mir bis heute nicht verziehen, dass ich wieder geheiratet habe. Nachdem ihre Mutter gestorben war, hatten wir nur noch uns. Es war nicht leicht für sie mit einem alleinerziehenden Vater, aber solange ich *allein* blieb, kamen sie klar. Als es mir mit einer neuen Frau schließlich ernst wurde, flippten sie aus.«

Angela hatte schon viele Verabredungen mit Männern gehabt, die Kinder hatten – sie selbst hatte eine Tochter, die auf die High School ging. Aber jeder dieser Männer behauptete, ein »prima Verhältnis« mit seinen Kindern zu haben – keine Hassgefühle nach der Scheidung, alles bestens. Was ihre eigene Tochter betraf, so hatte die seit der Scheidung der Eltern jede Menge Hassgefühle. Und da

253

es wohl kein Kind gerne erlebt, wenn seine Eltern auseinandergehen, fiel es Angela schwer, diesen Männern zu glauben. »Ich glaube, die haben mir das erzählt, weil sie dachten, dass ich das hören wollte«, sagte Angela. »Was ich aber wollte, war Ehrlichkeit.«

Auch Bill war erleichtert, eine Frau getroffen zu haben, die nicht um den heißen Brei herumredete. »Die erste Stunde war noch nicht vorbei, da wusste ich schon, dass sie eine Tochter hatte, die von der Schule geflogen war, dass sie von ihrem Mann jeden Monat einen Unterhaltsscheck bekam, und dass sie in Sachen Dates bereits das halbe Internet durchhatte.«

Sechs Monate später waren Bill und Angela verheiratet.

Als wir die beiden kennen lernten, hatten sie schon einige Ehejahre hinter sich. Sie erzählten uns, dass sie das erste Jahr fast nicht überstanden hätten. Das Problem war die Art, wie sie miteinander kommunizierten – eine Ironie, wenn man bedenkt, wie offen sie einst im Umgang miteinander gewesen waren. Bill zufolge sagte Angela nie, wenn sie wütend auf ihn war. »Sie erwartete von mir, dass ich ihre Gedanken lese«, erzählte er uns. »Ich bin doch kein Gedankenleser. Und ich habe auch keinen Röntgenblick.«

Angela erklärte, es sei ihr sehr schwergefallen, Bill zu sagen, wenn sie auf ihn wütend war. »Ich konnte noch nie gut mit Konflikten umgehen. Die Wut in mich hineinfressen – das kann ich viel besser.« Sie wurde dann leicht reizbar, weinerlich und dachte, er käme so von selbst darauf, dass irgendetwas nicht stimmte und würde sich entschuldigen. Sie erzählte, dass die Spülmaschine das Wasser nicht mehr abpumpte. Bill hatte zugesagt, dass er sie reparieren würde, bräuchte dann aber zwei Wochen, bis er endlich im Baumarkt das entsprechende Ersatzteil besorgte. »Er brachte nichts zu Ende. Das war bei ihm so üblich.«

Üblich wäre, so entgegnete Bill, seinem Mann zu erzählen, was man denkt. Stattdessen würde Angela schnippisch oder schmollend reagieren, was ihn wiederum denken ließ, sie hätte einen schlechten Tag. »Ich fragte sie einmal, ob ihre Periode bevorstünde«, sagte Bill. »Diesen Fehler habe ich kein zweites Mal gemacht.« Angela konnte tage- oder wochenlang in ihrer Schmollecke sitzen und dann wie aus dem Nichts explodieren. Wie bei der Spülmaschine. Bill erzählte, er habe nicht die leiseste Ahnung gehabt, dass Angela vor Wut kochte, bis sie eines Abends die Spülmaschine aufmachte, sie wieder zuknallte und ihn anfuhr, sie würde sich die Kugel geben, wenn sie das Geschirr weiterhin mit der Hand spülen müsse.

DAS PROBLEM: *(Un-)Gleiches Signalniveau*

Bill war ja nicht dumm. Er wusste, dass die Spülmaschine noch immer kaputt war. Die Reparatur stand zusammen mit anderen Dingen auf seiner mentalen To-do-Liste. *Wann* er sich um all diese Dinge kümmern wollte, darüber machte er sich allerdings keine Gedanken – er würde sich schon irgendwann darum kümmern. Was er letztlich auch tat.

Was ihm aber nicht bewusst war: Auch Angela führte eine mentale To-do-Liste. Und zwar über all die Dinge, die Bill noch nicht erledigt hatte. Und ganz oben auf ihrer Liste stand … die Spülmaschine.

Nun mögen Sie vielleicht sagen, dass Bill, wo er doch wusste, dass die Spülmaschine kaputt war, hätte ahnen können, dass Angela deswegen wütend war. Möglicherweise aber auch nicht (zumindest was das Maß ihrer Wut anbelangt), wie Wirtschaftswissenschaftler argumentieren würden, denn sie hatte sich ja nie entsprechend geäußert.

Infolgedessen entstand ein Informationsdefizit auf Bills Seite – und er machte weiter wie gehabt: küsste Angela, wenn sie von der Arbeit nach Hause kam, veralberte sie, wenn am Salat mal wieder das Salz fehlte … und schob die Reparatur der Spülmaschine weiter auf die lange Bank.

Viele von uns, besser gesagt wir alle, haben für dieses klassische Szenario von der wütenden Frau und dem ahnungslosen Mann einen speziellen Begriff – »Ehe«. Die Ökonomie hat dafür einen anderen Namen: *Pooling Equilibrium* (wörtlich: »zusammenwirkendes Gleichgewicht«). Das heißt, dass aus den ausgesendeten Signalen keine Schlussfolgerung gezogen werden kann, weil sich die zusammenwirkenden Kräfte aufheben. Man kann nicht zwischen zwei Dingen unterscheiden, weil die nötige Information fehlt. Beispiel: *Wie kann ich dich glücklich machen, wenn du dich in der immer gleichen Weise gebärdest, ob du nun unglücklich oder glücklich bist.*

Auch in der realen Welt kommen solche »zusammenwirkenden Gleichgewichte« vor. Beispielsweise wenn ein Firmenchef zwei Lebensläufe von zwei Bewerbern vorliegen hat: Beide sind angeblich Harvard-Absolventen. Nun könnte es doch sein, dass der eine Bewerber ein echtes Hochschulzeugnis vorlegt, der andere jedoch ein gefälschtes. Welches das echte und welches das falsche ist, weiß der Firmenchef nicht und bietet daher ein Gehalt, das einem

Harvard-Absolventen angemessen ist. Doch es könnte sein, dass er aufgrund der fehlenden Information den falschen Bewerber wählt und am Ende das Nachsehen hat.

Ein Kreditgeber erlebt ein »zusammenwirkendes Gleichgewicht«, wenn er nicht zu sagen weiß, welcher Kreditnehmer zuverlässig und welcher mit seinen Zahlungen stets unpünktlich ist. Er muss aber jedem gleich hohe Zinsen berechnen – das ist zwar nicht gut für das Geschäft (denn das vertreibt die zuverlässigen Kunden), aber kostenbewusst.

Die meisten Menschen bevorzugen ein sogenanntes »Separating Equilibrium« (wörtlich: separierendes Geleichgewicht). Dabei ist es möglich, Signale eindeutig zu unterscheiden – oder die guten von den schlechten Kunden, wie in unserem Beispiel. Aber dafür braucht es Informationen. Informationen, die nur der jeweils andere liefern kann (sofern dieser entscheidet, es zu tun).

DIE LÖSUNG: **Signale senden**

Vielleicht erinnern Sie sich noch an dieses Konzept, das wir bereits in Kapitel 3 angesprochen haben. Es ging dort um die Frau, die begann, eindeutige Signale auszusenden, um ihrem Mann zu vermitteln, dass sie »in Stimmung« war.

Signale sind das mit am häufigsten benutzte Mittel, um Informationen zu transportieren und Informationsasymmetrien auszugleichen. Die informierte Partei gibt Informationen an die uninformierte weiter. Diese »guten« Signale sind mit Fakten gespickt. Und je mehr sie den Absender an Zeit, Geld und Mühe kosten, desto glaubhafter sind sie.

Wenn Sie Ihr Auto verkaufen wollen und einem potenziellen Käufer ungefragt Inspektionsbericht und Unfallprotokoll vorlegen, signalisieren Sie ihm, dass der Wagen wahrscheinlich nicht im nächsten Moment den Geist aufgeben wird.

Wenn eine Firma einen millionenteuren TV-Werbespot während des Endspiels der Fußball-Weltmeisterschaft schaltet, signalisiert sie dem Zuschauer, dass ihre Produkte ihr Geld wert sind.

Werbespots für Gymnastikbälle, die Astronauten auf Weltraumstationen benutzen, signalisieren eine große Strapazierfähigkeit. Davon sind die Hersteller dieser Bälle so überzeugt, dass sie eine hundertprozentige Geld-zurück-Garantie versprechen, sollten Sie nicht zufrieden sein.

Ganz so viele kreative Einfälle (wie Geld-zurück-Garantien oder Kauf- und Garantiebelege) brauchte Angela zum Glück nicht, um die richtigen Signale zu finden. Sie konnte Signale setzen, indem sie Worte oder sogenannte »nette Gesten« benutzte, wie es (Ehe-)Paare hin und wieder tun. Signale zu senden, egal welche, erfordert zwar einiges an Mühe, doch diese Anstrengung wiederum hilft, ihre Glaubwürdigkeit zu steigern.

»Nur ein Wort von dir, das ist alles, was ich brauche«, meinte Bill zu ihr. »Irgendeins, damit ich weiß, was du von mir willst. Und ich verspreche dir, dass ich kein Mordsding daraus machen werde.«

Angelas erster Mann hatte ihr nie eine derartige Versprechung gemacht. Er war im Umgang mit Konflikten genauso schlecht wie sie, nur hatte er seine Wut nicht in sich hineingefressen, sondern herausgebrüllt und mit den Türen geknallt. »Ich konnte mich glücklich schätzen, einen Mann wie Bill zu haben, der mit Herz und Gefühl auf mich eingeht und nicht sein aufgeblasenes Ego auf mich loslässt.«

Angela nahm sich vor, Bill beim nächsten Mal darauf anzusprechen, wenn sie ihrer mentalen To-do-Liste einen weiteren unerledigten Punkt hinzuzufügen hatte. An einem Freitag, wenige Tage, nachdem die Terrassentür aus der Angel gekippt war, beschloss sie, Bill zu bekochen. Zusätzlich legte sie ihm einen Zettel mit einer kleinen, aber unübersehbaren Botschaft auf den Teller: »Ein Mann mit einem Hammer und einer neuen Türangel in seinen Händen macht mich so richtig an … besonders, wenn DU dieser Mann bist.«

Die Tür hat Bill am nächsten Tag repariert. Vielleicht auch am übernächsten. Egal. Was zählt, ist, dass dieser Punkt auf seiner mentalen To-do-Liste augenblicklich auf Platz eins schoss und eiligst abgehakt wurde.

FALLSTUDIE **2**

DIE AKTEURE: *Kate und Dave*

Kate und Dave sind seit 15 Jahren verheiratet. Sie lernten sich auf der Juristischen Fakultät in einem Seminar über Verfassungsrecht kennen. Eins verband sie von Anfang an – ihr Alter. Sie waren die Einzigen, die bereits über 30 waren, inmitten von Hunderten Mitstudenten, die frisch vom College kamen.

»Als Dave mich das erste Mal um eine Verabredung bat, sagte er in etwa ›*Ich bin aus den Kinderschuhen heraus, und du auch, also lass uns etwas zusammen unternehmen*‹«, erzählte uns Kate.

»Nicht gerade sehr einfallsreich, aber ich hatte damals praktisch kein soziales Leben. Also warum nicht.«

Bei ihrem ersten Date stellten Kate und Dave fest, dass sie noch etwas anderes verband: Sie hatten vor ihrem Jurastudium beide als Lehrer gearbeitet. Kate war etliche Jahre über das Peace Corps in Mittelamerika gewesen, wo sie in einer Grundschule in einem kleinen Ort in Costa Rica unterrichtet hatte. Dave unterrichtete Geschichte an einer Charter School in der Bronx und jobbte als Barmixer.

Sie verabredeten sich ein zweites Mal, ein drittes Mal, und ehe sie sich's versahen, waren sie schon zusammen. Nach ihrem Studienabschluss bekamen beide einen Job als Prozessanwalt in einer großen Kanzlei in Philadelphia. »Nicht unbedingt die ›tolle‹ Arbeit, die wir uns vorgestellt hatten, aber eine ›interessante‹ Arbeit allemal«, sagte Dave. »Außerdem mussten wir jede Menge Schulden zurückzahlen.«

Im Laufe der Jahre machten beide Karriere. Sie genossen die Hochachtung ihrer Kollegen und vermochten die Geschworenen so gut wie von allem zu überzeugen. In ihrem »Job« als Ehepaar waren die beiden aber nicht annähernd so souverän und beeindruckend.

Das lag daran, dass sie sich häufig stritten. Kleine Kabbeleien und Missverständnisse eskalierten zum handfesten Krach. Dave gab zu, dass es teilweise seine Schuld war: Wenn er sich aufregte, machte er völlig »zu«, und das verschlimmerte die Sache meist noch. Doch das, so sagte er, käme daher, dass Kate, wann immer er versucht hatte, mit ihr zu reden, sich wehrte, ihre Schuld abstritt oder Anschuldigungen vorbrachte. »Willkommen bei Anwalts zu Hause«, meinte Dave lakonisch.

Kate gab zu, dass sie aus Daves Äußerungen schnell Kritik heraushörte, auch wenn er gar nichts zu bekritteln hatte. Allerdings, so fügte sie an, fahre er bei der kleinsten Kleinigkeit aus der Haut – und wenn sie sich wehrte, dann nur, weil er sie immer attackierte. »Er organisiert sein Leben mit militärischer Effizienz. Ich bin da lockerer«, sagte Kate und fügte hinzu, dass sie in dieser Hinsicht den traditionellen Geschlechterklischees trotzten.

Zum Beispiel erzählten uns die beiden von einem Abend, an dem Kate spät von der Arbeit nach Hause kam – was zwar nicht jeden Tag vorkam, aber auch nicht völlig ungewöhnlich war. Sie ging auf die Haustür zu, das iPhone in der Hand. Dave machte ihr auf, die Küchenschürze umgebunden, ein Strahlen im Gesicht. Kate fand ihn in diesem Aufzug umwerfend, musste aber noch eine E-Mail zu Ende tippen, weshalb sie den Finger hob, um ihm zu bedeuten, dass sie gleich für ihn da wäre.

»Rate mal, was ich …«, sagte Dave.

»Gleich«, antwortete Kate. »Ich muss nur eben noch …, Mann, so was Ärgerliches … dieser Typ gibt einfach keine Ruhe … Herrgott noch mal …«

Kate folgte ihrem Mann ins Haus und sah nicht, wie das Strahlen in seinem Gesicht zu einer Grimasse gefror. Dave war an jenem Tag früher nach Hause gekommen, hatte sich einen Wein aufgemacht und mit dem Kochen begonnen. Er hatte allen Grund zu feiern: Er hatte einen Fall gewonnen, an dem er über ein Jahr lang gearbeitet hatte.

Guter Plan. Falscher Abend.

Kate war nach einem langen Tag erschöpft. Sie schien keine Zeit für ihn zu haben oder wahrzunehmen, dass er am Herd zugange war. Als sie ihre wichtige E-Mail schließlich abgeschickt hatte und ihn begrüßen ging, war es zu spät. Daves gute Laune war wie weggeblasen.

»Was für ein Tag!«, sagte Kate und ließ sich auf einen Stuhl fallen und schenkte sich ein Glas Wein ein.

»Ach ja?«, fragte Dave ironisch und mühte sich, nicht an die Decke zu gehen. »Wenn du das sagst.«

»Du hast ja keine Ahnung«, gab Kate zurück, die bereits wieder mit ihrem Handy zugange war, während sie sich weidlich ausließ … über ihr Mittagessen mit jenem Richter, für den sie früher gearbeitet hatte und der sie heute drei volle Stunden in Anspruch genommen habe, weshalb ihr keine Zeit mehr blieb, sich auf ihren nächsten Fall vorzubereiten und sie deshalb improvisieren musste …

Dave sagte keinen Ton. Er schlug nur die Ofenklappe zu, hinter der der Spargel vor sich hin dünstete und schmiss die Backofenhandschuhe auf den Küchentresen.

»Alles okay?«, fragte Kate.

»Ja«, sagte Dave und hackte wild auf eine Zwiebel ein. »Alles prima.«

»Du wirkst irgendwie gestresst. Wirklich alles okay?«, fragte Kate erneut und hatte mal wieder das vage Gefühl, nicht zu wissen, woran sie mit ihm war. Sie wünschte, er würde mit der Sprache herausrücken, hatte aber gleichzeitig Angst, die Wahrheit zu hören – Angst, dass der Abend dann vollends ruiniert wäre.

»Mmmm« – war alles, was Dave von sich gab.

DAS PROBLEM: ***Offenbarte vs. statuierte Präferenzen***

Dave *sagte* zwar, dass alles bestens sei, aber so, wie er sich verhielt, deutete alles auf das Gegenteil hin. Kate *sagte* er zwar, dass es ihm nichts ausmache, dass sie spät heimgekommen war und sich anscheinend kaum von ihrem Handy losreißen konnte, aber er war wütend genug, den Spargel verkochen zu lassen.

Ein Ökonom würde hier darauf verweisen, dass Daves »statuierte Präferenzen« in grobem Widerspruch zu seinen »offenbarten Präferenzen« standen – und außerdem darauf, dass statuierte Präferenzen weniger verlässliche Indikatoren für unsere wahren Gefühle und Wünsche sind. Eines der klassischen Beispiele dieser Diskrepanz ist der sogenannte »Bradley-Effekt«, benannt nach Tom Bradley, Bürgermeister von Los Angeles und erster Afroamerikaner in diesem Amt, der 1982 erfolglos für das Amt des Gouverneurs von Kalifornien kandidiert hatte, obgleich er sowohl in den Meinungsumfragen als auch in den Wahltagsbefragungen deutlich vorne lag. Vor der Wahl behaupteten die Befragten, kein Problem mit einem Afroamerikaner als Gouverneur zu haben. Doch am Wahltag, in der Privatheit der Wahlkabine, gab die Mehrheit dem weißen Gegenkandidaten ihre Stimme.

Oder nehmen wir das Beispiel Eiscreme: Der jüngsten Gallup-Umfrage zufolge möchten 55 Prozent der Amerikaner abnehmen. Doch die Eisdielen können sich über mangelnde Kundschaft nicht beklagen. Nur 27 Prozent der Amerikaner gaben denn auch an, *ernsthaft* abnehmen zu wollen. Taten sagen mehr als Worte. Dankeschön, ihr lieben Ökonomen.

Eisverkäufer können offenbar zwischen dem, was wir sagen,

und dem, was wir wirklich wollen, sehr gut unterscheiden. Ehe-
leute untereinander können das oft nicht. Wir achten darauf, was
unser Partner sagt, und sind dann verwirrt, frustriert oder wütend,
wenn den Worten keine Taten folgen.

Wie aus statuierten Präferenzen offenbarte Taten werden, zeigt
die folgende Liste mit einigen Beispielen, von denen Ehepaare uns
berichtet haben:

WORTE	TATEN
»Ist mir egal, was wir heute essen.«	Weigert sich, Sushi essen zu gehen.
»Ich mache sauber.«	Sieht fern.
»Wir brauchen dringend Urlaub.«	Vergisst, den Urlaub einzureichen.
»Wir sollten mehr Sex haben.«	Schläft auf dem Sofa ein.
»Ich passe heute Abend auf die Kinder auf.«	Kommt zu spät nach Hause.
»Ich werde niemals an den Stadt-rand ziehen.«	Verbringt die Wochenenden auf Hausbesichtigungen.
»Wir müssen uns an unser Budget halten.«	Kauft ein Heimkino.
»Dieses Jahr pflanze ich die Springkräuter ein.«	Sieht dem Unkraut beim Wachsen zu.

Auch in Daves Fall waren seine Worte (»Alles bestens«) für Kate
mit seinen Taten (den eingeschnappten Miesepeter spielen und
das Essen verkochen lassen) nicht in Einklang zu bringen. Und *warum* hat er nichts gesagt? Weil er Angst vor ihrer Reaktion hatte.
Doch den Mund zu halten, war der Situation auch nicht förderlich.

Die Wahrheit sagen

Je mehr Dave *behauptete,* dass alles bestens sei, sich aber nicht so *verhielt,* desto mehr suchte Kate vergeblich nach dem Problem.

Die offensichtliche Lösung (offensichtlich für jeden außer für Dave) war die, dass er aussprach, was in seinem Kopf vor sich ging. Er konnte sich an die Fakten halten, so wie er das im Job tat – »Kate, es ärgert mich, dass du nie anrufst, wenn du dich verspätest, und dass du ständig mit deinem Handy zugange bist, um mit irgendwem zu kommunizieren anstatt mit mir. Ich hätte heute gerne ein schönes Abendessen mit dir gehabt, weil ich einen echt tollen Tag hatte, aber jetzt habe ich schlechte Laune.«

Klartext zu reden, das tut gut, merken Sie es?

Hätte Dave klar ausgesprochen, was er denkt, hätte Kate reagieren können: »Los, erzähl zuerst, was an dem Tag heute so toll war. Und danach entschuldige ich mich für die Verspätung und gebe zu, dass das Handy nicht wichtiger sein kann als du. Aber los, erzähl schon, ich bin gespannt. Inzwischen mache ich das Essen fertig. Und nach dem Essen wasche ich ab, reiße dir die Kleider vom Leib, und wir haben Sex.«

Doch nehmen wir mal an, Kate und Dave bekommen diese Seiten hier nie zu lesen. Nehmen wir an, Dave behält seine Gefühle weiterhin für sich. In diesem Fall würde der Wirtschaftswissenschaftler den Ball Kate zuspielen und ihr raten, einen »Wahrheitsmechanismus« anzuschieben, der Dave dazu bringt, den Mund aufzumachen.

Ein Wahrheitsmechanismus ist ein Modell, das von einem »Prinzipal« (dem Auftraggeber, der einen Agenten zu einer bestimmten

Handlung bewegen will) und einem »Agenten« (dem Auftragnehmer, von dem die Ausführung einer bestimmten Handlung erwartet wird) ausgeht. Beispiele für Prinzipale und Agenten sind: Chef und Angestellter, Versicherer und Versicherter, Professor und Student. Das »Prinzipal-Agenten-Problem«, so wie die Ökonomie es kennt, entsteht immer dann, wenn der Agent nicht geneigt ist zu tun, was der Prinzipal von ihm will. Um ihn anzustoßen, die verlangte Aufgabe zu erfüllen, muss der Prinzipal dem Agenten lohnende Anreize bieten. Firmenchefs winken mit Lohnerhöhungen. Versicherer bieten unfallfreien Fahrern niedrigere Beiträge. Professoren verfassen Empfehlungsschreiben für herausragende Studenten.

Will der Prinzipal, dass der Agent die Wahrheit sagt, kann er einen sogenannten Wahrheitsmechanismus einführen. Zum Beispiel droht die Steuerbehörde (Prinzipal) dem Steuerzahler (Agenten) mit einer Steuerprüfung, um die Chancen auf eine wahrheitsgemäße Angabe seines Einkommens zu erhöhen. Dating-Websites (Prinzipal) führen Kontrollen durch, um dem Partnersuchenden (Agent) vorab Informationen über die Vergangenheit eines potenziellen Partners zu liefern.

Was nun unsere Prinzipalin Kate angeht, so müsste sie ihrem Agenten Dave lediglich beteuern, dass er getrost und ungestraft seine Gedanken aussprechen kann. Um dies glaubwürdig zu machen, sollte sie ihm also nicht aufs Dach steigen, sobald er seine Wut in Worte fasst. Das geschieht nicht über Nacht, aber sie könnte diesem Ziel mit kleinen Schritten entgegengehen: »Kein Problem« oder »Tut mir leid« – das wären für den Anfang schon mal die richtigen Worte.

266

Womit wir nicht sagen wollen, dass Kate Dave in allem nachgeben und sich seinem Willen beugen soll. Aber zuhören und nicht defensiv reagieren – das würde schon mal sehr weiterhelfen.

Es mag Ihnen vielleicht unromantisch vorkommen, auch Ihre Partnerschaft als eine Beziehung zwischen »Prinzipal« und »Agent« zu definieren. Andererseits sind »Mann« und »Frau«, wenn man so will (und das wollten Sie einmal unbedingt!), das amouröse begriffliche Pendant dazu. Immerhin sind Prinzipal und Agent in ihren Rollen variabel, je nach Situation. Das heißt, es hängt nie von einer Person allein ab, ein Problem zu lösen.

Leider hatten weder Kate noch Dave damals dieses Buch gelesen. Und so kam Kate nicht auf die Idee, sich einen Wahrheitsmechanismus auszudenken, um Dave die nötigen Informationen zu entlocken, die ihr zur Beurteilung seines Handelns fehlten. Somit blieb Dave an jenem Abend stumm, ließ nichts über seinen Tag verlauten – und er und Kate hatten natürlich auch keinen Sex.

FALLSTUDIE **3**

DIE AKTEURE: *Scott und Maddie*

Scott liebte Maddie wirklich sehr. Er dachte, sie könnte seine Traumfrau sein! Aber ... was, wenn nicht? Seine Erfolgsbilanz in diesen Dingen war miserabel. Nachdem er die Verlobung mit einer Frau (deren Namen er nie wieder aussprechen will) gelöst hatte, tuschelte man im Familien- und Freundeskreis darüber, dass man sie sowieso nie gemocht hatte. Scott hätt ausrasten können. Wenn sie sie schon nicht gemocht hatten, so fragte Scott sich, warum hatten sie *die ganzen fünf Jahre seiner Beziehung hindurch nichts gesagt? Du schienst uns so verliebt,* bekam er zu hören, *da dachten wir, sie sei zu dir vielleicht ganz anders als wir sie erleben.*

Diesmal wollte Scott alles besser machen und beschloss, Maddie seiner besten Freundin Liz vorzustellen. Wenn Liz ihm ihren Segen gab, wollte er den nächsten Schritt wagen. Wenn Liz aber auch nur die leisesten Zweifel hätte, würde er es in Erwägung ziehen, Maddie den Laufpass zu geben. Liz hatte einen klaren Blick für die Dinge, führte selbst eine glückliche Ehe, kannte Scott seit einer Ewigkeit und wollte nur sein Bestes. Außerdem: Sie beschönigte nichts.

Zu Maddie sagte er ganz offen: »Ich mag dich sehr, und du könntest meinem Gefühl nach die Richtige sein. »Aber ich möchte, dass du meine Freundin Liz kennenlernst.«

»Und wieso möchtest du das?«

»Weil ich Liz vertraue und es mich interessiert, was sie denkt«, sagte Scott. »Von dir.«

»Aha«, sagte Maddie. »Ich dachte, es käme nur darauf an, was du von mir denkst.«

»Schon! Ich finde dich … ganz toll. Aber ich habe dir ja erzählt, wie es mir mit der Frau vor dir ergangen ist, und nun traue ich mir selbst nicht mehr«, sagte Scott.

Maddie war gekränkt. Wozu eine Richterin? Sie konnten doch auch ohne eine dritte Person herausfinden, ob sie füreinander geschaffen waren. Wieso sollte irgend so eine Trulla namens Liz über das weitere Schicksal ihrer Beziehung entscheiden? Das war doch absurd!

Doch nachdem Scott sie förmlich bekniet hatte, ließ sie sich erweichen. »Ich dachte, sollte Scott mir tatsächlich den Laufpass geben, nur weil irgendeine Freundin ihm das einflüsterte, war er sowieso nicht der Richtige für mich. Insofern sah ich es auch als Probelauf für ihn«, erzählte uns Maddie.

Und so trafen sich die drei zum Abendessen (während Liz' Mann zu Hause die Kinder hütete). Es wurde ein langer, feucht-fröhlicher Abend, der damit endete, dass Liz vermeldete, Maddie habe ihren Segen. Maddie wiederum ließ verlauten, dass sie Scott nun umso lieber mochte, weil er Freundinnen wie Liz hatte. »Ich kam mir vor, als hätten wir geheiratet«, sagte Maddie. »So lächerlich offiziell war das Ganze.«

Scott und Maddie heirateten tatsächlich und scheinen auch heute so glücklich wie am ersten Tag. Der eine konnte über die Witze des anderen lachen, auch wenn sonst niemand lachte, sie hatten Jobs, die ihnen Luft ließen, um viel Zeit mit ihren beiden Töchtern zu verbringen, besuchten gemeinsam Kochkurse und spielten zusammen in einem Softball-Hobbyteam. Sie hatten das, was man eine ausgeglichene Beziehung nennen könnte.

Von außen betrachtet.

Von innen betrachtet sah es anders aus. Auch Scott und Maddie hatten ihre Konflikte, wie jedes andere Paar auch. In ihrem Fall war aber der Konflikt an sich das Problem.

Scott gab uns ein Beispiel eines Streits, der noch nicht allzu lange zurücklag und in dem es um das liebe Geld ging: Maddie wollte einen Finanzplan aufstellen, an den sich beide zu halten hatten. Scott hingegen wollte von Finanzen nichts wissen. Doch Maddie meinte, dass es nicht so weitergehen könne, denn wenn sie jetzt nicht anfingen, das Geld vernünftig einzuteilen, würden sie nie einen Cent auf der hohen Kante haben; sie würden nie einen ruhigen Lebensabend verbringen und sich nie ein größeres Haus leisten können.

Scott hatte dafür Verständnis, sah aber nicht ein, wieso sie nicht sparen könnten, indem sie ihr Geld bewusster ausgaben. Mit einem Finanzplan, so Scott, käme er sich vor wie ein kleiner Junge mit Taschengeld.

An dieser Stelle setzte Maddie jedoch noch einen drauf. Es ging plötzlich nicht mehr um den Finanzplan, es ging darum, dass er kein Gefühl für ihre »Bedürfnisse« hatte. Und er denke auch nicht an die *Kinder,* fuhr sie fort. Sie sei in letzter Zeit sehr angespannt, da ihre Auftragslage ziemlich mau aussehe. Die Ausgaben für Lebensmittel seien in den vergangenen Wochen ungewöhnlich hoch gewesen. Rund um das Haus sehe es aus wie auf einem Schrottplatz, weil Scott keine Ordnung halte. Wenn das so weitergehe, müssten sie einen Putzdienst engagieren, was ihr Budget sprengen würde.

Scott erinnerte sich vage, dass er im Hinterkopf einiges von dem, was sie ihm an den Kopf warf, als faktisch richtig registriert hatte. Ja, er war eigensinnig. Und ja, er hätte seiner Frau mit diesem Finanzplan eine Freude machen können. Wahrscheinlich legte sie sowieso einen an. Aber dass er nicht auf ihre Bedürfnisse einging oder auf die der Kinder? Und der Garten, eine Müllhalde? Wohl kaum. Lag er falsch oder richtig? War er ein guter Mensch oder ein schlechter?

DAS PROBLEM: **Hohe Informationsverarbeitungskosten**

Maddie redete und redete. Scott konnte gar nicht mehr aufnehmen, was sie sagte. Er machte dicht und hörte ihr nicht mehr zu. Ein Streitmuster, das sich eingeschliffen hatte.

»Da stritten wir über irgendetwas, und plötzlich knallte sie mir sämtliche Missstände gleichzeitig hin, als müsste ich alles auf einmal bereinigen oder ihren Sandsack spielen«, erzählte er uns.

»Ein Problem erinnerte mich an ein anderes, und ich wollte eben alle Probleme beseitigen«, sagte Maddie.

Zu ihrem Leidwesen jedoch antwortete Scott nie mit einem

WAS DIE LEUTE SAGEN ...

Über Ehrlichkeit

In unserer Umfrage wollten wir von den verheirateten Paaren wissen, wie sich ihr Kommunikationsverhalten im Laufe der Jahre verändert hat, und wann und warum sie begannen, Informationen für sich zu behalten. Hier das Ergebnis:

- Die meisten Befragten bedauerten es mehr, *zu* ehrlich gewesen zu sein (42 Prozent) als unehrlich gewesen zu sein (35 Prozent).
- 42 Prozent gaben zu, ihrem Partner wichtige Informationen vorzuenthalten.
- Zu den Gründen dafür zählen:

  89 Prozent gaben an, ihren Partner nicht beunruhigen zu wollen.

  72 Prozent gaben an, ihr Partner würde die Sache nur aufbauschen.

  67 Prozent gaben an, keine Lust zu haben, sich in langatmige Diskussionen verstricken zu lassen.

  48 Prozent gaben an, es sei ihnen peinlich.

  43 Prozent gaben an, keine Kompromisse eingehen zu wollen.

271

»Maddie, du hast ja Recht.« Stattdessen fiel Scott in ein regelrechtes Konversationskoma.

Maddie machte die Dinge *zu symmetrisch* – Scott sollte um *alle* Probleme wissen, nicht nur um die, die im Moment anstanden.

Andere Paare, die wir befragt haben, sagten das Gleiche. Im Versuch, alles offen zu kommunizieren (um Informationsasymmetrien zu beseitigen), würden sie hin und wieder über das Ziel hinausschießen.

Ein Zuviel an Information (Informationsüberfluss) ist auch der Ökonomie als Phänomen bekannt. Ein derartiger Informationsüberfluss kann zu hohen Informationsverarbeitungskosten führen. Das sind die Kosten zur Verarbeitung aller Informationen, die wir benötigen, um eine Entscheidung treffen zu können. Stellen Sie sich im Supermarkt den Gang mit den Müslipackungen vor. Die Menge des Angebots kann zu stundenlanger Unentschlossenheit führen. Und malen Sie sich aus, wie viel Zeit wir sparen würden, wenn es nur zwei Müslisorten zur Auswahl gäbe.

Forschungen zeigen, dass ein Zuviel an Information uns lähmen kann. Die Sozialpsychologin Sheena Iyengar machte mit einer Studie die Probe aufs Exempel: Sie ließ in einem Supermarkt einen Probierstand aufstellen, an dem Kunden die Möglichkeit hatten, neue Marmeladensorten zu kosten. Stündlich änderte sich das Angebotsformat – mal wurden 24 Marmeladesorten angeboten, mal nur sechs. Das größere Sortiment lockte zwar mehr Kunden an als das kleinere. Doch von den Kunden, die eine Kostprobe von der größeren Auswahl nahmen, entschlossen sich lediglich 3 Prozent zu einem Kauf. Beim kleineren Sortiment griffen zehnmal so viele Kunden zu – immerhin 30 Prozent!

In der Ökonomie einer Partnerschaft ist es nicht anders: Derjenige, über den der Partner eine Flut von ungefilterten Informationen ergießt, kann damit überfordert sein. Das ist besonders ärgerlich, wenn die Information jene Aufgaben betrifft, die unerledigt sind. Besonders unerfreulich ist der Informationsüberfluss während eines ausufernden Streits oder einer hitzigen Diskussion. Was der Wirtschaftswissenschaftler in diesen Fällen »hohe Informationsverarbeitungskosten« nennt, bezeichnet der Psychologe John Gottman als regelrechte »Überflutung«. Gottman sagt: Wenn sich in einer Ehe oder Partnerschaft ein Partner von den Argumenten und Vorwürfen des anderen überflutet fühlt, schnellt sein Puls in die Höhe, was ihn unfähig macht, sich in irgendeiner produktiven Weise in das Streitgespräch einzubringen.

Genau das hat auch bei Scott zum kommunikativen Koma geführt.

DIE LÖSUNG: *Optimale Berichterstattung*

Im ökonomischen Kontext setzt der Markt den hohen Informationsverarbeitungskosten eine optimale Berichterstattung entgegen: Eine Person (oder ein Computer) reduziert die riesige Menge an Information auf ein Maß, das der Konsument für eine Entscheidungsfindung braucht. Im Hochschulranking beispielsweise wird so verfahren.

Und wenn Maddie will, dass Scott einem Finanzplan zustimmt und alle zwei Wochen den Küchenfußboden wischt, kann sie diese Ansprüche zusammen mit zig anderen »Forderungen« auf ihn abfeuern, oder aber sie kann diese beiden Punkte isolieren und alles Unwichtige beiseitelassen.

Zu dieser Einsicht kam auch Maddie eines Tages. Sie war in einem Spa, genoss eine »Kakao-Massage« (ein Geschenkgutschein von Scott) und roch nichts als Schokolade. Sie war derart mit Schokolade eingepackt, dass es sie zum ersten Mal in ihrem Leben nicht danach gelüstete. Sie dachte an all die Schokolade, die sie im Laufe ihres Lebens verdrückt hatte, so dass sie sich immer vier Kilo zu schwer fand, und dass ihr Leben vielleicht ein anderes wäre, wenn sie diese Gelüste zügeln könnte. Wieso musste sie in dieser Hinsicht so extrem sein? Ein bisschen Mäßigung war doch nicht verkehrt.

Dann hatte sie plötzlich eine Vision und musste lachen: Sie stellte sich vor, was Scott tun würde, wenn er hier mit ihr im Raum wäre und sie ihre Gedanken laut formulieren würde. Vor ihrem geistigen Auge sah sie sein Gesicht – ein Gesicht, wie sie es während ihrer Streitereien so oft vor sich gehabt hatte – teilnahmsloser Blick, fahrige Züge –, und es kam ihr in den Sinn, dass *weniger* möglicherweise *mehr* ist. Das war der erste Schritt.

»Die ersten fünf Jahre meiner Ehe habe ich wahrscheinlich damit verbracht, dass ich meinen ›Informationsmüll‹, wie ich es heute nenne, über Scott ausgekippt habe«, erzählte uns Maddie. »Ein Teil von mir wusste wohl, dass ich damit gar nichts bewirke, aber ich kam einfach nicht dagegen an.«

Mit ihrer Eingebung im Spa war aber nur der halbe Kampf gewonnen. Es dauerte keine Woche, da war sie erneut dabei, Scott regelrecht »zuzumüllen«. Er stand auf, lief aus dem Zimmer und kehrte erst am folgenden Tag nach Hause zurück. »An diesem Punkt wurde mir klar, dass sich etwas ändern muss«, erklärte Maddie.

Während Scotts Abwesenheit, fuhr Maddie durch die Gegend. »Autofahren habe ich immer geliebt«, berichtete sie uns. »Allein im Auto, Musik hören.« Ziellos durch die Gegend zu gondeln, den Kopf frei zu bekommen, war etwas, das sie tun konnte, *ehe* die Hölle losbrach – nicht hinterher. »Wenn ich heute das Gefühl habe, dass ich drauf und dran bin auszurasten, fahre ich so lange in der Gegend herum, bis ich mir im Klaren darüber bin, was mich so ärgert. Oder ich schreibe alles auf und grenze dann ein, was wirklich wichtig ist – und was ich wieder wegstreichen kann.«

Genau diese Methode nennt man optimale Berichterstattung.

Bis Maddie so weit war und mit Scott sprechen konnte, hatte sie ihren seitenlangen Text auf wenige Sätze reduziert. Das Ende vom Lied: Scott hört nun zu, was Maddie sagt. »Ich habe keine Angst mehr vor einer Diskussion mit meine Frau«, meinte Scott. Seine »Komatage« sind vorüber.

INTERTEMPORALE ENTSCHEIDUNGEN

Oder: Ein guter Mensch zu sein ...
wenn man mal dazu kommt

Das Prinzip

Wir nehmen uns vor, ein guter Mensch zu sein. Wir nehmen uns vor, jeden Monat eine bestimmte Summe für die Ausbildungskosten unserer Kinder zurückzulegen. Wir nehmen uns vor, uns mit Obst, Gemüse und Vollkornkost gesund zu ernähren. Wir haben die feste Absicht, uns fit und in Form zu halten, nicht in die Luft zu gehen, wenn die Kinder (mal wieder) die Milch umschütten, und unseren über alles geliebten Ehepartner zu umsorgen und zu achten.

Doch dann kommt uns das richtige Leben in die Quere.

Wir legen uns Kreditkarten zu, kaufen Kleidung, die wir nie tragen werden, finden uns mit dem Schwabbelspeck ab, verlieren bei unseren Kindern die Beherrschung und behandeln unseren über alles geliebten Ehepartner wie ein geschlechtsloses Anhängsel, mit dem wir wohl oder übel den Alltag teilen müssen.

Was ist nur mit uns los?

Wir sagen es Ihnen: Es muss uns gelingen, fundierte intertemporale Entscheidungen zu treffen.

In der Ökonomie bezeichnet dieser Begriff gegenwärtige Entscheidungen, die weit reichende Folgen für unsere Zukunft haben. Seit einigen Jahren befasst sich die Forschung sehr intensiv mit diesen intertemporalen Entscheidungen, die nicht nur im alltäglichen Leben des Einzelnen eine Rolle spielen, sondern auch enorme (und enorm teure!) Auswirkungen auf die Wirtschaftspolitik haben. Wenn Sie heute Tausende von Euros an Kreditkartenschulden anhäufen, müssen Sie vielleicht morgen Privatinsolvenz anmelden.

Der Mann, der die Theorie der intertemporalen Entscheidungen im frühen 19. Jahrhundert auf die ökonomische Landkarte gebracht hat, hieß John Rae. Der gebürtige Schotte, Schulmeister und Arzt, der seinen Lebensabend auf Hawaii beschloss, hatte vielerlei Interessen: Er beschäftigte sich u. a. mit Geologie, Landwirtschaft, Eislaufen und dem Wohlstand der Völker. Rae ging insbesondere der Frage nach, warum einige Nationen zu Reichtum gelangen, während andere nicht aus dem Armenhaus herauskommen.

Reiche Länder werden unter anderem deshalb reich, so postulierte Rae, weil die Bewohner sich in Selbstbeherrschung üben und einen Weitblick für zukünftige Entwicklungen sowie die Fähigkeit zum Belohnungsaufschub haben. »Genüsse, wie sie heutig allgemein zu haben sind, erwecken eine Lust, unmittelbar an ihnen teilhaben zu wollen«, schrieb Rae 1834. »Die allfällige Präsenz des unmittelbaren Objekts der Begierde, das sich durch ständige Aufmerksamkeitsreize im Bewusstsein hält, sich gleichsam fest dort einprägt, scheint alle geistigen Fähigkeiten dahin zu lenken, dieses Objekt sofort im Besitz haben zu wollen.«

Mit anderen Worten: *Die Bedürfnisse der Gegenwart werden verkannt.*

Rae hat zwar nie den Ruhm erfahren, der Adam Smith zuteilwurde, braucht sich aber dennoch nicht hinter diesem zu verstecken. Während Smith die These vertrat, dass der Reichtum der Länder auf deren Fähigkeit zum Sparen zurückzuführen ist, führt Rae an, dass Länder nur dann sparen können, wenn sie in der Lage sind, sich in Selbstbeherrschung zu üben. Jeder, der schon einmal versucht hat, reicher, glücklicher oder schlanker zu werden, weiß, dass Selbstbeherrschung ganz entscheidend für den Erfolg seines Unterfangens ist.

Wieso nur mag uns dies so schlecht gelingen? Aus allerlei Gründen.

Der erste heißt *Hyperbolic Discounting* (wörtlich: »Über-

triebener Abzug«). Dahinter versteckt sich das Phänomen, dass wir das, was wir in Zukunft haben können,
nicht in gleichem Maße werten, wie das, was wir sofort
haben können. Und deshalb ist die Unmittelbarkeit so verlockend (auch wenn wir schon ahnen, dass das keine gute
Idee ist).

Nehmen wir an, Ihr Freund hat zehn Euro im Portemon-
naie. Er überlegt, ob er sich dafür eine Flasche Wein oder
eine Kinokarte kauft. Diese zehn Euro fühlen sich real, unmittelbar und brauchbar an. Doch ein Bekannter bietet Ihrem Freund 20 Euro in einigen Monaten, wenn er ihm die
zehn Euro heute noch überlässt. Was soll Ihr Freund tun?
Klare Sache, sagen Sie und raten ihm zu – es ist am Ende ja
der doppelte Geldbetrag!

Nun stellen Sie sich aber vor, es sind *Ihre* zehn Euro und
jemand macht Ihnen das gleiche Angebot: Zehn Euro heute
weggeben und 20 Euro irgendwann in der Zukunft haben.
Klare Sache? Jetzt nicht mehr. Genau so funktioniert *Hyperbolic Discounting*. Das zu behalten, was wir heute haben
(zehn Euro), wiegt viel mehr als das, was wir zukünftig haben können (den doppelten Betrag). Um in der Zukunft an-
zukommen, braucht es Geduld. Und Geduld ist bekanntlich
keine der größten menschlichen Stärken.

Betrachten wir ein anderes Beispiel. An Sport finden ja
eigentlich nur Verrückte Gefallen. Doch Sie wissen, dass
Sie Sport treiben sollten, um gesund zu bleiben – das heißt,
Sport zu treiben *wird* sich irgendwann in der Zukunft ge-
lohnt haben.

Man kann es auch so sehen: Sich zum Laufbandtraining zu motivieren, kostet Sie sechs Werteinheiten (Zeit und Energie). Doch der Nutzen (straffe Bein- und Bauchmuskulatur) wird mit acht Werteinheiten sehr viel größer sein. Ihr persönlicher Reingewinn? Zwei Werteinheiten. Also ab aufs Laufband!

Halt, warten Sie. Ein Problem wäre da noch. Diese acht Einheiten schlagen erst später zu Buche, irgendwann in ferner, verschwommener Zukunft, wenn Ihre Bauchmuskeln in der Tat allmählich straff werden, während Sie die sechs Einheiten sofort investieren müssen. Sie können noch folgen? Gut. Weil Sie künftige Einheiten weniger werten als heutige, sagen Sie sich, dass diese acht Einheiten nur, sagen wir mal, vier Einheiten wert seien (das heißt, Sie *ziehen* ordentlich was *ab!*). Und haben Sie diesen Abzug erst einmal vollzogen, ergeben sich sechs Einheiten heute gegenüber vier Einheiten morgen, und plötzlich entsteht Ihnen ein Minusgeschäft von zwei Einheiten – Sport ade, Zeit für die Cocktail-Happy-Hour!

	KOSTEN HEUTE	NUTZEN MORGEN	REINGEWINN / MINUSGESCHÄFT
effektiver Wert / täglicher Sport	6 Einheiten	8 Einheiten	+2 Einheiten
gefühlter Wert / täglicher Sport	6 Einheiten	4 Einheiten	-2 Einheiten

Nein, so würden Sie niemals rechnen, stimmt's? Sie sind doch nicht blöd. Sie wissen, worauf es ankommt. Sie wissen, wie wichtig es ist, regelmäßig Sport zu treiben. Sie sind ja nicht von ungefähr Mitglied im Fitnessstudio und stellen sich jeden Tag aufs Laufband. Na gut, eher jeden zweiten. Oder ungefähr einmal die Woche.

Und wie steht es eigentlich um Ihre Finanzen? Die haben Sie wahrscheinlich ganz gut im Griff, richtig? Sie sind sich darüber bewusst, dass das soziale Netz alles andere als sicher ist und die Altersvorsorge allein an Ihnen liegt. Sie sind sich darüber im Klaren, dass Seniorenwohnheime keine billige Angelegenheit sind, und Sie wissen auch, dass Sie nur bis 63 arbeiten wollen. Deshalb legen Sie jeden Monat einen ziemlichen Batzen Geld beiseite und leisten den maximalen Eigenbeitrag zu Ihrem betrieblichen Vorsorgeplan. Oder eher: Sie haben vor, regelmäßig Geld beiseitezulegen, nur hat das letzten Monat nicht geklappt, weil Sie neue Lautsprecher kaufen mussten, da die alten verkratzt waren. Und ja, Sie wollen auf Anraten Ihrer Firma auch baldmöglichst dem betrieblichen Vorsorgeplan beitreten – ja, natürlich wollen Sie unterschreiben, sobald Sie einen Stift gefunden haben.

Und damit sind Sie nicht allein. Wir alle sind entschlossen zu sparen, tun es aber kaum. 58 Prozent der US-amerikanischen Arbeitnehmer, die zur betrieblichen Vorsorge berechtigt sind, haben laut einer Studie des *Center for Retirement Research* am Boston College 2007 noch keinen Cent eingezahlt. Dabei ist es gar nicht so kompliziert, privat für das Alter vorzusorgen: Man legt eine bestimmte Summe fest, die man regelmäßig erübrigen kann, entscheidet, in welchen Fonds man einzahlen möchte, lehnt sich zurück und sieht dem Geld (hoffentlich) beim Wachsen zu.

Doch anscheinend ist es schwieriger als gedacht. Wir haben nicht die leiseste Ahnung, wie wir unser Geld sinnvoll investieren können. Es sei denn, wir waren auf der Wirtschaftsschule und kennen uns mit Portfoliotheorie und Vermögensbildung aus. Aber das größere Problem ist, dass die meisten von uns keine Lust zum Sparen haben. Dabei wollen wir ja sparen. Wir nehmen uns vor zu sparen. Aber wenn es konkret wird, geben wir unseren letzten Cent für eine neue Jeans oder eine kosmetische Zahnbehandlung aus.

Die Sichtweise der alten Schule

Der neoklassische Ansatz der Ökonomie bietet kaum eine Erkenntnis darüber, warum wir nicht sparen. Er befasst sich nicht mit einer Psychoanalyse des menschlichen Geists. Die neoklassische Theorie geht davon aus, dass der Mensch ein rationales Wesen ist und entsprechend handelt – Konto ausgleichen, sich gesund ernähren und für seine Liebsten sorgen. Nach dieser Auffassung müssten wir berechnen, wie viel Geld wir später im Alter benötigen, um dann den exakten Betrag, in den wir die 20,6 Arbeitsjahre, die noch vor uns liegen, die zwei Prozent Inflation sowie eine Anlagerendite von grob vier Prozent einkalkuliert haben, von heute an anzusparen. Neoklassiker beschäftigen sich mit Kurven wie dieser hier, welche die kräftigen Zuwächse pro Zinsperiode veranschaulicht, und sagen sich: »Wer nicht spart, ist selber schuld.«

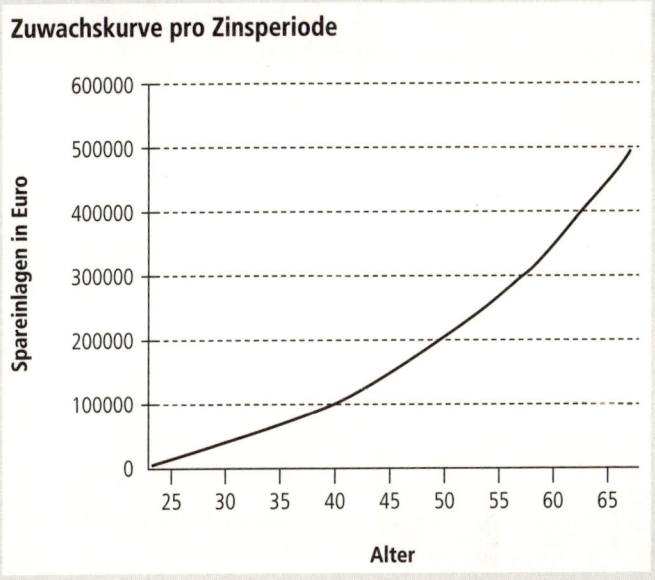

Zuwachskurve pro Zinsperiode

Es existieren, wie gesagt, mehrere Gründe, warum wir so schlecht darin sind, kluge intertemporale Entscheidungen zu treffen. Neben dem *Hyperbolic Discounting* gibt es eine weitere Ursache, die als *Hot-Cold Empathy Gap* (wörtlich: die »kalt-heiße Empathie-Differenz«) bekannt ist: Wenn wir uns in einem *cold state,* einem »kalten« emotionalen Zustand (ruhig, vernünftig, ausgeglichen) befinden, sind wir hundertprozentig zuversichtlich, dass unsere Zukunft ebenfalls ruhig, vernünftig und ausgeglichen sein wird. Kommen Ihnen folgende Gedanken bekannt vor?

- *Wenn ich heute Abend im Kino bin, ignoriere ich den Popcorn-Stand und knabbere stattdessen mein Studentenfutter.*
- *Morgen muss ich sehr früh aufstehen, weil ich Kickbox-Training habe, also trinke ich auf der Party nur ein Gläschen und liege um zehn im Bett.*
- *Klar begleite ich dich ins Einkaufszentrum, aber nur zum Schaufensterbummel.*
- *Kondome benutzen – unbedingt!*

Dumm nur, dass wir uns aus diesem »kalten Zustand« herausbewegen, sobald es darangeht, unser Handeln konsequent nach diesen Entscheidungen auszurichten. Wir bewegen uns in einen *hot state,* in einen heißen Zustand hinein und sind geneigt, das genaue Gegenteil dessen zu tun, was wir uns im *cold state* vorgenommen haben.

»Befinden wir uns zum Beispiel nicht in einem heißen Zustand (hungrig, angstvoll, schmerzgeplagt), sind wir kaum in der Lage, uns einen solchen Zustand realistisch vorzustellen oder die motivierende Kraft zu verstehen, die solche Zustände auf unser Verhalten haben können«, schreibt George Loewenstein, Wirtschaftswissenschaftler in Pittsburgh und der Mann, der den Begriff *Hot-Cold Empathy Gap* geprägt hat.

Befinden wir uns in einem heißen Zustand, gehen wir nach der Sperrstunde mit dem Barmixer nach Hause – wen kratzt das schon? Wir kaufen nicht den kleineren Fernseher, den wir eigentlich kaufen wollten, sondern wir legen 3500 Euro für ein riesiges LED/HDTV-Gerät hin, damit wir Filme auf Blu-Ray-Disc aufnehmen können. Wir kaufen spontan den Zwergschnauzer aus dem Schaufenster der Tierhandlung, beschimpfen unseren besten Freund und brüllen unseren Ehepartner an, weil er vergessen hat, den Kindern Karotten mit zum Pausenbrot zu geben.

Befinden wir uns in einem heißen Zustand, sagen wir Dinge, die wir nicht so meinen, handeln so, dass es uns später leidtut, und verletzen unseren Ehepartner so sehr, dass wir unter Umständen Jahre brauchen, um es wiedergutzumachen. Befinden wir uns in einem kalten Zustand, können wir uns den heißen Zustand, in den wir bisweilen geraten, gar nicht vorstellen.

Eine neuere Studie veranschaulicht die Heiß-Kalt-Differenz auf sehr anschauliche Weise. An der University of California wurden männliche Studenten zur Teilnahme an einer Studie zum Thema »Entscheidungsfindung und Erregung« gesucht. Die Fragen hatten mit Sex, einschließlich sexueller Vorlieben, ungeschütztem Geschlechtsverkehr oder unmoralischen sexuellen Verhaltensweisen zu tun. Der Haken: Bevor die Studenten die Fragen beantworten durften, wurden sie aufgefordert, sich vorzustellen, sie seien sexuell erregt (um einen »kalten« Zustand darzustellen); in einem zweiten Durchlauf wurden sie dann gebeten, vor der Beantwortung der Fragen zu masturbieren (um einen »heißen« Zustand hervorzurufen).

Dass die Antworten der beiden Durchgänge sehr unterschiedlich ausfielen, können Sie sich wahrscheinlich denken. Wir wollen Ihnen dennoch eine kleine Kostprobe geben: Auf die Frage, ob sie sich vorstellen könnten, sich sexuell zu einer Zwölfjährigen hingezogen zu fühlen, lag die durchschnittliche Antwort der Männer im kalten Zustand auf einer Skala von 0 (überhaupt nicht) bis 100 (absolut) bei 23. Im heißen Zustand hingegen lag die durchschnittliche Antwort bei 46. Auf die Frage, ob sie sich eine Frau mit Drogen gefügig machen würden, lag die durchschnittliche Antwort im kalten Zustand bei 5, im heißen Zustand bei 26. Wirklich unheimlich!

Ganz offensichtlich sind wir perverse, schwache, faule und fressgierige Verschwender – verdammt dazu, irgendwann dicke Oberschenkel, unzureichende Renten, reizbare Ehepartner sowie, in extremen Fällen, ein ellenlanges Vorstrafenregister zu haben. Was werden wir dagegen unternehmen? Ein Vorhängeschloss vor den Kühlschrank hängen? Einen Personal Trainer bei uns zu Hause einquartieren? Brauchen wir einen Buchhalter, der uns immer dann, wenn wir zu viel

Geld ausgeben, einen kleinen Elektroschock verpasst? Brauchen wir Pulsmessgeräte, die uns anzeigen, wann wir uns in einem heißen Zustand befinden, unfähig, rationale Entscheidungen zu treffen?

Genau genommen, ja!

Die gute Nachricht: Es gibt ein bewährtes Mittel, um bessere intertemporale Entscheidungen zu fällen – und sich

Guten Vorsätzen treu bleiben

StickK.com ist eine US-amerikanische Internetseite, die Dean Karlan, Professor für Wirtschaftswissenschaften an der Yale University, mit eingerichtet hat. Dort kann sich jeder anmelden, der auf individuelle Ziele Geld wetten will. Der Wetteinsatz will bedacht ausgesucht sein, denn das Geld geht im Voraus an stickK.com und wird nur bei Erfolg an den Nutzer zurückgezahlt. Scheitert der Nutzer mit seinem geplanten Vorhaben, kommt das gewettete Geld wohltätigen Zwecken zugute. Es geht also um Geld oder Ehre. Freunde und Familie werden wöchentlich automatisch per E-Mail über die Fortschritte des Nutzers auf dem Laufenden gehalten. Hier einige Vorsätze von Leuten, die sich auf der Webseite angemeldet haben:

»Ein attraktives Mädchen spontan zum Kaffee einladen.«

»Geld für die Hochzeit/das Alter sparen.«

»Nicht vor den Kindern fluchen.«

»Tina anrufen, wenigstens einmal die Woche.«

auch daran zu halten. Sein Name: *Commitment Device* (ein »Selbstverpflichtungswerkzeug«). So ein Werkzeug ist eine nützliche Sache: Es dient dazu, einen gewissen äußeren Druck zur Selbstkontrolle aufzubauen, wenn man etwas tun soll, was man eigentlich nicht machen will, von dem man aber weiß, dass es sich langfristig auszahlen wird.

Es gibt eine Vielzahl hervorragender Selbstverpflichtungswerkzeuge. Vorsteuerabzüge beispielsweise zwingen einen zur Ansparung des festgesetzten Betrags: Man verschenkt Geld an den Staat in Form eines zinsfreien Darlehens und hat damit weniger Geld für Dinge, die man nicht braucht, zur Verfügung. Mit dem Steuerbescheid erhalten Sie dann eine recht hohe Steuerrückerstattung, die Sie geradewegs auf Ihr Sparkonto umbuchen können.

Wie sieht es bei Ihnen aus? Tun Sie etwas für Ihre Altersvorsorge? Auch dies ist ein Selbstverpflichtungswerkzeug. Indem Sie sechs Prozent Ihres Gehalts dafür aufwenden, haben Sie einen bestimmten Betrag fest verplant, den Sie ansonsten vielleicht für Dinge wie einen Weinkühlschrank ausgegeben hätten.

Bei all den faszinierenden Ausführungen über Steuern und Altersvorsorge hätten wir beinahe die Mutter aller Selbstverpflichtungswerkzeuge vergessen: die Ehe. Sie ist (falls Sie es noch nicht erkannt haben) ein ganz hervorragendes verbindliches Mittel: um mit niemand anderem Sex zu haben. Um keine/n andere/n im Sinn zu haben als nur die/den eine/n. Um an einem Job festzuhalten. Um alles zu teilen – Freude, Hypotheken, Kinder, Schwiegerfamilie. Um sich bis in alle Zukunft treu und innig zu binden.

Natürlich können wir einander jederzeit verlassen. Die Hälfte aller verheirateten Paare tut das. Doch in den meisten Fällen heiraten wir, weil wir mit der Person, die wir lieben, in eine verbindliche Form des Zusammenlebens treten wollen.

Allerdings bedeutet verheiratet zu sein ein gutes Stück Arbeit, was weniger attraktiv erscheint als der Akt des Heiratens selbst. Sind wir erst einmal unter der Haube, kann es schwierig werden, langfristig zu denken. Deshalb schieben wir heikle Gespräche auf die lange Bank. Wir schwören, uns zu bessern ... morgen. Wir vertagen den Sex ... auf morgen. Wir keifen einander an. Wir versäumen es, zu sparen, um unsere Kinder für später abzusichern, wenn sie Zahnspangen brauchen *oder* auf die Uni gehen. Mit der Ehe sind wir zwar eine Verpflichtung auf Lebenszeit eingegangen; es gelingt uns aber nicht, dieser Verpflichtung auch im Alltag nachzukommen.

Im Folgenden wollen wir Ihnen zeigen, wie Sie auf einfache Weise intertemporale Entscheidungen verbessern, *Hyperbolic Discounting* mindern und »kalt-heiße Empathie-Differenzen« umgehen. Wir werden Ihnen zeigen, wie Sie diese selbstsüchtigen Triebe bremsen, um der offene und liebende Ehepartner zu sein, von dem wir wissen, dass er irgendwo in Ihnen schlummert und nur geweckt werden will.

DIE AKTEURE: *Alice und Mark*

Mark hatte einen furchtbaren Monat hinter sich. Alice wusste das. Zuerst hatten sich ihre beiden Söhne kurz nacheinander eine Darmgrippe eingefangen. Alice war auf Geschäftsreise, und so blieb alles an Mark hängen. Kaum war das überstanden, musste Mark selbst auf Geschäftsreise. Obendrein hatte er sich bei seinen Kindern angesteckt und nun mit dem gleichen Virus zu kämpfen. Und zu allem Überfluss war seine 87-jährige Mutter gestürzt und lag im Krankenhaus. Zurück zu Hause wartete eine Flut an unbezahlten Versicherungs- und Arztrechnungen auf ihn, und er überlegte, ob seine Mutter in einem Altenheim nicht besser aufgehoben wäre. Doch sofort quälten ihn Gewissensbisse.

»War wohl kaum der beste Monat meines Lebens«, sagte er.

Dass Mark im Alltagsleben die Hauptlast schulterte, hatte sich in seiner Ehe so eingebürgert.

Als er Alice acht Jahre zuvor kennen gelernt hatte, war er bereits einmal geschieden und beruflich nicht besonders ambitioniert. Er arbeitete als Marketingleiter in einem Unternehmen in Chicago. Alice hingegen gehörte als Strategie-Direktorin zur Führungsriege einer Werbeagentur und war, was Mark absolut schleierhaft war, mit 40 noch Single. Er fand in Alice all das, was seine Exfrau hatte vermissen lassen – Alice war erfolgreich, selbstbewusst und sexy.

Seine Exfrau hatte nicht viele Freunde gehabt, war depressiv gewesen und hatte an allerlei chronischen Erkrankungen gelitten, von denen Mark nie wusste, ob sie tatsächlich bestanden.

Er hatte Kinder gewollt, sie aber war nicht belastbar gewesen. Er wollte reisen, sie jedoch scheute die Strapazen. Er fühlte sich in der Ehe gefangen, brachte es aber auch nicht fertig, sich von ihr, die sie so bedürftig war, scheiden zu lassen … bis sie ihm eines Tages eröffnete, sie wolle mit ihrer Mutter zusammenziehen. »Sie erklärte, dass ihre Mutter die Einzige sei, die mit ihr umzugehen wisse«, erzählte Mark. »Dann geh, sagte ich zu ihr, aber ich werde nicht mitkommen.«

Als ein Freund ihn mit Alice bekannt machte, hatte er zunächst nicht viel erwartet. 40 und Single in New York? Er hatte genug Verabredungen hinter sich, um sich einigermaßen vorzustellen, was das wohl bedeutete: knochiger Fitnessstudio-Junkie, neurotisch, drei Katzen. Alice erschien in einem figurbetonten schwarzen Kleid und kniehohen, lila Wildlederstiefeln. Erster Eindruck: sexy, klug, kein Hungerhaken, leicht unterkühlt. Mark war nicht sicher, ob er sie wirklich *mochte,* aber er war ziemlich sicher, dass er nichts dagegen hätte, mit ihr zu schlafen.

Allmählich taute Alice auf. Sie lächelte und zeigte ihm Bilder von ihren Nichten und Neffen.

Alice wollte Kinder. Doch ihr Liebesleben war bislang eine einzige Katastrophe gewesen. Da gab es einen, der zwar mit ihr schlafen, aber in der Öffentlichkeit nicht mit ihr Händchen halten wollte. Dann war da der Immobilienmakler, der heiß auf Telefonsex war, sich aber nie vor 22 Uhr mit ihr verabredete. Oh, und dann war da noch der angeblich bindungsunfähige Banker, der nun auf seiner Facebook-Seite alle Welt über seine tolle Verlobte informierte.

Mark schien anders zu sein. Er wollte etwas Festes. Er suchte nach einer monogamen Beziehung, die möglicherweise eines Tages in den Hafen einer glücklichen Ehe führte. Er war nett und hatte einen süffisanten Humor. »Ein waschechter Kerl, einer, wie man ihn unter den Männern in New York suchen muss«, sagte Alice.

Nach nur zehn Monaten heirateten sie und waren ein Jahr später Eltern von Zwillingen. Ein Kindermädchen anzustellen, war für Alice ein schrecklicher Gedanke (»Wieso sollten wir jemanden für etwas bezahlen, was wir perfekt selber können?«). Andererseits liebte sie ihren Job und wusste, dass sie auf ihr Gehalt angewiesen waren. Sie entschieden, dass Mark auf eine Teilzeitstelle wechselte, um die übrige Zeit für die Kinder da sein zu können. Alice würde ihre Vollzeitstelle behalten und weiterhin viel Geld verdienen.

Alice war bewusst, wie hart das für Mark werden würde. »Werbeanzeigen zu verkaufen ist ein Witz gegen den Alltag mit zwei kleinen Jungs«, sagte sie. Und so war Alice auch sofort klar, dass sie einspringen musste, als Mark mit Darmgrippe, Geschäftsreise und kranker Mutter schwer gebeutelt war.

Sie nahm sich vor, früher aufzustehen, um das Frühstück für die Kinder zu machen und sie in die Schule zu schicken. Sie plante, früher Feierabend zu machen, um auch das Kochen des Abendessens zu übernehmen und Mark eine Auszeit zu verschaffen. Sie nahm sich vor, sich einen Tag frei zu nehmen, damit er entspannen oder schlafen oder sich für ein paar Stunden in ein Café setzen konnte.

All das waren intertemporale Vorsätze – Entscheidungen, die einen Nachhall in der Zukunft finden würden, Marks Zufriedenheit, die Harmonie in der Ehe und Alices Karriere beeinflussen würden. (Würde eine Kollegin sie wegen allzu häufiger Fehlzeiten zur Rede stellen, wäre das nicht so prickelnd.)

Doch diesen guten Vorsätzen auch treu zu bleiben, war eine ganz andere Geschichte. Jeden Morgen war irgendetwas wichtiger als das Frühstück: eine Sitzung, die Alice nicht verpassen durfte; eine Stunde, die sie dringend zur Vorbereitung einer Präsentation brauchte; eine Telefonkonferenz, die schon zweimal verschoben worden war. Sie kam wie immer spät nach Hause, während Mark schon dabei war, nach dem Abendessen die Küche sauber zu machen. »Morgen werde ich alle meine Termine absagen«, nahm sie sich vor, während sie gierig den Rest seines Nudelauflaufs verschlang. Und das meinte sie wirklich so. Bis … na ja, bis am nächsten Tag die nächste wichtige Sitzung dazwischenkam.

»Macht nichts«, sagte sich Alice. »Ich werde Mark bald einen freien Tag verschaffen, damit mache ich es wieder wett.«

Das Problem: Dieser Tag kam nie. Irgendwann erinnerte sie sich, dass die Kinder am bevorstehenden Wochenende ein Hockeyturnier hatten. Sie hatte sich das Datum in ihrem Kalender rot eingekreist und sich vorgenommen, die Kinder hinzufahren. So könnte Mark zu Hause bleiben und sich eine Sportübertragung im Fernsehen ansehen. Dafür müsste sie zwar einen lange geplanten Wochenendtrip mit einigen Freundinnen absagen, aber ihr Mann ging vor. Sie musste daran denken, Mark Bescheid zu sagen, dass *sie* mit den Kindern zum Turnier fahren würde. »Und den Mädels absagen«, schärfte sie sich ein.

Doch sie vergaß, ihr Flugticket zu stornieren und ihre Freundinnen zu informieren, dass sie nicht mitkommen würde. Und sie vergaß auch, Mark mitzuteilen, dass sie die Jungs zum Turnier fahren wolle.

Dann war das Hockey-Wochenende da, und Alice saß im Flugzeug, auf dem Weg nach Florida. Die Tickets waren nicht erstattungsfähig. »Das tut mir gut, und ich bin danach wieder eine bessere Ehefrau«, sagte sie sich.

DAS PROBLEM: *Hyperbolic Discounting (»Übertriebener Abzug«)*

Erinnern Sie sich an das Beispiel zu Anfang des Kapitels? Kosten heute: sechs Einheiten. Nutzen morgen: acht Einheiten. Und erinnern Sie sich noch an den Grund, warum wir den täglichen Gang ins Fitnessstudio scheuen? Richtig, weil wir den zukünftigen Nutzen halbieren.

So ziemlich die gleiche Rechnung machte auch Alice (freilich unbewusst), jedes Mal, wenn sie es aufschob, Mark unter die Arme zu greifen. Die Jungs zum Hockeyturnier zu fahren, hätte sie ein Urlaubswochenende mit ihren Freundinnen gekostet, wäre die Sache aber wert gewesen – dank eines Reingewinns in Form eines dankbaren Ehemanns.

Doch dieser Reingewinn war erst irgendwann in der Zukunft zu erwarten. Und wer weiß, ob er bei ihrem notorisch erschöpften Ehemann überhaupt zu verzeichnen gewesen wäre! Verglichen mit dem Reingewinn von heute (ein Wochenende Pina Coladas am Strand) schien ein glücklicher und dankbarer Mark weit weg und gar nicht so viel wert.

	KOSTEN HEUTE	NUTZEN MORGEN	REINGEWINN / MINUSGESCHÄFT
effektiver Wert / Kinder zum Hockey fahren	Wochenende mit Freundinnen	glücklicher Ehemann	harmonische Ehe
gefühlter Wert / Kinder zum Hockey fahren	Wochenende mit Freundinnen	glücklicher Ehemann (wahrscheinlich, vielleicht)	verlorenes Wochenende

Ein klassischer Schritt zu einem *Hyperbolic Discounter.*

Bevor wir Ihnen sagen, wie Mark auf Alices freies Wochenende reagiert hat, wollen wir Ihnen ein weiteres Beispiel geben, das Sie wahrscheinlich gut nachvollziehen können. Diesmal geht es um Filme. Inspiriert von ihren eigenen Erfahrungen mit Videotheken, startete eine Gruppe von Forschern ein Experiment, um herauszufinden, wie sich die Probanden verhalten, wenn es gilt, Filme auszuwählen, die sie in Zukunft ansehen wollen.

Die Studienteilnehmer wurden in zwei Gruppen eingeteilt. Dann wurde eine Liste mit Filmen ausgegeben und die Teilnehmer wurden gebeten, drei Filme auszuwählen, die sie gerne sehen würden. Die eine Gruppe wurde gebeten, alle drei Filme auf einen Schlag auszuwählen, sie aber erst irgendwann in der Zukunft anzusehen. Der anderen Gruppe wurde gesagt, jeden Film an dem Tag auszusuchen, an dem sie ihn auch ansahen. Was keiner der Teilnehmer wusste: Die Liste beinhaltete zwei Arten von Filmen – eher anspruchsvolle und eher anspruchslose.

Und siehe da, jene Probanden, die Filme aussuchten, um sie irgendwann in der Zukunft anzusehen, wählten als dritten Film zu 71 Prozent einen anspruchsvollen Film. Im Gegensatz dazu wählten die Probanden, die den Film sofort ansahen, als dritten Film tendenziell leichte, anspruchslose Kost, und nur 44 Prozent wählten überhaupt einen anspruchsvollen Film. Was sagt uns das? Irgendwo tief in unserem Inneren wissen wir zwar, dass *Das Piano* unseren Geist bereichert, aber das hat auch noch morgen Zeit – heute Abend lieber *Mrs. Doubtfire – Das stachelige Kindermädchen.*

Doch zurück zu Mark. Er musste nicht auf dem neuesten Stand der Forschung sein, um zu wissen, dass Alice es sich zu einfach machte. Mit jedem Tag, den sich der Monat in die Länge zog, war er zunehmend frustriert. Was war los mit seiner Frau? Wo war sie, wenn er sie am meisten brauchte?

Als sie zurückkam, kochte er vor Zorn. »Du verdrückst dich nach Florida, während meine Mutter im Krankenhaus liegt und Kinder und Arbeit an mir zerren. Das nennst du Unterstützung?« Und noch etwas fand er unmöglich: Seine ganze Familie kümmerte sich um seine Mutter und besuchte sie im Krankenhaus, während Alice sich nur ein- oder zweimal kurz hatte blicken lassen. »Ich habe es satt, dich ständig entschuldigen zu müssen«, sagte er.

Alices erste Reaktion war, sich zu verteidigen: »Deine Mutter mag mich sowieso nicht besonders!« Doch kaum hatte sie die Worte ausgesprochen, wusste sie, dass sie den Bogen überspannt hatte. Mark schüttelte den Kopf und ging aus dem Zimmer. Ein schlechtes Zeichen.

Im Grunde genommen war Alice klar, dass es nichts zu verteidigen gab. Sie würde Mark gewiss nicht sagen, dass sie sich eigentlich vorgenommen hatte, früher nach Hause zu kommen (wirklich!), ihr Wochenende abzusagen (opfern!) und überhaupt eine bessere Ehefrau werden wollte (ernsthaft!). Sie konnte nicht zugeben, dass sie ihm angesehen hatte, wie überfordert er war, aber nichts dagegen unternommen hatte. Sie war drauf und dran, sich zu erklären, ihm zu sagen, dass es in der Arbeit in letzter Zeit drunter und drüber ging, weshalb alles ein wenig aus der Spur lief, doch sie konnte förmlich hören, wie das klingen würde und hielt lieber den Mund. Auf dem Gipfel ihres Selbstmitleids begann sie, all die Dinge zu sehen, die in ihrem Leben zu kurz kamen, all die Opfer, die sie als Ehefrau und Mutter auf sich nahm – kein Pilates mehr, keine Mädelsabende mehr, kein Ausschlafen mehr.

Doch auch das behielt sie für sich.

Wir fühlen uns ein bisschen unwohl, Alice so hervorzuheben, denn viele von uns Frauen sind genau wie sie. Wir werden von den Ereignissen überholt. Gute Vorsätze sind schnell gefasst, aber auch oft genauso schnell wieder vergessen.

»Ich wollte wirklich für Mark da sein«, erzählte uns Alice. »Aber dann wurde ich immer durch tausend andere Sachen abgelenkt.«

DIE LÖSUNG: *Selbstkontrolle durch Selbst-Verpflichtungswerkzeuge!*

Nach dem Streit mit Mark hatte Alice Gewissensbisse. Sie würde nicht mit sich selbst verheiratet sein wollen. Sie wusste, dass sie sich ändern musste. Aber wo anfangen? Wie einem gefassten Vorhaben auch tatsächlich treu bleiben? Sie stellte zunächst eine Liste mit Problemfeldern zusammen – mit Krisenherden, die zwischen ihr und Mark zu Spannungen führten. Danach dachte sie sich für jeden Punkt ein *Commitment Device* aus, ein »Selbst-Verpflichtungswerkzeug«(was sie natürlich nicht so benannte, was es aber war).

- **Problem:** abendliche Geschäftsessen mit Kunden dreimal die Woche. Das bedeutete, dass Mark den Kindern das Abendbrot machen und sie ins Bett bringen musste.
- **Lösung:** morgendliches Geschäftsfrühstück. Keine Ausreden mehr, bis spätabends im Büro zu bleiben.
- **Problem:** Sie war in die außerschulischen Aktivitäten der Kinder nicht eingebunden.
- **Lösung:** sich als Elternhilfe für die Hockeymannschaft ihrer Söhne eintragen lassen. Sie würde sich vor den anderen Eltern blamieren, wenn sie die Sache nicht ernst nähme.«
- **Problem:** Schwiegermutter
- **Lösung:** ihr jeden Montag das Abendessen vorbeibringen. Damit das auch klappt, wollte Alice, die das Kochen hasste, einen Verpflegungsservice beauftragen und monatlich im Voraus bezahlen.
- **Problem:** nicht genug Zeit für Mark
- **Lösung:** einmal im Monat samstags einen Babysitter engagieren und diesen (wie den Verpflegungsservice) im Voraus bezahlen. So fällt es schwerer, wieder abzusagen.

Ein großartiger Plan. Doch wie alle Pläne, war auch dieser nicht absolut sicher. Es blieb nicht aus, dass immer mal wieder etwas dazwischenkam. Alice musste nach wie vor auf Geschäftsreisen, und es gab auch Tage, an denen sie sich unmöglich loseisen konnte und bis spätabends im Büro bleiben musste. Aber Mark beklagte sich nicht. »Es war ihr anzumerken, dass der Groschen endlich gefallen war.«, meinte er.

DIE AKTEURE: *Howard und Jen*

Howard würde frei heraus zugeben, dass er eine herrische Persönlichkeit ist. »Er ist ein Tyrann«, erzählte Jen. Doch das sei nicht gänzlich seine Schuld, schob sie nach, denn er käme aus einer Familie mit fünf Jungs und habe um die Aufmerksamkeit seiner Eltern immer zu kämpfen gehabt. Sehr nachsichtig von ihr, wie wir fanden.

Nach dem College schrieb sich Howard an der Juristischen Fakultät ein, wurde Prozessanwalt und brachte seine Tage fortan damit zu, Mörder und Diebe zu verteidigen – kein Zuckerschlecken. Zu seinen Hobbys zählten Grillen und Stockcar-Rennen.

Obwohl Howard im Alter etwas nachgiebiger geworden war, ging sein aufbrausendes Temperament auch mit 44 noch manchmal mit ihm durch. Unter den vielen Dingen, die ihn hochgehen ließen: Unordnung. Er träumte davon, in ein gemütliches, aufgeräumtes Heim zu kommen, und nicht an allen Ecken über Hundespielzeuge, Plastikfetzen, zerkrümelte Salzstangen und Spielzeugautos zu stolpern.

Auch Jen war ambitionierte Anwältin, auch sie kam aus einer großen Familie, und auch sie träumte von einem ordentlichen Zuhause. Auch sie hatte ein stressreiches Arbeitsumfeld, und auch sie kam abends müde heim. Doch im Gegensatz zu Howard gelang es ihr, das Chaos auszublenden und sich den Kindern zu widmen.

Wenn Howard von der Unordnung genervt war, erklärte sie ihm, dass Kinder eben keine Ordnung halten, was ihm aber irgendwie nicht beizubringen war.

Wie andere Dinge auch. Zu Collegezeiten hatte er Jen mehrfach um eine Verabredung gebeten, und immer wieder hatte sie abgelehnt. Das erste Mal, als er sie fragte, standen sie in der Schlange in der Cafeteria. Dann probierte er es noch einmal auf einer Party. Wieder vergeblich. »Howard war sechs Jahre lang hinter mir her, bis ich ihm schließlich eine Chance gab« berichtete Jen.

Nach dem College zog Jen nach Washington, um für eine Hilfsorganisation zu arbeiten. Howard schrieb sich an der Juristischen Fakultät ein. Obwohl er mit den Jahren etwas besonnener wurde, schlug bisweilen noch der alte, tollkühne Abenteurer durch. Eines Tages tauchte er bei Jen auf, das Bein in Gips, weil er im Urlaub unbedingt Heli-Skifahren ausprobieren hatte wollen. »Ich kann so gut wie gar nicht Ski fahren«, erzählte er uns.

Dann steckten Jen und Howard an Weihnachten in Washington fest. Er musste arbeiten, und sie konnte keinen Flug nach Hause bekommen, weil alles eingeschneit war. Sie war seit kurzem wieder Single, deprimiert und einsam. Er bot an, vorbeizukommen und sie zu bekochen. »Eine kulinarische Mitleidsparty«, sagte er.

Howard brachte Rotwein mit, zauberte Pasta mit Muschelsoße und ein fantastisches Eis zum Nachtisch.

Dann schlief er ein.

Mit einem Mal schien er gar nicht mehr der Knallkopf, den sie immer in ihm gesehen hatte. »Er war super«, sagte Jen. »Ging auf mich ein, wusste, was mich anmachte. Damit hatte ich ganz und gar nicht gerechnet.« Zwei Tage lang verließen sie die Wohnung nur ein einziges Mal – um einen Weihnachtsbaum zu besorgen, den sie zusammen schmückten.

Bevor sie Kinder bekamen, war Howards Temperament kein großes Thema für Jen gewesen. Im Gegenteil, es gefiel ihr, wenn er in einem Lokal die Bedienung runterputzte, weil sie ihm das falsche Gericht serviert hatte. Oder wenn er im Auto jeden, der ihm die Vorfahrt nahm, zusammenbrüllte. Sie hatte für die Bedienung dann oft ein mitfühlendes Augenzwinkern oder legte Howard im Auto die Hand auf, um ihn zu beruhigen. Und oft beruhigte er sich *tatsächlich.*

Doch als dann die Kinder da waren, fuhr er noch schneller aus der Haut. Er arbeitete mehr und schlief weniger. Ihr Sexleben war so gut wie gar nicht mehr vorhanden, weil Jen meist zu erschöpft war. Obendrein schien Howard jegliches Verständnis für die natürlichen Eigenarten von Kindern abzugehen – will heißen, er schien absolut nicht zu wissen, dass Kinder seine Launen nicht von Natur aus richtig zu nehmen wissen. »Howard ist ein prima Papa«, erzählte Jen. »Er liebt Kinder. Er hat den Jungs das Schwimmen beigebracht. Er hat ihnen beigebracht, Bitte und Danke zu sagen, und einmal die Woche ihre Oma anzurufen. In mancher Hinsicht hat er mehr Geduld als ich. Aber er hat auch seine durchgedrehte dunkle Seite, die er einfach nicht unter Kontrolle bekommt.«

Mindestens einmal die Woche kam Howard von der Arbeit

nach Hause und geriet außer sich. Er betrat das Haus, genervt vom Verkehr, überreizt vom Schlafmangel, hatte einen Mordshunger, zerbrach sich laut über irgendeinen Fall den Kopf, und brüllte dann los, warum der Müll nicht rausgebracht worden war, die Dreiräder in der Auffahrt standen, und warum, Herrgott noch mal, überall dieses *verdammte* Spielzeug herumliegen musste.

»Ist es denn so schwierig, das Zeug im Kinderzimmer zu lassen?« Die laut geblaffte Frage galt allen, die sich in Hörweite befanden – und das waren für gewöhnlich Frau, Kinder und zwei Katzen, die sich schleunigst verkrümelten. »Wozu haben wir die Mülleimer gekauft, wenn wir sie nicht benutzen?«

....
DAS PROBLEM: **Die kalt-heiße Empathie-Differenz**

Immer wenn Howard sich wieder beruhigt hatte und erkannte, dass er allen den Abend vergällt hatte, traf er eine Entscheidung: Morgen. Morgen werde ich nicht die Fassung verlieren.

Morgen kam. Und Howard verlor erneut seine Fassung.

Intertemporale Entscheidungen haben Folgen für die Zukunft. Das *wusste* auch Howard. Er *wusste,* dass es im langfristigen Interesse seiner Frau und seiner Kinder lag – und nicht zuletzt auch in seinem –, dass er ein lieber und verträglicher Mensch war. (Und starben gestresste nicht früher als relaxte Männer? Ja, das hatte er irgendwo gelesen.) Und so nahmen sich die von ihm aufgestellten Gleichungen dann auch recht simpel aus:

• Heute ein lieber Papi = Kinder, die mich lieben und zu produktiven Mitgliedern der Gesellschaft heranwachsen.

Heute ein böser Papi = Kinder, die mich hassen und zu Serien-mördern werden
- Heute ein lieber Ehemann = eine glückliche Ehefrau und even-tuell ein erfülltes Liebesleben
Heute ein böser Ehemann = Scheidung, schrulliger alter Jung-geselle auf einer Parkbank, der nach Frauen in sexy Kleidern schielt.

Das Problem war, dass Howard seine Entscheidung, sich fortan be-herrschen zu wollen, immer traf, nachdem er sich wieder beruhigt hatte. Mit anderen Worten: wenn er in einem »kalten« Zustand war. Wir erinnern uns: In einem kalten emotionalen Zustand sind wir fähig, besonnene und durchdachte Entscheidungen zu treffen. Zudem haben sie die frappierende Eigenschaft, uns die »heißen« emotionalen Zustände vergessen zu lassen. So ging der »kalte« Howard schlicht davon aus, dass er auch am folgenden Tag noch »kalt« sein würde, und dass der »heiße« Howard der Vergangen-heit angehören würde.

Jen sagte ihm deutlich, dass die ganze Familie unter seinen Wutausbrüchen zu leiden habe und dass es die Kinder beunruhi-ge, wenn er derart zornig nach Hause komme.

Jedes Mal versprach er, sich zu zügeln und überlegte sogar zu-sammen mit Jen, wie ihm das gelingen könnte.

»Wie wär's, wenn du früher Feierabend machst und dann ins Fitnessstudio gehst?«, schlug Jen vor. »Reagier dich ab, das ver-brennt negative Energie.«

»Dann schaffe ich es aber nicht, zum Abendessen zu Hause zu sein«, gab der »kalte« Howard zu bedenken.

»Du kannst dir auf der Heimfahrt eine Meditations-CD anhören.«

»Ich dachte, du kennst mich«, sagte der »kalte« Howard.

»Oder du zählst bis zwanzig, bevor du hier die Tür aufmachst«, sagte Jen.

»Wie wär's, wenn ich bis zwanzig zähle und wir dann Sex haben?«, fragte der »kalte« Howard, der allzeit bereit war.

»Uuh, ich bin kaputt«, sagte sie und schob ihn weg. »Meine ganze Energie ging dafür drauf, die Kinder wieder in die Spur zu bringen nach deinem letzten Ausraster.«

»Ich weiß, tut mir leid, wird nicht wieder vorkommen.«

So oder so ähnlich spielte sich die Situation im Allgemeinen ab. Sobald Howard aus dem »heißen« wieder im »kalten« Zustand war, war er überzeugt, dass er der »kalte« Howard bleiben würde.

Doch es passierte immer wieder. Irgendwo auf dem Weg zwischen Büro und Zuhause brach der »heiße« Howard los. Alle guten Vorsätze, die der ruhige, gelassene und bedachte Howard gefasst hatte, waren dahin. Wie Alice, die mit dem *Hyperbolic Discounting* zu kämpfen hatte, schaffte es auch Howard nicht, seinem wohl gefassten Vorhaben treu zu bleiben.

DIE LÖSUNG: *Selbstverpflichtungswerkzeuge*

Howard probierte es mit »bis 20 zählen« (ohne Erfolg!) und mit Tiefenatmung (ganz ohne Erfolg!). »Atemtechniken funktionieren nicht, wenn man vor lauter Fluchen das Luftholen vergisst«, erzählte uns Jen.«

Also dachten die beiden sich ein Selbstverpflichtungswerkzeug aus, das ihnen dienlich war, um mehr von ihrer Ehe zu haben. Für Howard bedeutete das mehr Sex, für Jen einen ruhigen, verträglicheren Howard. Sie gaben diesem Werkzeug auch einen Namen: rote Flagge. Es war das Stichwort. Wenn Howard kurz vor einem Wutausbruch stand, rief Jen »rote Flagge«. Wenn Howard es drei Tage ohne »rote Flagge« schaffte, würde Jen mit ihm schlafen. Wenn ihm eine ganze Woche ohne »rote Flagge« gelang, wollte sie an zwei Tagen hintereinander mit ihm schlafen (sofern er sich in der Zwischenzeit keine rote Flagge einhandelte). Und schaffte er es gar einen Monat ohne »rote Flagge«, dann wollte sie tun, was immer sein Herz begehrte.

Jedes Mal, wenn Howard an die Decke ging und eine »rote Flagge« bekam, gab es also eine Woche keinen Sex. Zwei »rote Flaggen« bescherten Jen einen Tag im Spa, während Howard die Kinder in die Musikschule und zum Fußballtraining fahren musste.

»Er brauchte eine Motivation«, sagte Jen. Und Sex, so fügte sie hinzu, »schien mir da ein ideales Werkzeug zu sein.«

Eigentlich ging Jen davon aus, dass die »Rote-Flagge-Methode«, genau wie alle anderen Versuche zuvor, scheitern würde. Bestenfalls, so dachte sie, würde das Ganze zwei Wochen lang funktionieren, danach würde Howard wieder der alte Hitzkopf sein. »Ich hatte genug Bücher zum Thema gelesen, um zu wissen, dass Howard sich nicht ändern würde«, sagte sie. »Ich habe einen Polterer geheiratet und einen Polterer bekommen.«

Aber sie irrte sich. So komisch die »Rote-Flagge-Methode«Ihnen vorkommen mag (Sex als Belohnung für gutes Betragen?), für Howard und Jen war es ein Erfolg. Zum einen hielt es das Dauer-

Der Ökonom im Schlafzimmer

Während wir dieses Buch schrieben, haben wir viele Ökonomen befragt. Ihr gemeinsamer IQ lag wahrscheinlich so um die 3600. Doch das hielt uns nicht ab, sie nach Tipps für ein besseres Liebesleben zu fragen – oder haben Genies etwa keines?

»Ich werde häufig um Rat gefragt«, sagte Gary Becker, der 1992 den Nobelpreis bekam und einer der ersten seiner Zunft war, der die Ökonomie der Ehe erforschte. »Und habe oft gedacht, welch lukrativer Bereich die Eheberatung doch ist.«

Ein anderer Wirtschaftswissenschaftler, der anonym bleiben möchte, berichtete uns, dass er und seine Frau seit 40 Jahren jeden Tag gemeinsam duschen. Alles eine Sache der guten Gewohnheiten, meinte er.

Laut George Loewenstein, der das Konzept der »Heiß-kalten-Empathie« ersann, sind Ehepaare nach einiger Zeit nicht mehr sexuell erregt, nur weil sie sich im selben Zimmer befinden. Das heißt, wenn diese Paare an Sex mit dem Partner denken, sind sie für gewöhnlich in einem ›kalten‹ Zustand, spülen vielleicht gerade Geschirr oder putzen sich die Zähne. Und das wiederum bedeutet wohl eher Flaute im Bett. Loewenstein macht zwei Vorschläge, wie sich die Flamme der Lust am Lodern halten lässt. Regel Nummer eins: Wenn einer auf Sex Lust hat, sollte der andere ihm diesen Wunsch erfüllen. Ein Vetorecht gibt es nicht. Regel Nummer zwei: Legen Sie fest, wie häufig Sie Sex haben wollen, und halten Sie sich daran. »Sex ist gut für die Gesundheit und die Beziehung«, sagt er.

thema Wutausbrüche in Schach, zum anderen ersparte es ihnen eine jahrelange Paartherapie und nächtelange Streits.

Sie wussten, was sie vom jeweils anderen wollten und ersannen ein Mittel, das ihrer beider Bedürfnisse gerecht werden konnte. Und das war ein sehr ökonomischer Ansatz, wie auch wir zugeben müssen.

Noch dazu war er nicht einmal kompliziert: Howard kam nach Hause, sah die Spielzeugautos auf dem Fußboden herumliegen, während Jen bereits den Zorn in seinen Augen aufblitzen sah. Doch dann fiel sein Blick auf Jen, und er sah sie mit der »roten Flagge« wedeln. Er hängte seinen Mantel an die Garderobe, zog die Schuhe aus und versuchte, den »kalten« Howard aus sich herauszuholen. »Ich weiß nicht, was er zu sich selbst gesagt hat«, erzählte Jen. »Den Jungs jedenfalls hat er gesagt, er bräuchte kurz eine Minute für sich. Und dann kam er besser gelaunt ins Wohnzimmer.«

Jen und Howard hatten dank der »roten Flagge« viel mehr Sex. Howard war am Ende so gut darin, sein Temperament im Griff zu behalten, dass Jen der Sex schon fast zu viel wurde. »Einmal oder zweimal die Woche, das ging ja noch, aber Howard schaffte es wochenlang ohne einen Tobsuchtsanfall«, sagte sie. »Da kann ich nur sagen: Seid vorsichtig, was ihr euch wünscht!«

SPEKULATIONS-BLASEN

Oder: Auf dass der Traum ewig währet!

Das Prinzip

Es gibt eine ganz berühmte Geschichte aus der Unternehmenswelt. Jeder angehende Wirtschaftswissenschaftler kommt nicht an ihr vorbei. Vielleicht kennen auch Sie diese Geschichte. Es ist die Geschichte der Tulpenmanie. Lesen Sie selbst:

Ende des 16. Jahrhunderts schlendert ein Mann in Augsburg durch einen prächtigen Garten, als sein Auge plötzlich auf eine wunderschöne Blume fällt: langer Stängel, der sich himmelwärts streckt, bekrönt von vollkommen geformten, seidig roten Blütenblättern in Form eines Turbans. Nie zuvor hat er eine solche Blume gesehen. »*Was ist das für eine Blume?*«, fragt er den Gartenbesitzer. »*Das ist eine Tulpe. Sie stammt aus Konstantinopel.*«

»Sie ist wunderschön«, sagt der Mann. »Ich würde Ihnen gerne eine abkaufen, für meine Frau.«

Und der Mann geht mit einer Tulpe nach Hause.

Wenige Tage später bekommt er Besuch von einem Freund. Dieser sieht die Tulpe auf dem Esstisch stehen und ist sprachlos vor Erstaunen. »Himmel«, sagt er. »Wie nennt sich diese Schönheit von einer Blume?«

»Es ist eine Tulpe. Meine Frau ist völlig hingerissen.«

Der Freund macht sich auf in den Garten, kauft eine Tulpe für seine Frau, die sich ebenfalls sofort in sie verliebt und ein paar Freundinnen davon erzählt. Diese Freundinnen erzählen wiederum ihren Ehemännern davon, welche in den Garten gehen und Tulpen kaufen. Die Tulpenmanie ist nicht mehr aufzuhalten.

Sie schwappt bis nach Holland, wo die Menschen sie zu nutzen wissen. Binnen kürzester Zeit floriert der Tauschhandel. Überall in Holland sprießen Tulpenfarmen aus dem Boden. Langsam beginnt sich der kommerzielle Handel zu formen: In sogenannten Kollegs treffen sich Händler und Käufer, um Tulpen zu vergleichen. Terminkontrakte, die es den Händlern erlauben, in der Zukunft zu einem heute festgelegten Preis Tulpen zu kaufen, florieren. Bis 1634 wird eine Tulpenzwiebel zum Preis von 300 Schafen verkauft. Eine Semper Augustus – eine besonders wertvolle rot-weiße Sorte, wird sogar für 5500 Florinen oder 46 Ochsen verkauft. Die Industrie im ganzen Land kommt jäh zum Stillstand. Warum Schuhe flicken, wenn dich eine Tulpenzwiebel reich machen kann? Warum Schiffe bauen, wenn man mit Blumen handeln kann? Notare geben ihre Arbeit auf und beglaubigen fortan Terminkontrakte für den Tulpenhandel. Ganz Holland spielt verrückt.

Dann, im Jahr 1637, wartet ein glückloser Trottel an seinem Blumenstand. Er wartet und wartet, dass irgendwer kommt und ihm teures Geld für eine Handvoll Tulpenzwiebeln bietet. Es kommt aber keiner. Was ist los? Er fragt sich, ob der aufziehende Regen die Menschen vielleicht im Haus hält. Er geht hinüber zum Stand seines Freundes Jan. *»Liegt es an mir?«,* fragt er ihn. *»Nein, bei mir läuft es nicht anders. Kein einziger Verkauf heute. Ich weiß nicht, was los ist.«* Am folgenden Tag das gleiche Lied.

In der Stadt gehen Gerüchte, die Tulpen seien den Preis nicht wert, den die Leute dafür zahlen.

Panik setzt ein. Die Tulpenhändler senken ihre Preise auf 2000 Florinen … auf 1000 Florinen … auf 500 Florinen. Niemand kauft. Terminkontrakte werden wertlos und die Händler gehen über Nacht bankrott. Tausende Menschen, die in den Tulpenhandel involviert sind, vom Bauer zum Händler, vom Importeur zum Bankier, verlieren ihre Arbeit. Und viele Menschen verlieren sehr viel Geld.

Die Tulpenblase ist geplatzt.

Und nun schauen viele blöd aus der Wäsche: die Bauern, die Millionen Tulpen angebaut haben, die Kaufleute, die für die Tulpen zu viel Geld verlangt haben, die Käufer, die ihre gesamten Ersparnisse dafür ausgegeben haben, und die Werbetreibenden, die diese Manie nie hinterfragt haben.*

Was folgt, sind erhobene Zeigefinger und die Jagd nach den Schuldigen: Weg mit dem Kerl in seinem 54-Zimmer Schloss, der die meisten Tulpen verkauft hat! Weg mit den Tulpen, diesem Symbol der Zerstörung und Gier, aus den öffentlichen Gärten, wo unsere Kinder spielen! Eine lange, dunkle Phase der Rezession legt sich über das einst so pulsierende Land.

Moment mal, hören wir Sie sagen. *Irgendetwas an dieser Geschichte, irgendetwas an diesen irrsinnigen Preisen, an dieser kollektiven Manie und der fehlenden Marktaufsicht kommt mir bekannt vor … wo habe ich das schon einmal gehört? … oh ja, richtig!* Gerade erst haben wir genau so eine Bankenblase erlebt, die 2006 platzte und die Aktienmärkte Anfang 2007 zusammenbrechen ließ. Und wenn man es genau betrachtet, haben wir den größten Teil unserer Spareinlagen in der Spekulationsblase der späten 1990er-Jahre verloren. Und davor gab es die US-Aktienblase gegen Ende der 1920er-Jahre, und davor (1720) die Südsee-Blase und so weiter und so fort.

Blasen sind keine holländische Erfindung. Sie sind menschlich. Und genauso vorhersagbar wie Schlechtwetter.

Ökonomisch ausgedrückt, bildet sich eine Blase, wenn der Preis für ein Gut weit über seinen tatsächlichen Wert hinaus steigt. Er steigt, weil die Leute glauben, der Preis steige bis

---

* Hätte es damals schon Massenmedien gegeben, hätte man ihnen die Schuld gegeben – das dürfen Sie uns glauben.

ins Absurde immer weiter, was andere ansteckt, dies ebenfalls zu glauben. Sie suchen nach Bestätigung, dass sie in ihrem Glauben richtigliegen, und ignorieren sämtliche Anzeichen dafür, dass doch etwas faul sein könnte.

Dann platzt die Blase. Und eine schlimme, lang andauernde Rezession folgt. Der Fachbegriff für diesen Prozess heißt
»Wirtschaftskreislauf«.

Das Diagramm unten zeigt den S&P 500, den Index, der
die Aktien von 500 der größten, börsennotierten US-amerikanischen Unternehmen umfasst. Die Spitzen und Tiefs schei-

Der ökonomische Zyklus
Der Aktienmarkt stieg und fiel das gesamte 20. Jahrhundert hindurch. Es gab
einen gewaltigen Einbruch 1987, die Dot-com-Pleite im Jahr 2000 und die
Bankenblase, die 2006 platzte und den Markt 2008 mächtig in die Tiefe stürzte.
(Quelle: Standard & Poor's)

Auf kurze Sicht sieht es düster aus …

nen dramatisch. Von 1995 bis 2000 stieg der Aktienindex auf 200 Prozent. Dann folgte der Crash – und der Index stürzte auf 49 Prozent ab. Während der Bankenblase, die 2002 ihren Anfang nahm, sprang der Markt auf 102 Prozent. Als die Immobilienpreise schließlich zu fallen begannen, verfielen die Investoren in Panik, und der Markt sank auf 57 Prozent.

Die gute Nachricht: So schmerzhaft dies klingen mag (und so schmerzhaft es auch war, die eigenen Ersparnisse verpuffen zu sehen) – auf lange Sicht gesehen stieg der Aktienmarkt tendenziell wieder an. Wenn wir das Diagramm auf S. 314 betrachten, wirkt sogar der »Börsencrash« von 1987 mit einem Abrutschen von 34 Prozent nur wie eine kurzzeitige leichte Unruhe.

Warum diese sogenannten Boom-Bust-Zyklen in schöner Regelmäßigkeit wiederkehren, ist eine Frage, an der sich die ökonomische Fachwelt seit Jahrhunderten die Zähne ausbeißt. Warum rennen wir wie verrückt hinter etwas so Banalem wie einer überteuerten Tulpe her, obwohl wir es eigentlich besser wissen müssten?

Dem britischen Ökonomen John Maynard Keynes zufolge ist der Grund recht simpel: Weil wir Menschen sind. »Wenn wir ehrlich sein wollen«, so schrieb Keynes 1935, »müssen wir zugeben, dass unsere Wissensgrundlage für die Schätzung der Erträge nach zehn oder sogar fünf Jahren einer Eisenbahn, eines Kupferbergwerks, einer Weberei, des Markenwerts einer Patentmedizin, eines atlantischen Dampfers,

Das große Gesamtbild

Im Verlauf der Zeit sehen Marktzyklen gar nicht so schlimm aus, wie sie sich anfühlen. Während die Aktienpreise Jahr für Jahr stark schwanken, sind sie im Verlauf der Zeit konstant gestiegen.

(Quelle: Standard & Poor's)

… aber auf lange Sicht sehr viel rosiger.

eines Gebäudes in der City von London sehr gering und manchmal null ist.« Da wir die Zukunft nicht vorhersagen können, so folgerte er, verlassen wir uns auf unser Bauchgefühl. Klingt plausibel – in den Ohren aller, die sich schon mal auf eine zweite Verabredung eingelassen haben oder zum Traualtar geschritten sind. Doch Keynes Position war eine radikale Abkehr vom klassischen Wirtschaftsdenken des frühen 20. Jahrhunderts, dessen Grundannahmen uns zu rein rationalen Wesen stempelt – allein darauf aus, den eigenen Nutzen zu maximieren.

Was hat das alles mit mir zu tun, fragen Sie nun. Sie hassen Tulpen, blieben unbeeinflusst von der Spekulationsblase und Ihr Haus hat man Ihnen nicht weggepfändet. Sie haben dieses Buch gekauft, um Ihre Partnerschaft auf Vordermann zu bringen.

Tatsache ist, Blasen treten in Beziehungen ebenso auf wie in der Wirtschaft – damit Ihre Partnerschaft wieder besser funktioniert, müssen Sie herausfinden, wie Sie diese Blasen vermeiden können, sofern möglich. Wenn nicht, müssen Sie einen Weg aus der unausweichlichen Blase (sprich: Krise) finden.

Und so funktioniert die Ehe-Blase: Das Leben scheint wunderbar. Sie sind verrückt nacheinander. Und all die anderen, armen, unglücklichen verheirateten Paare da draußen, die nicht haben, was Sie haben, tun Ihnen leid. Nichts kann Sie in Ihrem Glück beeinträchtigen, und so überlegen Sie nicht lange und häufen potenzielle Stressoren an – ein drittes Kind, ein größeres Haus …

Folgendermaßen platzt die Ehe-Blase: Diese Stressoren beginnen ihren Tribut zu fordern. Einer von Ihnen verliert seinen Job, und Ihr neues Haus saugt Sie finanziell aus. Sie streiten über Geld. Sie streiten, weil Sie sich über Geld streiten. Ihre Schwiegermutter bekommt Alzheimer, nimmt Ihren Mann in Beschlag, der sie gefälligst zum Arzt und wieder zurück zu fahren hat. Dann bricht sie sich den Knöchel. Sie sehen einander nur noch zwischen Tür und Angel.

Das Keynesianische Dilemma

Wird vor Ihrer Haustür mal wieder die Straße neu geteert, gefördert mit Mitteln des kommunalen Straßenbaus, dann haben Sie das vielleicht ihm zu verdanken: John Maynard Keynes. Sein Rezept, um aus einer Krise herauszukommen, lautete: hohe Ausgaben, auch wenn dies hohe Defizite bedeutet. Regierungen, darunter auch die der USA, widersetzten sich zunächst seinen Ideen, denn ausgeglichene Haushalte galten als heilig. Ende der 1930er-Jahre jedoch, als die Depression voranschritt und die Arbeitslosenzahlen in die Höhe schnellten, entschied Präsident Franklin D. Roosevelt, diese Idee auszuprobieren. 1938 erklärte er, dass die Regierung plane, Geld in die Wirtschaft zu investieren. Danach traten die USA in den Zweiten Weltkrieg ein und begannen enorme Gelder auszugeben – die Arbeitslosenquote ging stark zurück.

Zu jenem Zeitpunkt war Keynes bereits eine Art Star unter den Wirtschaftspolitologen. Und wie alle Stars war Keynes ein Lebemann: Er war offen bisexuell und aktives Mitglied der Bloomsbury Group, einer Gruppe von Literaten und Intellektuellen. Als junger Mann pflegte er romantische Beziehungen mit dem Maler Duncan Grant und dem Schriftsteller Lytton Strachey. Später heiratete er eine russische Ballerina.

1999 nahm das *Time*-Magazin Keynes in seine Liste der 100 bedeutendsten und einflussreichsten Menschen des 20. Jahrhunderts auf und rühmte ihn als großen Retter der globalen Wirtschaft: »Mit seiner radikalen Idee, wonach Regierungen Geld ausgeben sollen, das sie nicht haben, hat er möglicherweise den Kapitalismus gerettet.«

Was tun Sie? Borgen Sie sich kurz eine Buchseite von Keynes, um zu erfahren, wie Sie selbst aktiv aus Ihrer Ehe-Rezession steuern können, indem Sie in romantische Wochenenden und Paartherapien investieren? Oder legen Sie in den wirtschaftlichen Unterbau Ihrer Ehe an (vielleicht das Badezimmer renovieren?), in der Hoffnung, dass dies einen Welleneffekt auf die gesamte eheliche Binnenwirtschaft hat? Oder wählen Sie die kerntechnische Variante und entscheiden sich für ein weiteres Kind? Schließlich wächst man mit Kindern als Paar wieder enger zusammen, oder nicht?

Und genau hier wollen wir ansetzen. Erstens: Nein, kein weiteres Kind! Zweitens: Wir helfen Ihnen aus der Blase, indem wir Sie über drei wichtige Fragen aufklären. Was verursacht eine Blase? Wie erkennt man eine Blase, bevor sie sich unkontrolliert aufbläht? Und wie erholt man sich, nachdem sie geplatzt ist?

Die erste Ursache – und Vater aller Blasen ist ein »Bestätigungsfehler«, ein *Confirmation Bias,* wie es im Fachjargon heißt – die Tendenz, neue Informationen so zu interpretieren, dass sie bereits bestehende Überzeugungen bestätigen. Alle gegenteiligen Informationen sehen wir erst gar nicht oder ignorieren sie kurzerhand. Der englische Philosoph Francis Bacon formulierte dies schon 1620 wie folgt: »Hat der menschliche Verstand einmal eine Meinung angenommen, so zieht er alles heran, um diese zu bestätigen und mit ihr zusammenzustimmen. Und selbst wenn sich für das Gegenteil mehr und weit bessere Beweise anbieten, so wird er diese mit großer und schädlicher Voreingenommenheit ignorieren, verdammen oder sie durch Spitzfindigkeiten als irrelevant betrachten, auf dass die Autorität seiner ersten Annahme ungeschmälert erhalten bleibe.«

Die zweite Ursache ist das sogenannte »Herdenverhalten«, also das Folgen der breiten Masse. In bestimmten Fällen kann das Herdenverhalten eine gute Sache sein (wenn wir beispielsweise mit der Mode gehen), in vielen anderen ist es Schwachsinn (wie Aktien von *DieseFirmamachtdichreich.de zu kaufen*).

Die dritte Ursache ist übermäßiges Selbstvertrauen – wenn wir meinen, schlauer, fähiger und attraktiver zu sein als jeder andere auf dieser Welt, und dass nichts und niemand unseren Tulpen oder uns selbst je etwas anhaben kann. Warum also regelmäßige Beziehungspflege betreiben oder sich im Ehealltag anstrengen, wenn uns sowieso nichts und niemand entzweien kann?

FALLSTUDIE **1**

DIE AKTEURE: *Kim und Daniel*

Kim war sich sehr wohl bewusst, dass es nicht gerade gut angesehen ist, mit Professoren zu schlafen, aber das war ihr herzlich egal. Sie war schließlich ein freier Mensch. Mit sechs ging sie jeden Tag als Hai verkleidet zur Schule. Auf dem College dann probiertes sie sich als Lesbe aus, bevor sie sich dann (überwiegend) auf Männer einließ. Bis sie 25 Jahre alt war, hatte sie in drei Ländern gelebt und mit allen möglichen Drogen experimentiert. Sie zog auch gerne allein durch die Kneipen.

Daniel war ein 42 Jahre alter Professor am Institut für Internationale Entwicklung. Er lernte Kim während ihres Abschlussjahres in seinem Seminar über Mikrofinanzierung in Drittweltländern kennen. »Bis zum Ende der ersten Stunde hatte es mich total erwischt«, sagte sie.

Und dass es sie erwischt hatte, blieb auch Daniel nicht verborgen. Vor allem, weil sie ihn nach einer Sprechstunde, in die sie gekommen war, um ihre Seminararbeit zu diskutieren, um eine Verabredung bat.

Daniel sagte zu und dachte sich, sie wäre ja nicht mehr lange Studentin und er auch nicht ihr Mentor oder irgendetwas in der Art. Er war gut aussehend, aber schüchtern. Seine letzte Beziehung war vor einigen Jahren in die Brüche gegangen. Seitdem war er solo und kaum mehr gewohnt, von attraktiven Frauen angebaggert zu werden.

»Wenn Kim nicht aufgetaucht wäre, hätte ich wohl als Junggeselle geendet«, erzählte uns Daniel.

Mit Kim fing sein Leben wieder an, keine Frage. Sie hatten überall Sex – in seinem Büro, in der Toilette einer Bowlingbahn und auf dem Fußballplatz hinter den Sporthallen. Eines Abends machte Daniel Kim einen Heiratsantrag.

Die ersten Ehejahre waren wundervoll. Sie liebte seine gebildeten Freunde; er liebte ihre unbeschwerte Art. Kim reiste nach Bolivien, um über Wahlmanipulation zu berichten, belegte Seminare im Fach Soziale Arbeit, überlegte, sich beruflich umzuorientieren und engagierte sich einige Monate lang für die politische Kampagne eines Freundes. Wenn sie mutlos war, weil ein Projekt gescheitert war, half Daniel ihr, etwas Neues zu finden. »Daniel hatte eine Menge Freunde, die in den verschiedensten Bereichen tätig waren«, sagte sie. »Politik, Wirtschaftsentwicklung, Menschenrechte. Er machte mir hunderte von Vorschlägen, und meistens war etwas dabei, womit ich etwas anfangen konnte.«

Daniels Sabbatjahr nutzten sie für eine dreimonatige Reise nach Indien, wo Kim Kurse in Fotografie und Yoga besuchte und Recherchen für ein Buch über matriarchalische Gesellschaften anstellte. Sie mieteten ein Haus am Strand und hielten sich im Hof Kühe. »Daniel ging voll auf im dörflichen Leben. Er wusste die Herzen fremder Menschen aus einer völlig anderen Kultur zu öffnen«, erzählte Kim.

Sie verlängerten ihren Aufenthalt um weitere drei Monate.

Doch kaum waren sie in ihrer Zweizimmer-Wohnung auf dem Campus der Universität zurück, platzte die Blase.

Vor lauter Frust darüber, dass ihr Mann einen Beruf hatte, den er leidenschaftlich gerne ausübte, während sie noch immer ziellos von einem Job zum nächsten hüpfte, begann sie, auf ihm herumzuhacken. »Professoren können sich so derart wichtig nehmen«, sagte sie. »Die quatschen den ganzen Tag über ihre Forschungsprojekte, als würde es irgendwen kümmern, welche Kleidung die Zapoteken-Frauen von Oaxaca tragen oder wie sie ihr Essen zubereiten.« Wie konnte sie sich nur in einen Professor verlieben? Einen Kerl, der sich in seinem Beruf arrogant und überheblich gab, fixiert darauf, eine Festanstellung zu bekommen. Und dass er ebenso fixiert darauf war, auch für Kim etwas zu finden, das sie ausfüllte, empfand sie zunehmend als herablassende Arroganz.

»Vielleicht *will* ich ja eine Weile lang gar *nichts* machen«, sagte sie eines Abends zu ihm, nachdem er ihr vorgeschlagen hatte, sie könne einem Freund bei Forschungsarbeiten über Meeresschildkröten auf den Galapagos-Inseln helfen. »Vielleicht brauche ich dich gar nicht als meinen Karriere-Manager.«

Daniel war perplex und wusste nicht, was plötzlich in sie gefahren war. Dabei dachte er, das Projekt würde sie interessieren, weil er wusste, dass sie Tiere liebte. »Sorry, dass ich mich gekümmert habe.«

Kim ging nun öfters mit Freunden aus und sagte Daniel nicht immer, wohin sie ging oder wann sie wieder nach Hause käme, und sie trank auch mehr. Daniel fand, dass sie sich ganz schön gehen ließ. »Irgendwann musst du akzeptieren, dass es den perfekten Job nicht gibt und einfach irgendeine Arbeit tun«, sagte er eines Tages zu ihr. »Du bist schließlich kein kleines Kind mehr.«

Tags darauf flog Kim nach San Francisco, um ihren Vater zu besuchen und ein paar alte Freunde zu treffen. Ohne Daniel.

Daniel wurde angst und bange. Er stellte sich vor, wie Kim in San Francisco mit anderen Männern abhing. Sein bester Freund riet ihm, sich mit Arbeit abzulenken und an seinem Roman weiterzuschreiben, den er in letzter Zeit vernachlässigt hatte. Nein. Er ertrank seinen Kummer lieber in Whiskey.

DAS PROBLEM: **»Bestätigungsfehler«**

Daniel war Ying. Kim war Yang. Daniel war John Lennon. Kim war Yoko Ono. Sie waren so glücklich zusammen, dass sie es oft selbst kaum fassen konnten.

Und das war das Problem. Denn seit ihrem ersten Date sahen sie die Fakten, die ihre Beziehung bestätigten, auf einer Ebene über allen anderen; alle anderen Fakten nahmen sie aber nicht wahr – eine Tendenz, die Ökonomen »Bestätigungsfehler« nennen.

»Einen Monat nach unserer Heirat saßen wir beim Frühstück in einem Hotelgarten in Istanbul und sahen uns die anderen Paare um uns herum an«, erzählte Kim. »Und ich weiß noch, wie ich dachte, dass wir das verliebteste Paar von allen wären.«

Auch zu Hause bestätigten sie einander immer wieder, wie perfekt ihr Glück doch sei. Auf Partys oder in Restaurants beobachteten sie andere Paare und bemitleideten sie, weil sie so normal und durchschaubar waren. Kim und Daniel dagegen fühlten sich dank ihrer Beziehung stark und zum Besten motiviert. In jeder erdenklichen Situation suchten sie Bestätigung für das, was sie glauben *wollten,* und ignorierten das große Gesamtbild, das auch die Tatsache enthielt, dass sie Menschen waren und als solche Fehler und Schwächen hatten.

Wann haben Sie das letzte Mal mit Ihrem Schwiegervater über Politik diskutiert? Haben Sie da nach Beweisen gesucht, um Ihren Standpunkt zu untermauern, oder nach allem, um ihn zu bestätigen? Wir vermuten mal Letzteres.

Zurück zu Kim. Als sie aufhörte, Daniel als perfekten Professor zu betrachten, begann sie, nur die Eigenschaften an ihm zu sehen, die ihn als bevormundenden, gähnend langweiligen Professorenfatzke bestätigten. Sie klammerte jegliche Information aus, die ihre Fakten schwächten, wie zum Beispiel folgende:

- Sie war seit fast zwei Jahren glücklich mit ihm.
- Mit seiner »Bevormundung« hat er ihr etliche Jobs verschafft, die ihr riesigen Spaß gemacht hatten.
- Seine einzige je geäußerte Beschwerde lautete: »Ich vermisse dich« – als sie allein nach Bolivien reiste.

Bestätigungsfehler vernebeln das Gesamtbild und führen zu sich selbst erfüllenden Prophezeiungen.

»Daniel verkörperte auf einmal all das, was ich mein ganzes Leben immer zu vermeiden suchte«, sagte Kim. »Beständigkeit. Gleichförmigkeit. Das Unileben fand ich erdrückend. Eine Festanstellung war wie Knast für mich. Den Rest unseres Lebens in der immer gleichen, Jeder-kennt-dich-Stadt zu verbringen? Nein, danke.«

Wenn Börsenhändler oder Entscheidungsträger ihre Ideen ausprobieren wollen, rufen sie keine Gleichgesinnten zusammen, damit diese ihre Ideen bestätigen. Vielmehr suchen sie sich die schärfsten Kritiker, die sie bekommen können, und bitten sie, ihre Ideen auseinanderzupflücken. Dann entwickeln sie bessere. Technologie-Unternehmen stellen Hacker ein, die Lücken im Sicherheitssystem aufspüren und sie schließen; Armeegenerale führen ausgeklügelte Kriegsspiele durch, um Schwachstellen in ihren Schlachtplänen zu finden; und kluge Firmenbosse planen für den Erfolg, indem sie sich auf Katastrophenfälle vorbereiten.

Das alles mag wie ein schrecklich unromantischer Ansatz für Beziehungen klingen (aber so etwas sind Sie mittlerweile ja von uns gewohnt). Sich zu verlieben und zu glauben, der andere sei perfekt, ist ja auch nicht so falsch. Bis auf die Tatsache, dass Sie damit eine Blase riskieren. Sie sind völlig niedergeschmettert, wenn Sie merken, dass *er* nicht bis in alle Zeiten aussieht wie James Dean, oder dass *sie* Sie nicht immer halb ausgezogen begrüßt, sobald Sie zur Tür reinkommen.

Nachdem die Blase von Kim und Daniel zerplatzt war, entwickelte Kim allmählich wieder einen Blick für das große Gesamtbild. Und das war ein erster Schritt in Richtung Beziehungsrettung. Ihr Vater hatte ihr in San Francisco gesagt: Daniel ist kein Ökonom, aber ganz klar ein schlauer Junge.

Er sprach sich für Daniel aus und lieferte ihr gute Gründe, die auf Fakten beruhten (Daniels Verhalten), nicht auf Gefühlen (Kims Bestätigungsfehlern). Er rief ihr in Erinnerung, wie sie ihn einst angerufen und ihm vorgeschwärmt hatte, wie intelligent und selbstbewusst Daniel doch sei. Wie sie perfekt zusammenpassten. Und dass Daniel wohl kaum der Typ sei, der seiner Frau die Schlinge um den Hals legt. Daniel habe ihr damals auch die Tickets nach Bolivien bezahlt, sie dort besucht und ihr vorgeschlagen, länger zu bleiben, falls der Zeitplan für den Film, an dem sie arbeitete, nicht aufginge. Daniel sei geduldig, so meinte ihr Vater, nicht erdrückend. »Solche Typen hattest du, Kim, die kennst du zur Genüge.«

Kim fuhr nach Hause – fest entschlossen, der Beziehung noch eine Chance zu geben. Doch mit Daniel darüber zu reden, machte alles nur noch schlimmer. »Ich versuchte, meine Gedanken und Gefühle ›auszudrücken‹ und ihm mit ›offenem Herzen‹ zuzuhören. Doch all das hat meine Begeisterung für die Ehe nicht wieder entfacht.«

Schöpferische Zerstörung

1942 veröffentlichte der österreichische Ökonom Joseph Schumpeter in einem seiner bedeutendsten Werke folgende Theorie: Wer angesichts von Wandel Neuerungen schafft, setzt sich erfolgreich durch; wer dagegen an alten Strukturen festhält, verkümmert. Dies sei, so Schumpeter, ein natürlicher Prozess, ein Kreislauf von Tod und Wiedergeburt, von Zerstörung und Innovation. Durch diese permanente »schöpferische Zerstörung«, wie er es bezeichnete, erneuere sich auch die Wirtschaft immer wieder selbst. Dass Blasen platzen, so führte er weiter aus, sei nicht nur gut, sondern auch notwendig.

In einem Vortrag, den er in Harvard hielt, erklärte er: »Meine Herren, Sie sind wegen der Depression sehr besorgt. Das müssen Sie nicht sein. Für den Kapitalismus ist die Depression eine wohltuende, kalte Dusche«.

Auch Blasen der jüngeren Zeit erfuhren durch kreative Zerstörung eine Grundbereinigung. So etwa führte die Krise der 1980er-Jahre zu einer dringend notwendigen Regulierung des Bankenwesens. Aus der Technologie-Blase ging ein leistungsstärkeres und weitreichenderes Internet nebst einer Reihe von innovativen Firmen wie *eBay, Amazon* und *Google* hervor.

Der Prozess der kreativen Zerstörung ist nicht immer angenehm. Unternehmen entlassen Tausende von Mitarbeitern, während sie im harten Konkurrenzkampf ihr Image immer wieder neu erfinden. So etwa arbeiteten 1920 noch 2,1 Millionen Amerikaner für Schienenbau-Unternehmen. Heute sind es nicht einmal mehr

JOSEPH SCHUMPETER

Ein Ökonom der Neoklassik

Schumpeter hat nicht nur die Idee der kreativen Zerstörung postuliert, er hat sie auch gelebt. Einer seiner Biografen sagte über ihn: »Für den Kapitalismus und für Schumpeter persönlich war nichts je von Bestand. Unruhe war deren einzige Musik.« Schumpeter schrieb seine Werke in seinen zwanziger Jahren, mit 30 wurde er österreichischer Finanzminister und wechselte dann ins Bankenwesen, machte ein Vermögen, verlor alles beim Börsencrash, ging in die USA, nahm eine Stelle an der Harvard University an und wurde zu einer Attraktion.

200 000. »Im Jahr 1900 gehörten Berufe wie Säger, Maurer und Grubenarbeiter zu den 30 häufigsten in Amerika. Ein Jahrhundert später waren diese Berufe bereits von Medizintechnikern, Ingenieuren, Computerwissenschaftlern und dergleichen verdrängt«, schreiben Michael Cox, Ökonom der US-Notenbank, und der Journalist Richard Alm.

Doch die kreative Zerstörung hält die Wirtschaft auch lebendig und produktiv (was den Millionen entlassenen Schienenarbeitern zunächst wohl kaum etwas geholfen hat). Dafür freuten sich anfangs die wenigen Computerfreaks, die eine gewaltige Revolution in der Welt der Kommunikation gestartet haben. Entwicklung ist unvermeidlich. Oder können Sie sich vorstellen, dass der Sony-Chef sagt: »Dieser HD-Fernseher ist der beste aller Zeiten.

Bei dem bleiben wir jetzt und machen für die nächsten zehn Jahre erst mal Feierabend.«

Anders gesagt: Man kann die Löcher in der Wand nicht endlos zuspachteln und mit neuen Bildern verdecken, man muss manchmal die ganze Wand einreißen und sie von Grund auf neu hochziehen.

Als Kim vom Besuch bei ihrem Vater zurück war, war Daniel noch wochenlang wütend. Irgendwann aber stellte er den Fernseher ab und machte sich an die »kreative Zerstörung«: Er schrieb an seinem Roman weiter und richtete seinen Tag danach – stand früh auf, ging spazieren, um den Kopf frei zu bekommen, und traf Freunde, um auf neue Ideen zu kommen. Er ließ seine *Depressionen* hinter sich. »Mit dem Schreiben hatte ich etwas, das ich kontrollieren konnte«, erzählte uns Daniel. »Zumal ich sonst in meinem Leben nichts kontrollieren konnte, schon gar nicht meine Ehe.«

Zudem verschaffte er Kim damit eine Verschnaufpause. Die Tatsache, dass Daniel sich in sein Buch vertiefte, bedeutete für sie, dass er nicht versuchte, sie zu irgendwelchen Entscheidungen, einer Therapie oder zu einem Job zu drängen. Ihre Ehe hatte im Leben einen anderen Platz gefunden, war kampflos und friedsam auf eine unheimliche Weise, aber noch längst nicht über den Berg.

Eines Morgens, wenige Monate nach dem Gespräch mit ihrem Vater, wachte Kim auf und bemerkte, dass Daniel bereits unten in seinem Büro saß und wie wild die Tasten klappern ließ. Sie machte sich einen Kaffee, setzte sich neben ihn, und er erzählte ihr von dem verworrenen Handlungsstrang, über dem er gerade brütete.

Es war der erste angenehme Moment seit ihrer Rückkehr, ohne dass sie nur einmal Beziehungsprobleme gewälzt hätten. »Es erinnerte mich an die erste Zeit unserer Liebe, als wir einfach darüber plauderten, was uns interessierte«, sagte Kim. »Das war der Daniel, den ich kannte, nur die Gefühle, die ich jetzt hatte, waren viel geerdeter als damals. Denn ich kannte nun einen Mann, der nicht perfekt ist, der seine Macken hat. Die Frage war, ob ich mit diesen Macken leben kann? Ich denke, ja.«

Die rosa Brille haben Kim und Daniel inzwischen abgelegt, doch beide halten ihre Ehe heute für sehr viel besser als die, die sie damals zu Zeiten ihrer stürmischen Romanze führten. »Es war großartig zu der Zeit, zu der es so war«, meinte Daniel. »Aber das wirkliche Leben war es eben nicht.«

Oder wie Winston Churchill es einst formulierte: »Schwierigkeiten gemeistert sind Möglichkeiten gewonnen.« Und Churchill musste es ja schließlich wissen.

FALLSTUDIE **2**

DIE AKTEURE: *Leila und Jake*

Erinnern Sie sich noch an den Begriff der Limerenz, als wir in Kapitel 2 über Risikoaversion gesprochen haben? Die Phase des intensiven Begehrens, der blinden Leidenschaft, der wonnigen Glückseligkeit? Für Jake und Leila war ihre Ehe genau so, bevor Leila entschied, ihre Stelle aufzugeben und ihren Ehemann zu hassen. Aber von vorne.

Jake und Leila lernten sich mit Mitte 20 kennen, als sie beide für den Boston-Marathon trainierten. Sie sah in ihren engen Sportklamotten super aus, erzählte uns Jake, und so machte er sich auf einer 30 Kilometer langen Trainingsrunde an sie heran.

»Wenigstens hat es die lange Strecke kurzweiliger gemacht«, meinte Leila, die auf den letzten acht Kilometern Jakes Geschichten über seine Kindheit in Kansas, den kurzzeitigen Job seines Vaters als Vertreter für Kosmetikartikel und die Softwarefirma, die Jake kürzlich gegründet hatte, lauschte. »Durchgeknallt wie er war, fand ich ihn interessant«, erklärte Leila.

Sie verabredeten sich für den folgen Tag (und zwar nicht zum Lauftraining!). Sie gingen aus, und ließen den Abend dann bei Jake zu Hause ausklingen, wo sie bis vier Uhr früh redeten. (»Wir redeten nicht nur«, fügte Jake hinzu.)

Es dauert nicht lange, da verbrachten sie die Wochenenden zusammen und die Urlaube abwechselnd bei ihren Familien. Sie gingen auch zusammen auf familiäre Pflichttermine wie das alljährliche Muschelessen bei Jakes Bruder. Als sie zusammenzogen und gemeinsam ein Auto kauften, war das für Leilas Freundinnen eine Sensation. »Die gingen davon aus, dass man zuerst heiratet und sich dann zusammen ein Auto kauft«, erklärte Leila. »Wir wollten ein Auto, aber heiraten wollten wir noch nicht.«

Leila war gerade dabei, ihren Abschluss in Moderner Kunst zu machen, um als Kuratorin zu arbeiten. Abends wälzte sie Bücher, tags durchforschte sie Zeitschriften und Webseiten, oder sie besuchte Galerien, in der Hoffnung unbekannte Künstler zu finden, die sie eines Tages groß herausbringen könnte. »Sie war unglaublich ehrgeizig«, erzählte uns Jake. Es habe Abende gegeben, da gingen sie zur gleichen Uhrzeit zu Bett, nur sei Leila oft eine Stunde später wieder aufgestanden, um sich erneut an den Schreibtisch zu setzen.

Sie heirateten. Leila bekam eine Stelle als Assistentin bei einem großen New Yorker Galeristen. Jake hatte vor, seine Firma an die Börse zu bringen. Sie reisten viel. Leila wurde schwanger. Die Möglichkeit, dass Leila mit dem Baby zu Hause bleiben würde, diskutierten sie erst gar nicht.

Sie meldeten ihren Nachwuchs noch vor der Geburt in einer Tageskrippe an.

Während sie in Mutterschutz war, traf Leila sich öfter mit neuen Bekannten: mit Alex aus der Geburtsvorbereitungsgruppe oder Liz vom Spielplatz, aber auch mit ihrer Mutter, die (gefühlt) alle 45 Sekunden vor der Tür stand. Die Gespräche drehten sich unweigerlich um Kinder – von den besten Stillmethoden über das beste Durchschlaftraining und darum, ob Leila bald wieder arbeiten gehen solle oder nicht.

»Macht es dir gar nichts aus, wenn du die Entwicklung des kleinen Jasper kaum miterlebst?«, fragte ihre Mutter süffisant. »Du bist bis spätnachts auf den Beinen. Das wird dir doch irgendwann zu viel.«

»Das erste Lebensjahr ist wie ein kleines Wunder. Ich weiß das, auch wenn ich die ganze Zeit arbeiten musste«, meinte ihre Schwiegermutter, die zwei regelmäßige Jobs und drei Aushilfsjobs gehabt hatte. Als Jake und die anderen Jungs da waren, habe sie sich aber ein paar Jahre frei genommen, berichtete sie. »Kinder werden so schnell groß.«

Auch die einschlägigen Eltern-Blogs im Internet gaben Leila

weise Ratschläge: So erfuhr sie von einer Studie, die herausgefunden hatte, dass Kinder aus Tageskrippen höhere Stresspegel aufwiesen und aggressiver waren als Kinder, die zu Hause bei ihren Eltern blieben. *Du liebe Güte!*

Leila kamen Zweifel, ob es wirklich so eine gute Idee wäre, sich gleich wieder ins Arbeitsleben zu stürzen. Würde es Jasper schaden, wenn sie nicht bei ihm zu Hause bliebe? War es egoistisch, Mama *und* Kunstexpertin sein zu wollen? Vielleicht könnte sie wie andere Mütter auch Teilzeit arbeiten? Oder ein paar Jahre Nur-Hausfrau sein? Eigentlich genoss sie ihr Mutterdasein weit mehr, als sie es erwartet hatte. Sie könnte später wieder ins Berufsleben einsteigen. Groß verpassen würde sie in ihrer Branche wohl nichts.

Sie fragte Jake, was er davon hielte, wenn sie zunächst nicht wieder arbeiten ginge. Er fand das völlig in Ordnung. »Für Jasper ist das super.« Und finanziell? Würde ihnen ein Gehalt ausreichen? »Das kriegen wir hin«, meinte er.

Leila rief ihren Chef an, um ihn darüber zu informieren, dass sie nicht wiederkommen würde.

Ihre Entscheidung stand fest. Es war die richtige Entscheidung. Die beste Entscheidung für ihre Psyche und ihren Sohn. Sie besuchten Mutter-und-Kind-Kurse in Yoga und musikalischer Früherziehung. Sie lernte Babyzeichensprache und brachte Jasper das Zeichen für Milch bei. Die Kunstmagazine stapelten sich ungelesen in einem Korb neben der Tür.

Leila hatte sich kopfüber in eine Nur-Hausfrau-und-Mutter-Blase begeben.

Und dann, ungefähr acht Monate später, platzte die Blase.

DAS PROBLEM: *Herdenverhalten*

Herdenverhalten bedeutet, in seinen Entscheidungen dem Rudel zu folgen, auch wenn dessen Informationen unzuverlässig, verzerrt oder falsch sind.

Herdenverhalten bedeutet, in seinen Entscheidungen über die Maßen vom Marktlärm beeinflusst zu sein. Zwölf Aktien im Auge behalten! Finanztipps für Frauen! Schnelles Geld!

Herdenverhalten bedeutet, mit den anderen gleichziehen zu wollen!

Herdenverhalten bedeutet, in seinen Entscheidungen den anderen zu folgen – also Nur-Hausfrau und Mutter zu spielen, weil alle meinen, das Kind würde andernfalls Schaden davontragen, auch wenn Ihr eigener Bauch sagt, alles Quatsch, und Sie Ihren Beruf lieben.

Herdenverhalten ist ein Grund für das Entstehen von Blasen.

Denken Sie an die späten 1990er-Jahre zurück, in denen jeder der festen Meinung war, dass Internetunternehmen ein milliardenschweres Geschäft bedeuteten, auch wenn sie keinen Cent erwirtschafteten. Ganze Horden von Investoren kauften Unternehmen zu absurd hohen Preise auf. Jeder Käufer trieb die Preise noch weiter nach oben und befeuerte damit eine Spekulationsblase, die im Jahr 2000 platzte.

Zwei Jahre später, als der Markt sich allmählich vom Kater des Technologie-Booms zu erholen begann, formierte sich die Herde bereits hinter dem nächsten großen Spekulationsobjekt – dem Immobilienmarkt. Angetrieben von billigen Hypotheken, Marktkommentatoren und Wall-Street-Zauberern, welche die Immobilien-preise bis in alle Zukunft rosa malten, begann ein breit angelegter Handel mit Immobilien, als seien es Aktien. Die Preise schossen in die Höhe, es lief wie geschmiert – bis 2006. Dann platzte die Blase und ließ die Herde mit einem Berg Schulden zurück.

Warren Buffet sagt Folgendes über das Herdenverhalten: »Wenn an der Wall Street der Aktienkurs, der von den emotionalsten oder den gierigsten oder den mutlosesten Menschen bestimmt wird, durch eine »Herde« beeinflusst werden kann, darf kaum jemand damit argumentieren, dass am Markt die Kurse immer rational festgestellt werden. Tatsächlich sind die Börsenkurse häufig unsinnig.«

Für Leila war die Entscheidung, zu Hause bei Jasper zu bleiben, über die Maßen beeinflusst von der Herde der Mütter, Schwiegermütter und Blogger-Mütter, von denen sie während ihres Mutterschutzes umgeben war. Sie liebte die Zeit mit Jasper, keine Frage. Aber sie liebte auch ihre Arbeit. »Hätte mich einer gefragt, bevor ich hormongesteuert war, ob ich die Geduld, die Toleranz und die Nerven hätte, mit einem Baby den ganzen Tag daheimzuhocken, dann hätte meine Antwort gelautet – NIEMALS«, sagte Leila. Doch letztlich hat sie ihren Job aufgegeben, nachdem sie sich mit allen möglichen Leuten beraten hatte …

- mit ihrer Mutter, die stets dafür gewesen war, dass ihre Tochter arbeitete, sie nun aber weiß Gott warum ermunterte daheimzubleiben.
- mit ihrer Schwester und einer Cousine, die ebenfalls zu Hause waren, und die fest daran glaubten, dass berufstätige Mütter ihre Kinder vernachlässigten.

- mit neuen Freundinnen, alle Mamas, alle klug und lustig, die sich entschieden hatten, nicht zu arbeiten und damit ganz glücklich schienen.

Keine wirklich objektiven Stimmen.

Leilas Nur-Hausfrau-Blase hielt exakt fünf Monate an. Zu jenem Zeitpunkt war Jakes Firma dabei, den Gang an die Börse vorzubereiten, und er war deshalb viel unterwegs. Sie vermisste die Anwesenheit einer weiteren erwachsenen Person im Haus und begann, sich in ihrem Alltag mit Bilderbüchern und Babybrei zu langweilen. Es fehlte ihr, über Kunst zu lesen, zu reden und zu lernen. Es kam ihr vor, als würde ihr Hirn von Spinnweben eingesponnen.

Ihren Frust darüber ließ sie an der Person aus, die ihr am nächsten stand – an Jake.

Wann kam er endlich nach Hause? Sie hatte schließlich keinen Vertrag über ein Dasein als alleinerziehende Mutter unterschrieben. Wieso fragte er sie so gut wie nie, wie ihr Tag gewesen war? Interessierte es ihn nicht? Wollte er gar nicht wissen, was sein Sohn den ganzen Tag gemacht hatte? Wieso mussten beruflichen Telefonate immer während des Abendessens stattfinden?

Allmählich wurde sie wahnsinnig. Wieso fragte Jake sie nicht mehr nach ihrer Meinung? Hielt er sie für weniger klug als seine Kolleginnen? Vielleicht dachte er, sie sei langsam am Durchdrehen. Oder drehte sie womöglich langsam *wirklich* durch? Ach woher – sie las die Zeitung, sie hielt sich auf dem Laufenden, sie wusste, was in der Welt los war. Und so ging es dahin – wie in einer Endlosschleife.

Feedback-Schleife

Eine Kettenreaktion, die sich in einer Endlosschleife dreht. Der Aktienmarkt sinkt, also ... verkaufen Sie Aktien ... und der Aktienmarkt sinkt weiter. Ihr Ehemann benimmt sich wie ein Trottel, also ... fragen Sie sich, warum er sich immer wie ein Trottel benimmt ... was ihn das nächste Mal wieder wie ein Trottel aussehen lässt (auch wenn er mit Blumen ankommt).

»Ständig fiel ich in Ungnade bei ihr«, sagte Jake. »Wenn ich unterwegs war, ließ ich sie im Stich. Wenn ich da war, half ich ihr nicht genug. An einem Sonntag dann, als Jake ihr eröffnet hatte, dass für den Nachmittag eine dreistündige Telefonkonferenz anberaumt war, verlor Leila die Beherrschung.

»Du hast mich damals ermuntert, zu Hause zu bleiben. Warum?«, herrschte sie ihn an. »Ich bin dafür nicht geschaffen.«

Jakes Erinnerung war eine andere. »Du hast mich damals nach meiner Meinung gefragt, und ich habe gesagt, dass es sich für dich richtig anfühlen muss. Wenn du es jetzt hasst daheimzuhocken, dann geh wieder arbeiten. Aber mach mich dafür gefälligst nicht zum Buhmann.«

»*Ich mache dich nicht zum Buhmann*«, sagte Leila. »Ich sage lediglich, dass du mir hättest helfen können, alles besser zu durchdenken, bevor ich meinen Job an den Nagel gehängt habe.«

Jake hatte es satt, der Sündenbock zu sein. Und Leila hatte es satt, die Mama zu spielen.

DIE LÖSUNG: *Schau in den Spiegel!*

Eines Tages, Jasper war inzwischen im Krabbelalter, durchstöberte Leila ihren Kleiderschrank und besah sich all die Kleider, die sie seit über einem Jahr nicht mehr getragen hatte – Kostüme, Cocktail-Kleider, Seidenblusen. Wer war diese Frau, die diese Kleider einmal getragen hatte? Sie sah an sich hinunter: altes Unterhemd von Jake, kurze Baumwollhosen, Gesundheitslatschen – so weit war es also gekommen!

Sie hatte noch ein paar Minuten, dann musste sie mit Jasper in die Babyturnstunde. Fix schlüpfte sie in einen hübschen, engen Rock, eine dekolletierte Bluse und ein Paar High Heels, die sie vor zwei Jahren gekauft hatte. Dann legte sie etwas Schmuck an – was sie schon lange nicht mehr getan hatte. Sollen die anderen Mütter in der Turnstunde doch denken, was sie wollen. Leila betrachtete sich im Spiegel: Na bitte!

Als Jake an jenem Tag abends nach Hause kam, war Leila aufgedonnert, als wäre sie die Gastgeberin einer Galerie-Eröffnung. »Wow, du siehst ja toll aus«, meinte Jake. »Gibt's einen besonderen Anlass?«

»*Anlass?*«, sagte Leila. »Muss ich denn einen Anlass haben, um toll auszusehen?«

Jake ging sich ein paar Kräcker aus der Küche holen und half Jasper, ein Puzzle zusammenzusetzen.

Am folgenden Tag hatte Leila einen Spielenachmittag bei Alex und Liz vereinbart. Sie streifte eines ihrer Bürokleider über und nahm sich Zeit für ein Make-up.

Die beiden anderen Mütter bemerkten Leilas Verwandlung sofort. »Was ist denn der Anlass?«, fragten sie praktisch einstimmig.

»Herrgott, warum fragt mich alle Welt nach dem Anlass? Ich hab's einfach satt, wie eine Mami auszusehen, okay?«, sagte Leila. »Und das meine ich nicht als Beleidigung.«

Auf dem Heimweg stellte sie sich vor, wie es wäre, wenn sie genau in diesem Moment im Büro säße, anstatt Jasper vor sich her zu schieben und sich zu ärgern, dass dieser Kirschsaft, den er ihr kurz zuvor über ihr Kleid geleert hatte, wohl nie mehr rauszukriegen war. Da stieß sie plötzlich mit dem Buggy irgendwo dagegen. Der kippte prompt nach vorn und Jasper purzelte auf den Gehsteig. Er stieß sich den Kopf und schrie wie am Spieß. Auch Leila schrie. Hatte sie etwa vergessen, ihn anzuschnallen? Was in aller Herrgottsnamen war los mit ihr? Sie versuchte, sich zu beruhigen, drückte ihn fest an sich und untersuchte ihn von Kopf bis Fuß, bis sie sicher war, dass er nirgendwo blutete und wahrscheinlich keine Gehirnerschütterung hatte.

Nichtsdestotrotz war Leila die ganze Nacht auf, lauschte seinem Atem und suchte förmlich nach allem, was beweisen könnte, dass sie eine Rabenmutter war: Sie konnte nicht singen. Sie ließ ihre Gedanken schweifen, einfach so, um sich dann zu wundern, dass Jasper schlimme Dinge widerfuhren. Beim Schaukeln wurde ihr schlecht, egal, ob sie auf der Schaukel saß oder diese nur anstieß. Stillen langweilte sie.

»Ich hätte es von vornherein wissen müssen«, sagte Leila am nächsten Morgen zu Jake. »*Du* hättest es wissen müssen.«

337

»Was genau, Leila, *hätte* ich denn wissen müssen?«, fragte Jake angriffslustig. Er war so oft morgens aufgewacht, da ließ Leila schon die Klinge sprechen – noch im Bett, am Frühstückstisch oder am Telefon –, dass er diesmal die Schilde hob, noch ehe Leila den Mund aufmachte.

»Dass ich meinen Job nicht aufgeben soll.«

»Verstehe. Ich hätte Psychologe spielen sollen. Dir raten sollen, unser Baby in fremde Hände zu geben, weil es mir lieber gewesen wäre, dass du den ganzen Tag Kunstwerke beguckst.«

»Aha!«, sagte Leila. »Wusste ich es doch! Du nimmst meine Arbeit gar nicht ernst. ›Kunst beguckst? Den ganzen Tag?‹ So siehst du meine Arbeit also?«

»So meine ich das nicht, und das weißt du«, sagte Jake und fuchtelte mit den Armen. Verdammt! Seine Schilde hatten versagt! »Ich habe mich unglücklich ausgedrückt. Natürlich nehme ich deine Arbeit ernst. Ich nehme *DICH* ernst. Ich weiß nur einfach nicht mehr, was ich tun soll, um dich glücklich zu machen.«

Leila ließ sich über ihr Unglück aus, während er nur dasaß und sie ansah. Dann erzählte er ihr zum x-ten Male, dass er nichts Falsches getan habe und für sie nur eine leichte Zielscheibe darstelle.

Leila hätte gut daran getan, ihre Attacken auf Jake einzustellen und sich die Worte unseres Freunds Warren Buffet zu Herzen zu nehmen, der einmal sagte: »Eine Teamentscheidung ist nach meiner Vorstellung ein Blick in den Spiegel.«

Und *nach unserer Vorstellung* ein guter Rat für die Partnerschaft. Wenn Sie durchhängen, weil Sie in Ihrer Ehe zu wenig (oder gar keinen) Sex haben, oder weil andere Paare glücklicher wirken, da die Frau nicht berufstätig ist und zu Hause alles im Griff

Buffetts Spiegel

Warren Buffett war einer, der seinen eigenen Rat befolgte. 1987 erwog er, in die Marke *Coca-Cola* zu investieren. Das Produkt gefiel ihm, da es seines Erachtens auf soliden wirtschaftlichen Beinen stand. Und es behagte ihm, dass alle anderen die Aktie für wertlos hielten. Coca-Colas Krieg gegen Pepsi hatte den Preis auf 38 US-Dollar pro Aktie gedrückt. Doch nun sorgte Buffett für eine Sensation: Er investierte 600 Millionen Dollar in Coca-Cola-Aktien, erhöhte auf 1,2 Milliarden, und schließlich beliefen sich seine Beteiligungen auf 17 Milliarden Dollar.

In ähnlicher Weise baute er die Aktienbestände anderer Unternehmen auf (Washington Post Company, American Express, Goldman Sachs). Nicht der Herde folgen. Selbst den Reibach machen. Worte fürs Leben!

hat, dann stellen Sie sich einmal folgende Frage: Ist es das, was Sie wollen, oder ist es das, was die Herde will?

Die Menschen, die Leila damals gute Ratschläge gaben, wollten, dass sie die gleiche Entscheidung traf, die sie selbst für sich getroffen hatten. Liz hatte ihre Karriere als Anwältin aufgegeben, an der ihr nicht wirklich viel gelegen hatte, und entdeckte jetzt das Yoga für sich. Alex war in der Modebranche tätig gewesen und wartete nun auf eine Eingebung für ihren weiteren Berufs-weg. Leila hingegen liebte ihre Arbeit. Sie hatte hart gearbeitet, um dorthin zu kommen, wo sie war, und hatte nie vor, etwas anderes zu machen.

Eines Tages, Jake war mal wieder auf Geschäftsreise, öffnete Leila eine E-Mail. Absender war eine Jobbörse aus der Kunst-branche, bei der Leila sich früher einmal hatte registrieren lassen. Doch seit Jasper auf der Welt war, hatte sie diese Mails immer sofort gelöscht. An jenem Tag aber trieb sie die Neugier. Sie durchzulesen zog sie runter: Jetzt wo sie raus war, hatte sie das Gefühl, den Anschluss verloren zu haben; wieder einzusteigen würde schwer werden. Sie leitete die Mail an Jake weiter und fügte ein paar Zeilen hinzu, in denen ein sarkastischer Unterton mitschwang – »Hier siehst du mal, was ich für ein Leben hätte haben können.«

Jake hatte die Nase voll. Als er nach Hause kam, redete er Klartext mit Leila – ihre Mitleidstour nerve ihn, er lasse sich nicht mehr von ihr zum Prügelknaben machen. »Ich habe eine Idee«, sagte er und schlug ihr vor, ihre frühere Chefin anzurufen und sie zum Mittagessen einzuladen. »Du bist immer gut mit ihr ausgekommen. Sag ihr, dass du wieder einsteigen willst.«

Leila war unsicher. Hatte Angst. »Die hat doch immer so viel zu tun«, sagte sie.

»Aber zwischendurch muss sie was essen«, konterte er.

Leila lenkte ein und griff zum Telefon. Ihre Chefin klang hocherfreut, und sie verabredeten sich für die folgende Woche. Als es so weit war, hatte Leila sich so »unmütterlich« wie möglich gekleidet, war aufgeregt und hoffte inständig, dass ihre Chefin ihr nicht übel nahm, dass sie so kurz nach ihrer Kündigung wieder bei ihr anklopfte. Und sie hoffte auf einige Karriereratschläge.

»Eine Vollzeitstelle kann ich dir nicht anbieten«, sagte ihre Chefin. »Aber wenn du willst, kannst du Teilzeit arbeiten«.

Leila nahm das Angebot an. Sie verdiente zwar etwas weniger als früher, dafür hatte sie einen Fuß in der Tür. Und wer weiß, vielleicht würde ja bald eine Vollzeitstelle frei.

Sobald Leila wieder arbeiten ging, verpufften die Spannungen zwischen Jake und ihr. Leila begann wieder zu lesen (keine Kinderbücher!), kam wieder unter Leute und nahm an Veranstaltungen teil, während Jake auf Jasper aufpasste. Sie brachte sich immer mehr in der Galerie ein, und irgendwann wurde aus ihrer Teilzeit- eine Vollzeitstelle. Sie hörte auf, Jake zum Buhmann zu machen.

»Ich wünschte, ich wäre so gestrickt, dass ich gerne Nur-Hausfrau und Mutter wäre«, sagte Leila. »Aber ich bin eine bessere Mutter, wenn ich jeden Tag zur Arbeit gehe.«

Als wir die beiden kennen lernten, ging es aktuell darum, Jasper im Kindergarten anzumelden. Die Herden sammelten sich bereits: Private seien besser als staatliche. Moderne besser als konservative. Die Erzieher dort besser als jene. Leila und Jake schworen sich, sich davon nicht beeindrucken zu lassen. Und dennoch …. »Liz hat mir von einem tollen Kindergarten erzählt, der von einer Gruppe ehemaliger Schauspieler geleitet wird«, berichtete uns Leila. »Klingt super.«

Viel Glück, Leila!

DIE AKTEURE: *Martha und Phil*

In gewisser Weise verbrachten Martha und Phil die ersten 25 Jahre ihrer Ehe in einer Blase. Sie zogen drei Kinder groß, kauften und renovierten zwei Häuser, und während sie in ihrem Freundeskreis manch eine Ehe kriseln und platzen sahen, hatte ihre Bestand.

Ihr einzig wirklicher Reibungspunkt war religiöser Natur. Sobald die Kinder größer waren, engagierte Martha sich mehr und mehr in ihrer Kirchengemeinde, nahm jeden Sonntag am Gottesdienst teil und besuchte regelmäßig Gebetskreise sowie Koch- und Spieleabende. Phil ging zwar mit in die Messe, mehr aber auch nicht. »Es gibt viele Spiele, die ich gerne spiele, aber Bingo mit den Leuten vom Kirchenchor ist nicht so mein Ding.«

2005 war auch das letzte ihrer Kinder mit der Schule fertig – und damit aus dem Haus. »Wir haben nie groß darüber nachgedacht, wie es sein würde, wenn alle Kinder aus dem Haus sind«, gestand Phil. »Dazu blieb gar keine Zeit. Hätte man mich gefragt, hätte ich mir das Leben danach wohl ziemlich einsam vorgestellt.«

Nun, einsam war es nicht. Es war umwerfend!

Samstags schliefen sie lange aus, hatten oft Sex, lasen Bücher, die sie schon immer lesen wollten, gingen ins Kino, wann sie wollten und tourten in einem gemieteten Wohnmobil durch die Lande. Martha, die ihren Job in einer Krankenhausverwaltung aufgegeben hatte, als ihr erster Sohn unterwegs war, schrieb sich für einen Philosophiekurs am örtlichen Seniorenzentrum ein und belegte einen Kochkurs. Und nachdem sie ein Buch über den Völkermord in Ruanda gelesen hatte, war ihr Interesse an Afrika geweckt. Sie verfolgte die Meldungen über die Ereignisse in Darfur, als geschehe alles in der Nachbarstadt. »Es passiert so viel in der Welt, aber ich hatte früher nie Zeit gehabt, mich damit zu beschäftigen«, erzählte sie. »Jetzt kann ich das.«

Auch Phil war viel beschäftigt. Er belegte an der örtlichen Volkshochschule Kurse in Betriebswirtschaft, um sich finanztechnische Grundkenntnisse anzueignen, damit er endlich seine eigene Firma gründen konnte. Bis spät in die Nacht vertiefte er sich in die Handelsblätter.

Martha und Phil, Frischlinge in ihrem neuen und freien Leben, folgten nach wie vor dem Muster ihrer Beziehungsblase.

Im Jahr 2006 besuchte Martha mit einer kirchlichen Gruppe ein Lager für sudanesische Flüchtlinge, Opfer des Darfur-Konflikts. Dort traf sie auf Frauen, die hatten zusehen müssen, wie ihre Männer hingerichtet und ihre Töchter vergewaltigt worden waren. »Ich lernte ein vierjähriges Waisenmädchen kennen, das sich um ihren einjährigen Bruder kümmerte«, erzählte sie. »Ihre Eltern waren vor ihren Augen ermordet worden. Wie sie solche Ereignisse verkraften, ist schwer vorstellbar. Diese Leute hatten nichts. Kein Zuhause, keine Familie, kein Essen. Nichts. Ich sah es als meine Pflicht, ihnen zu helfen.«

Dass ihre Ehe unter diesen neuen Leidenschaften einmal leiden könnte, hätten Martha und Phil nie gedacht. »Wir waren schon so lange zusammen. Da war es selbstverständlich, dass alles klappte«, sagte Martha. »Meine Mutter hat immer gesagt, der Schlüssel zu einer guten Ehe ist, einander zu unterstützen. Und genau das taten wir. Schon seit Jahrzehnten. Wieso sollte sich etwas ändern, nur weil die Kinder aus dem Haus waren?«

Wenige Jahre später platzte die Blase von Martha und Phil. Mit jeder ihrer Reisen nach Afrika (die nun regelmäßig alle paar Monate stattfanden) schien Phil an Marthas Menschenrechtskreuzzug immer weniger interessiert. Und je mehr sich Martha engagierte, desto weniger schien sie zu bemerken, wie hart Phil arbeitete. Phil hatte den Eindruck, dass Martha ihre Augen nur noch auf Menschen am anderen Ende der Welt richtete. »Wieso Afrika?«, fragte er. »Ich meine, wieso nicht die Armenviertel von Minneapolis?«

Martha nahm kaum wahr, dass Phil sie gar nicht mehr nach ihrer Arbeit fragte. (Unser Tipp: Wenn Sie von einer zweiwöchigen Reise nach Darfur zurückkommen und Ihr Mann mit keinem Ton fragt, wie es war, sollten alle Alarmglocken läuten!) Martha war in einem fort auf Achse, organisierte Spendensammlungen und Info-Abende, plante Reisen, ging auf Reisen oder kehrte von Reisen zurück. »Mir kam es gar nicht so vor, als sei mein Leben so großartig anders«, sagte sie. »Ich war wie immer mit Energie bei der Sache, nur jetzt für andere Menschen, und die lebten nun mal nicht unter meinem Dach.«

Doch indem sie Phil und ihre Ehe als gegeben hinnahm, lief sie Gefahr, ihre Ehe als allzu selbstverständlich zu betrachten. Und genau das übersah Martha. Sie setzte stillschweigend voraus, dass sie und Phil für immer zusammen sein würden – ganz gleich, was passiert. Dass alles seinen gewohnten Gang ginge, dass ihr Glücksbarometer stetig nach oben wandern würde. Ein Scheitern ihrer Beziehung war für Martha unvorstellbar, dafür war sie ihr viel zu wichtig. »Ich liebte die Sicherheit der Ehe«, sagte Martha. »Aber ich war zu sehr von mir selbst eingenommen. Ich habe die Alarmzeichen übersehen.«

Eines Morgens kam sie zur Tür herein, warf die Schlüssel auf den Tisch und schnaufte tief durch. Sie war seit 24 Stunden auf den Beinen und kam geradewegs vom Flughafen. Sie war fix und alle.

Sie ging in die Küche. Dort saß Phil und erwartete sie. »Diese Ehe funktioniert nicht mehr«, sagte er.

Zwei Jahre und Tausende Dollar Therapiekosten später waren die beiden geschieden.

DAS PROBLEM: *Ein Zuviel an Selbstsicherheit*

Martha ist nicht die Art von Person, die man als »zu selbstsicher« betiteln würde, wenn man ihr das erste Mal begegnet. Was jedoch ihre Ehe anbelangt, so legte Martha genau die Art von Selbstsicherheit an den Tag, die einer Partnerschaft alles andere als guttut.

»Es klingt wahrscheinlich verrückt«, erzählte sie uns, »aber Scheidung war für mich nie ein Gedanke, bis ich an jenem Tag nach Hause kam und Phil mir eröffnete, dass er mich verlassen würde.«

Studien belegen, dass wir Menschen in aller Regel übertrieben selbstsichere Wesen sind. Eine Umfrage unter 3500 US-amerikanischen Teenagern ergab, dass sich die meisten (im Schnitt 72,5 Prozent) bis zu ihrem 30. Lebensjahr mit einem College-Abschluss in der Tasche sehen; die Anzahl derer, die mit 30 tatsächlich einen College-Abschluss in der Tasche hatte, lag hingegen bei nur 30 Prozent. In einer weiteren Studie gaben 82 Prozent der Studenten an der Harvard Business School an, besser auszusehen als ihre Mitstudenten. Und in einer Umfrage unter 137 Menschen aus Virginia, die gerade ihr Aufgebot bestellt hatten, sagten die meisten, sie wüssten sehr wohl, dass die Scheidungsrate bei 50 Prozent läge, sahen aber die Wahrscheinlichkeit, selbst einmal geschieden zu werden, bei null Prozent.

Null Prozent? Nun, wir freuen uns über so viel Selbstsicherheit bei der Heirat. Aber *null Prozent?* Wir selbst, die Autorinnen dieses Buches, gehören gewiss zu den selbstsichersten Menschen überhaupt – und wir lieben unsere Ehemänner über alles –, aber die Wahrscheinlichkeit einer Scheidung würden wir für unseren Fall definitiv oberhalb der Null ansetzen.

In unserer »Ehe-Umfrage« ergab sich folgendes Bild: 84 Prozent der Befragten antworteten mit »sicher« oder »absolut sicher« auf die Frage, für wie wahrscheinlich sie es hielten, niemals von ihrem Ehepartner betrogen zu werden. Und 78 Prozent waren sicher, dass sie und ihre Ehepartner »auf immer und ewig zusammenbleiben« würden.

Sicher, ein gewisses Maß an Selbstsicherheit ist gut. Unternehmern hilft sie, allen Widrigkeiten zum Trotz an den eigenen Erfolg zu glauben. Sie hilft Verkäufern, die eine Provision dafür kassieren, andere von einem Produkt zu überzeugen. Und sie treibt uns an, morgens aus dem Bett zu kommen.

Doch in hohen Dosen kommt Selbstsicherheit leicht mit unseren Köpfen, Herzen und Bankkonten ins Gehege. Sie kann uns davon abhalten, für die Zukunft vorzusorgen, da sie uns vorzugaukeln weiß, dass auch in Zukunft alles so glatt laufen wird wie heute. Je mehr wir die Welt sehen, wie wir sie sehen wollen – nicht, wie sie wirklich ist –, desto selbstsicherer werden wir.

Verheerende Formen von übermäßiger Selbstsicherheit finden sich in allen Lebensbereichen, in obersten Chefetagen (was nicht weiter verwundert) ebenso wie unter Extremsportlern. Am 30. Mai 2002 erreichte eine Klettergruppe den knapp 3500 Meter hohen Gipfel des Mount Hood in Oregon. Sie sogen die Schönheit auf. Feierten. Dachten wahrscheinlich, das Schlimmste hinter sich zu haben. Dann machten sie sich an den Abstieg. Auf dem Weg nach unten kam die Sonne heraus, und es wurde wärmer. Der Kletterführer Bill Ward brach als Letzter auf. Doch da alle dachten, es würde ein leichter Abstieg werden, machte er sich nicht die Mühe, eine Sicherung in die Bergwand zu setzen – eine Vorkehrung, die bei einem Sturz Leben retten kann. Als er dann abrutschte und stürzte, riss er die anderen Kletterer, die allesamt bei ihm am Seil mit angebunden waren, mit in den Abgrund. Drei von ihnen starben.

Die Kletterer verfügten nicht über eine »realistische Selbsteinschätzung an jenem verhängnisvollen Tag auf diesem ›Anfängerberg‹, was mit einem tragischen Unfall endete«, schrieben die Ökonomen Andrew Lo und Jeremiah H. Chafkin in einem Blog zum Thema Risikobewusstsein in der Unternehmenswelt.

Wenn wir mehr Geld leihen, als wir zurückbezahlen können, wenn wir Versicherungen kaufen, deren Sinn uns nicht klar ist, oder Häuser, die in ihrem Wert steigen werden, *das wissen wir einfach,* dann setzen wir viel Vertrauen in Dinge, die wir nicht kontrollieren können.

Freek Vermeulen, Assistenzprofessor an der London Business School, vergleicht Wirtschaftsmanager in ihrer Selbstsicherheit mit Ikarus, dessen wächserne Flügel schmolzen, als er der Sonne zu nahe kam: »So etwas sehen wir bei Unternehmern häufig: Sie haben Erfolg, und werden dadurch selbstsicher und blind gegen die Gefahren, die andere Entwicklungen für sie darstellen. So ein Verhalten führt nicht selten zum Niedergang.«

Das Gleiche könnte man auch über Phil und Martha sagen. »Wir hatten so viele wunderbare Jahre zusammen, da wäre ich gar nicht auf die Idee gekommen, dass Phil unglücklich sein könnte«, meinte Martha. »Als die Kinder aus dem Haus waren, machten wir uns gemeinsam auf eine schöne Reise, nur dann schlug ich einen kleinen Umweg ein und merkte gar nicht, dass Phil nicht mehr bei mir war.«

DIE LÖSUNG: *Vertrauensindex prüfen*

Wenn Sie wüssten, dass eine gute Chance bestünde, dass Ihre Stadt morgen von einem Schneesturm getroffen würde, dann würden Sie sich einen Wasservorrat zulegen, sich mit Nahrung eindecken und die Fenster verbarrikadieren, richtig? Sie wären ja dumm, wenn Sie das nicht täten. Warum nicht die gleichen Vorkehrungen treffen, um sich für einen Notfall in der Partnerschaft zu rüsten?

Lassen Sie uns diese Wetter-Metapher ein wenig weiterspinnen: Der Grund, warum Sie von dieser Chance auf einen Schneesturm wissen, sind die Meteorologen, die regelmäßig bestimmte Warnindikatoren überprüfen und sehen, wenn einige davon ausschlagen. Die Technik gestattet es dem Wetterdienst, einen bevorstehenden Schneesturm zu erkennen, was wiederum uns ermöglicht, uns darauf einzustellen und rechtzeitig zu reagieren.

Genau so können Sie auch in Ihrer Partnerschaft verfahren. So unromantisch es klingen mag, aber Sie können einige Indikatoren entwickeln, mithilfe derer Sie ermessen können, welche Gefahren im Anzug sind.

Ökonomische Indikatoren sind Messgrößen, welche die Gesundheit der Wirtschaft widerspiegeln. Zu den wichtigsten gehören Arbeitslosigkeit, Veränderungen im Bruttosozialprodukt, Inflation sowie die Anzahl von Neubauten, die in einem bestimmten Zeitraum entstehen. Ein sehr bekannter Indikator ist der »Konsumklimaindex«, der die Konsumneigung der Privathaushalte und die Meinungen der Menschen über die künftigen Entwicklungen misst. Wenn also jeder plötzlich sehr viel weniger konsumiert und der Meinung ist, die Welt ginge bald unter – was bedeutet, dass Ihre Selbstsicherheit rückläufig ist – sackt der Index ab.

Ein weiterer wirtschaftlicher Indikator stammt von dem Wirtschaftswissenschaftler Robert Shiller. Er entwickelte den sogenannten *Crash Confidence Index*. Dieser misst den Anteil der Anleger, die einem bevorstehenden Börsencrash eine geringe Wahrscheinlichkeit zuordnen. Wenn der Markt wächst, so zeigt der Index, glauben die Menschen, dass die Party ewig weiterginge, und damit steigt auch die Selbstsicherheit, dass es keinen Crash geben wird. Shillers Index erreichte 2006 ein Allzeithoch, als der Markt noch kräftig stieg und kurz darauf auf den Crash zusteuerte. Sein Allzeittief erreichte der Index Anfang 2009, als eine Erholung des Marktes langsam zu wirken begann.

Wir halten Shiller für einen sehr klugen Kopf. Und die Idee, dass Warnzeichen den Rahmen einer Sache sprengen können, gefällt uns ganz besonders. (»Er redet nicht mehr mit mir, ich frage mich, warum.«) Und so entwickelten wir ebenfalls einen Index, einen Sicherheitsindex für Paare. Er ähnelt einer Fiebermesskurve für Ihre Partnerschaft, einer Methode, die Sie mit Ihrem Partner gerne ausprobieren dürfen.

Beginnen Sie in einer relativ ausgeglichenen Verfassung (nicht euphorisch, nicht betrübt), und legen Sie diese als Nullwert fest. Nun beantworten Sie die folgenden Fragen. Zählen Sie dann die Punkte zusammen. Sechs Monate später stellen Sie sich die gleichen Fragen erneut. Liegt die ursprüngliche Gesamtpunktzahl höher (euphorischer) oder niedriger (betrübter)? Üben Sie sich im Fiebermessen Ihrer Beziehung und lernen Sie zu erkennen, wo Sie im ökonomischen Zyklus gerade stehen. Das kann Ihnen helfen, Aufwärtstrends zu erkennen, Pleiten vorherzusehen oder sich einzugestehen, dass Sie als Paar Hilfe brauchen, ehe es zu spät ist – und bevor es Ihnen am Ende ergeht wie Martha und Phil.

 DER **Sicherheitsindex**

für Paare

♥ Auf einer Skala von 1 bis 5: Wie bewerten Sie Ihre Zufriedenheit mit Ihrer Partnerschaft zum jetzigen Zeitpunkt? (**5** = Sie denken an Dinge, die Sie tun könnten, um sein Leben schöner zu machen – z.B. die Kinder über das Wochenende zu Ihren Eltern bringen, damit er mit seinen Freunden zum Golfen gehen kann. **4** = Sie wünschen sich, mehr Zeit mit dem Partner verbringen zu können. **3** = Alles prima, Sie streiten nicht mehr so viel wie früher. **2** = Sie betrinken sich und prügeln auf den Barkeeper ein.

1 = Sie verfluchen Ihre Mutter, weil sie Ihnen nicht gesagt hat, dass Ihr Männergeschmack zu wünschen übrig lässt.)

1	2	3	4	5

♥ Auf einer Skala von 1 bis 5: Wie viele schöne Stunden verbringen Sie allein zu zweit? (**5** = Wir sind praktisch zusammengewachsen. **4** = Nächte und Wochenenden, **3** = sonntagnachmittags. **2** = Sie gehen einmal im Monat zusammen essen, sofern einer von Ihnen den Termin nicht vergisst. **1** = Könnte sein, dass Sie in den letzten 48 Stunden mal ein Wort miteinander gewechselt haben, aber sicher sind Sie nicht.)

1	2	3	4	5

♥ Auf einer Skala von 1 bis 5: Wie oft haben Sie Sex? (**5** = wie Maki-Affen. **4** = alle zwei Tage. **3** = Sie haben es nicht genau im Kopf, aber oft genug. **2** = Sie müssen kurz überlegen? **1** = wiedergeborene Jungfräulichkeit.)

1	2	3	4	5

♥ Auf einer Skala von 1 bis 5: Was war der Tenor in Ihrem letzten Streit? (**5** = Wir stritten, vertrugen uns wieder und hatten dann fünf Stunden tantrischen Sex. **4** = Es war eine hitzige Diskussion, aber noch im Rahmen. **3** = Wir wurden ausfallend und beleidigend, kriegten dann aber die Kurve. **2** = Wir schrien, brüllten, es war schrecklich; seither ist er in Beziehungspause. **1** = Habe mich in eine dunkle Ecke verzogen.)

1	2	3	4	5

♥ Auf einer Skala von 1 bis 5: Wie viele Freuden haben Sie Ihrem Partner diese Woche gemacht? Und mit »Freuden« meinen wir nicht, Hallo oder Tschüss zu sagen, sondern Dinge wie ein paar Schuhregale in ihrem begehbaren Kleiderschrank anzubringen oder ihn zu fragen, wie sein Tag war und zur Abwechslung auch mal der Antwort zuzuhören. (**5** = unzählbar viele (aber er verdient es!). **4** = einige. **3** = ein bis zwei. **2** = Ich denke, keine, aber ich habe auch keine Zeit, darüber nachzudenken. **1** = Was ist das – Freuden)?

1	2	3	4	5

♥ Auf einer Skala von 1 bis 5: Wenn Sie abends im Bett liegen und an Ihren Partner denken, was geht Ihnen dann durch den Kopf? (**5** = nur Positives, sanft wogende Lilienfelder und mittendrin wir beide nackt beim Picknick. **4** = meistens nur Positives. Sie wollen unbedingt eine Nacht mit ihm irgendwo außer Haus verbringen, um ihm endlich die versprochene »spezielle Geburtstagsüberraschung« zu bieten. **3** = eine Mischung aus Positivem und Negativem; er ist nicht perfekt, aber besser als die meisten. **2** = meistens nur Negatives. Eine Geschäftsreise käme Ihnen sehr gelegen. So müssten Sie sich ihre ständige Meckerei über Renovierung, Auto oder Fußmatte (die Sie vergessen haben zu besorgen) nicht mehr anhören – wie kann man sich bloß über eine Fußmatte aufregen? **1** = Wenn es irgendwie ginge, würden Sie ihn nach China exportieren.)

1	2	3	4	5

Schlüssel

25 – 30 Punkte: Blasenalarm! Alles läuft supergut! Aber Vorsicht, der Crash könnte an der nächsten Ecke lauern.

15 – 24 Punkte: Weiter so. Arbeiten Sie daran, Ihrem Partner mit Achtung zu begegnen. Möge Ihnen das gute Karma erhalten bleiben!

6 – 14 Punkte: Lesen Sie dieses Buch noch einmal von vorne.

Knicken Sie sich ein Eselsohr in diese Seite. Machen Sie dieses Quiz alle paar Monate. Nimmt Ihre Punktzahl ab, sollten Sie herausfinden, wo der Hund begraben liegt. Vielleicht sollten Sie sich aussprechen, einander sagen, warum Sie wütend sind, sich vernachlässigt fühlen oder immer träger werden. Nimmt Ihre Punktzahl zu, merken Sie sich, welche Mechanismen funktionieren (Lob, Anerkennung, Zuneigung) und setzen Sie sie bewusst ein. Sollten Sie immer die höchste Punktzahl erreichen und sich auf die Schulter klopfen, möchten wir Sie an Ikarus und seine geschmolzenen Flügel erinnern.

SPIELTHEORIE

Oder: Wie man mit Strategien à la Chruschtschow
und Manipulationen à la Kennedy zu einer
traumhaft glücklichen Beziehung gelangt

Das Prinzip

Erinnern Sie sich an die Kuba-Krise? Als die USA und die
Sowjetunion einen atomaren Erstschlag zur Vernichtung
des Gegners erwogen und die Welt nur um Haaresbreite einer Katastrophe entkam? Kleine Auffrischung: Im Herbst
1962 entdeckten die USA, dass ihr sowjetischer Erzfeind
heimlich dabei war, in Kuba Abschussrampen für Mittel-
und Langstreckenraketen mit Atomsprengköpfen zu installieren. Außerdem waren sowjetische Frachtschiffe mit Raketen bereits auf dem Weg nach Kuba.

Höchste Alarmstufe für die USA: Kuba liegt nur knappe 200 Kilometer vor der US-amerikanischen Küste. Die Amerikaner hätten keine Zeit zu reagieren, würden Raketen auf ihr Land abgefeuert.

Als John F. Kennedy die Nachricht ereilt, drückt er nicht den roten Knopf oder legt Kuba in Asche, sondern er wählt eine sehr besonnene Strategie. Er befiehlt seiner Kriegsflotte, einen Sperrgürtel um Kuba zu ziehen und die sowjetischen Schiffe am Anlegen zu hindern. Diese Blockade, so Kennedy, würde so lange bestehen bleiben, bis Chruschtschow einlenkt und seine Schiffe sowie sämtliche Raketen aus Kuba abzieht.

Die Kriegsrhetorik verschärft sich rasch. Chruschtschow fordert Kennedy auf, sich zurückzuhalten, andernfalls drohe seinem Land das Schlimmste. Kennedy seinerseits fordert den sowjetischen Regierungschef zum Abzug auf und droht mit einem atomaren Gegenschlag. Chruschtschow lenkt keinen Deut ein. Kennedy bietet seinen gesamten militärischen Verteidigungsapparat auf.

Die Welt hält den Atem an. Keine Seite scheint sich zu bewegen. Unterdessen machen die Amerikaner Hamsterkäufe, hoffen auf genügend Schutzbunker und harren ihrem Untergang entgegen.

Während die beiden Supermächte den Finger am Abzug halten (nur für den Fall!), haben hinter den Kulissen geheime Verhandlungen begonnen. Nach knapp drei Wochen erklärt sich Chruschtschow bereit, Schiffe und Raketen abzuziehen und die Abschussrampen abzubauen. Im Gegenzug garantieren die USA, nicht in Kuba einzumarschieren.

Die Kuba-Krise zu Zeiten des Kalten Krieges brachte die Welt an den Rand einer Katastrophe – an der sie nur knapp vorbeischlitterte.

Heute bemüht man diese Krise gerne für klassische Studien der Spieltheorie, ein Teilgebiet der Mathematik. Diese Theorie analysiert das rationale, ineinandergreifende Entscheidungsverhalten von Menschen, Unternehmen und Regierungen in strategischen Situationen. In der Spieltheorie hat die Kuba-Krise ihr Pendant im sogenannten »Feiglingsspiel« (*Chicken Game*): Zwei Spieler drängen sich gegenseitig immer weiter an den Abgrund. Wer zuerst kneift, hat verloren.

Nun ersetzen wir mal Kennedy und Chruschtschow durch Joel und Lisa. Und die Atomraketen ersetzen wir durch Joels und Lisas Kühlschrank, in dem seit drei Tagen gähnende Leere herrscht. Ehemann und Ehefrau verharren in einer Pattsituation – keiner lenkt ein. Jeden Abend bestellen Sie Pizza beim Lieferservice und leiden an Verdauungsproblemen wie nie zuvor. Joel würde sich nicht zum Supermarkt bewegen, Gott bewahre, er ist schließlich die letzten fünf Samstage einkaufen gewesen, während Lisa beim Tennisspielen war. Und auch Lisa fällt es im Traum nicht ein, einkaufen zu gehen – sie macht ohnehin alles im Haushalt, einschließlich Joes Wäsche, und sie kümmert sich darum, dass die Rechnungen bezahlt werden. Wenn Joel sich also einbildet, sie ginge auch noch zum Supermarkt, dann hat er sich geschnitten. Er kann auch mal seine Dreckwäsche unter dem Bett hervorholen und sich um die Rechnungen kümmern – sie kann warten. Sie wartet bis heute.

Vielleicht sind Sie und Ihr Partner reifer als Joel und Lisa. Vielleicht legen Sie es ja nie auf derartige Konfrontationen an, machen einander nie ein schlechtes Gewissen und warten auch nie Däumchen drehend ab, bis der andere sich bewegt.

Sehr viel wahrscheinlicher aber ist, dass auch Sie ein klein bisschen Joel und Lisa und ein klein bisschen Chruschtschow und Kennedy in sich tragen, dass Sie in Ihrer Partnerschaft nicht über eine »Beziehungspolitik« erhaben sind, die sich »am Rande des Abgrunds« bewegt, dass auch Sie strategisch planen, wie Sie einen anhaltenden Kampf gewinnen und am Ende bekommen, was Sie wollen – und das tun Sie wahrscheinlich öfter, als Sie zugeben.

Deshalb sind wir der Meinung, dass eine kurze Einführung in die Spieltheorie an dieser Stelle ganz hilfreich sein kann. Strategische Handlungsweisen halten wir nicht für schlecht. Das klingt vielleicht kalt und berechnend, aber Strategien im Alltag einer Partnerschaft sind ein Stück Realität (vielleicht auch in Ihrer). Wenn Ihre Freunde Sie auf ein Wochenende ohne Partner einladen und Sie gerne mitkommen würden, fangen Sie automatisch an zu überlegen, wie Sie das Ihrem Partner möglichst ohne großes Tamtam beibringen, richtig? Sie überlegen, was Sie ihm im Gegenzug bieten können. Sie überlegen, wie Sie es ihm sagen, wann Sie es ihm sagen, oder auch, ob Sie ihn vielleicht mit Blumen bestechen sollen?

Genau das bezeichnet man als »Strategie-Entwurf«. Und die Spieltheorie verrät Ihnen, wie Sie derlei Strategien verfeinern können.

Wir haben uns dieses Thema bis zum Schluss aufgehoben, da es etwas komplizierter ist als andere Theorien, die wir vorgestellt haben. Betrachten Sie es als den Meisterkurs in diesem Buch. Sind Sie bereit?

Zunächst gibt es einige Dinge, welche die Spieltheorie und eine Partnerschaft gemein haben:

- In der Partnerschaft wie in der Spieltheorie gibt es zwei Spieler. (In der Spieltheorie kann es auch mehr als zwei geben, aber da wir hier nicht der Polygamie das Wort reden, bleiben wir bei zwei!).
- In der Partnerschaft wie in der Spieltheorie versucht jeder Spieler das Beste für sich herauszuholen, ist aber durch die Tatsache, dass er nicht alleine spielt, eingeschränkt. Es gibt immer auch einen anderen in der Gleichung (einen Konkurrenten, einen Rivalen, eine Ehefrau), der oder die ebenfalls das Beste für sich herauszuholen sucht.
- In der Partnerschaft wie in der Spieltheorie gibt es »kooperative« Strategien, in beide Parteien zusammenarbeiten – und am Ende eine für beide bestmögliche Lösung. Und es gibt »nichtkooperative« Strategien, in denen jede Partei am Ende der Sieger sein will.
- In der Partnerschaft wie in der Spieltheorie ist es für gewöhnlich die nichtkooperative Strategie, die sich als die

attraktivste erweist und der man zudem am schwersten widerstehen kann.

- In der Partnerschaft wie in der Spieltheorie ist es für gewöhnlich die kooperative Strategie, die beide Parteien am Ende glücklicher macht.

Wer die Spieltheorie erfunden hat, ist bis heute nicht klar. Einige sehen ihre Anfänge in der jüdischen Tradition beziehungsweise im Talmud begründet, einer umfangreichen Sammlung jüdischer Gesetzestexte, die ungefähr im Jahr 200 n. Chr. von Rabbinergelehrten verfasst wurde.

WAS DIE LEUTE SAGEN ...

Über Kooperation

Für die meisten all derer, die an unserer Befragung verheirateter Paare teilgenommen haben, stellt Kooperation eine enorme Herausforderung dar. Hier einige ausgewählte Antworten auf die Frage »Was ist das schwerste Stück Arbeit in der Ehe?«

- Zu lernen, mit einer anderen Person unter einem Dach zu leben.
- Kompromisse machen zu müssen.
- Verschiedene Standpunkte.
- Sich selbst auch mal zurückzunehmen.
- Nicht immer den eigenen Kopf durchsetzen zu können.
- Meinungsverschiedenheiten zuzulassen.
- In Sachen Kindererziehung an einem Strang zu ziehen.

Die Ausführungen im Talmud, die uns im Zusammenhang mit der Spieltheorie interessieren, beziehen sich auf Fragen wie die folgenden: Wie ist das Vermögen eines Toten unter seinen Gläubigern aufzuteilen, wenn sein Vermögen geringer ist als seine Schuldlast? Wie ist ein Gewand aufzuteilen, für das eine Person das alleinige Besitzrecht beansprucht, eine andere aber die Hälfte fordert? Was tun, wenn ein Mann die Witwe seines Bruders heiratet, die *acht Monate* später einen Jungen gebärt, er selbst unmittelbar darauf verstirbt, den Neugeborenen aus zweifelhafter Elternschaft sowie zwei weitere Söhne aus rechtmäßigen Verhältnissen hinterlässt, der Großvater gleichfalls verstirbt, und zu klären bleibt, wie das Vermögen des Mannes nun aufzuteilen ist (Antwort: 41 $2/3$ an den »zweifelhaften« Sohn, 58 173 an die beiden rechtmäßigen Söhne – aber fragen Sie uns bitte nicht nach einer genaueren Erklärung.)

Machen wir einen Sprung von 1700 Jahren, zum 1944 erschienen Werk *Spieltheorie und wirtschaftliches Verhalten,* gemeinschaftlich verfasst von John von Neumann und Oskar Morgenstern. Wenige Jahre zuvor hatte John von Neumann, der als größter Mathematiker des 20. Jahrhunderts gilt, einen Entwurf vorgebracht, der als »Min-Max-Theorem« bekannt wurde, und der in einfachsten Formeln zeigt, wie sich potenzielle Verluste in einem Zwei-Personen-Spiel minimieren lassen. In ihrem Werk erweiterten von Neumann und Morgenstern das Min-Max-Theorem, stellten eine Reihe von Strategiespielen vor und führten in die Welt der Spieltheorie ein. Seitdem haben Ökonomen Spieltheorien benutzt, um

optimale Strategien für Kartellgesetze, nukleare Abschre-
ckung, Spitzengehälter im Profisport und Programme zur
Vergabe von Studienplätzen oder Klinikstandorten zu entwickeln.

Ob beim Min-Max-Problem oder im Feiglingsspiel, die
Spieltheorie befasst sich mit Situationen, in denen ein Spieler nie alles haben kann. Ziel ist es daher, Strategien zu finden, mit denen man unter Berücksichtigung der voraus-
sichtlichen Strategien der anderen Spieler bestmögliche
Ergebnisse erreichen kann.

Die magischen Worte lauten also »bestmögliche Ergebnisse«.

Nicht »bekommen, was man will« oder immer »Recht haben« – was vielen von uns wohl lieber wäre. Was wir von
der Spieltheorie lernen können, ist eben genau das: Es geht
in einer Beziehung nicht darum, alles zu haben, es geht darum, *das Mögliche unter den gegebenen Umständen zu erreichen.* Zu diesen Umständen gehört in Ihrer Partnerschaft
die offensichtliche und doch oft übersehene Tatsache, dass
eine zweite Person am Spiel beteiligt ist: Ihr Partner – ein
Partner, der zufällig genau wie Sie das Beste für sich selbst
herausholen will.

Der Wirtschaftswissenschaftler Thomas Schelling sagt
über die Spieltheorie (man möchte fast meinen, er spre-
che über die Partnerschaft): »Zwei oder mehr Einzelperso-
nen haben eine Entscheidung zu treffen – und Präferenzen
in Bezug auf das Ergebnis. Sie verfügen über Teilkenntnis-
se, was Optionen und Präferenzen der zweiten Person an-

belangt. Das Ergebnis hängt von den Entscheidungen ab, die beide treffen … Es gibt keine unabhängig ›beste‹ Entscheidung, die einer alleine treffen kann; jede Entscheidung hängt immer auch davon ab, wie der andere entscheidet.«

Die Spieltheorie bietet drei allgemeine Strategien, um die Ergebnisse in einer potenziell festgefahrenen Partnerschaftssituation zu verbessern:

1. Denken Sie voraus. Wie wird Ihr Partner auf das, was Sie tun oder sagen werden, reagieren? Und wie wird seine Reaktion Ihr Verhalten beeinflussen?
2. Lernen Sie aus der Vergangenheit. Wie hat Ihr Partner beim letzten Mal auf Ihr Verhalten reagiert? Was können Sie jetzt anders machen, um nicht wieder das gleiche Ergebnis zu bekommen?
3. Versetzen Sie sich in die Lage Ihres Partners. Das soll nicht bedeuten, dass Sie überlegen, was *Sie* tun würden, wenn Sie *er* wären, sondern was *Er* tun würde – als der, der er *ist*.

Genau das macht den Kern der strategischen Denkweise aus, egal, welches »Spiel« Sie gerade spielen. Es klingt perfekt, und trotzdem verkehrt sich das Verhalten vieler Menschen in das genaue Gegenteil, wenn es um Beziehungen geht. Beispiel: Ihre Freunde planen ein Männerwochenende und wollen angeln gehen – klar sind Sie dabei, obwohl Sie zu Hause ein Neugeborenes und sich nicht mit Ihrer Frau abgesprochen haben. Oder: Mitten im Streit knallen Sie Ihrem Mann hin, er sei »kreuzdämlich«, obwohl Sie aus Erfahrung wissen, dass er dann ausrastet. Oder: Sie erwarten, dass sie Sie ranlässt, wenn Sie ihr das Frühstück ans Bett bringen, und sind dann schockiert, wenn sie nur »Danke« sagt, es hinunterschlingt, unter die Dusche hüpft, im nächsten Moment auf dem Weg ins Büro ist und Sie nicht einmal ein Abschiedsküsschen bekommen haben.

Avinash Dixit und Barry Nalebuff haben, wie wir finden, die Spieltheorie sehr schön zusammengefasst: Strategisches Denken ist »die Kunst, Wege zur Kooperation zu finden … Es ist die Kunst, einen Gegner zu überlisten, der das Gleiche mit Ihnen versucht«.

Wir stellen Ihnen nun vier Paare vor – und damit vier Spiele, die diese Paare unbewusst spielen, vier Strategien, die diese Paare unbewusst anwenden, um ihre zerrüttete Ehe zu einem Doppelsieg zu machen, zu einem Sieg, bei dem am Ende beide auf der Gewinnerseite stehen.

FALLSTUDIE **1**

DIE AKTEURE: *Ariel und Ryan*

DAS PROBLEM: *Strategische Polarisierung*

Ariel und Ryan sind sich einig: Sie müssen umziehen. Ihre knapp 80 qm große Wohnung ist nicht groß genug für sie beide und Hank, ihren lebhaften zweijährigen Sohn. Ihre Wohngegend in Brooklyn hatte Flair und bot allerhand Annehmlichkeiten, doch der Stress, so eng aufeinanderzuhocken, belastete die Familie zunehmend.

»Bei uns galt die Regel ›Schuhe ausziehen‹, aber Platz, sie irgendwo hinzustellen, gab es nicht. Und so stolperte man gleich beim Reinkommen über einen Haufen Schuhe.«, berichtete Ariel.

Also begaben sie sich auf Wohnungssuche, was, wie sie glaubten, relativ reibungslos ablaufen dürfte, da sie so ungefähr dieselben Vorstellungen hatten. Doch nach einigen Wochen stellten sie fest, dass sie weit davon entfernt waren, sich auf ein Objekt zu einigen. Ein Störmuster war aufgetreten: Die meisten der Objekte, die Ariel ausgesucht hatte, lagen in der gleichen Gegend wie ihre momentane Wohnung. Die meisten der Objekte, die Ryan ausgesucht hatte, lagen dagegen in Gegenden, die zwar erschwinglicher, aber weniger angesagt waren – und ein gutes Stück außerhalb von Manhattan, wo beide arbeiteten. Das bedeutete: Jede Besichtigung endete in einem Austausch von gespieltem Interesse mit dem Makler und einer angespannten Fahrt nach Hause, die entweder völlig wortlos oder in hitzigen Debatten darüber verlief, warum jeder die Wünsche des anderen ignorierte.

Ariel wollte gerne im gleichen Viertel wohnen bleiben. Hank hatte dort einen Platz in einer Tageskrippe und Freunde um die Ecke, es gab Bioläden und das tägliche Pendeln in die Arbeit war machbar. Ryan argumentierte, sie hätten viel mehr von ihrem Geld, wenn sie eine Entfernung von ein paar U-Bahn-Haltestellen mehr in Kauf nehmen würden.

Ihre Differenzen nahmen zu, je mehr Wohnungen sie anschauten. Sie besichtigten ein hübsches Apartment, das Ariel ausgesucht hatte. Ryan monierte die engen Korridore, den kleinen Vorratsraum neben der Küche – und hatte keinen Blick für die schöne Aussicht oder die von Bäumen gesäumte Straße. Und Ariel, die zu einem Besichtigungstermin gehetzt kam, den Ryan vereinbart hatte, zählte die Minuten vom Büro bis zu dieser Wohnung, um dann die Polizeipräsenz an der Straßenecke zu monieren.

»Wieso, das ist doch nur gut!«, sagte Ryan. »Was hast du denn gegen eine sichere Straße?«

»Mir wäre eine Gegend lieber, in der man die Straßen erst gar nicht sichern müsste«, konterte Ariel.

Aus anfänglich leichten Differenzen waren festgefahrene Meinungen geworden.

»Wir stritten jeden Abend«, erzählte uns Ariel. »Es war furchtbar. Schon allein, wenn ich ihn ansah, hätte ich vor Ärger platzen können. Ja, er ist ein sturer Bock, aber das hier war lächerlich. Da waren ihm drei Schlafzimmer wichtiger als die Sicherheit unseres Sohnes – also wirklich!«

Es dürfte Sie wohl kaum überraschen, wenn wir Ihnen sagen, dass Ryan das natürlich völlig anders sah.

Ariels Ansprüche in Sachen Sicherheit seien übertrieben, meinte er. Die Mordrate läge nur ein klitzekleines bisschen höher als in dem Viertel, in dem sie jetzt wohnten. (Ja, das hat er recherchiert!) Und ihr eigentliches Problem sei, dass sie vor einer Nachbarschaft, in der Menschen lebten, die nicht so waren wie sie, Angst habe. »Sie ist ganz schön versnobt«, sagte er.

Und es dürfte Sie wohl kaum überraschen, dass Ariel das wiederum völlig anders sah.

Ariel und Ryan lebten in einem Zustand, den Spieltheoretiker als »strategische Polarisierung« bezeichnen. Jeder von beiden war absolut unbeweglich geworden – nur auf sich selbst gepolt und an den gegensätzlichen Enden des Spektrums verwurzelt. Das Interessante an einer derartigen Situation ist, dass die beiden Spieler ursprünglich gar nicht in Opposition stehen; vielmehr entwickeln sie sich mit der Zeit dorthin. Ariel und Ryan waren sich anfangs einig darüber, was sie wollten: eine hübsche Wohnung mit mehr Platz. Doch auch in dieser Phase der Polarisierung hätten beide kurze Zeit später schon ganz anders geklungen: Ryan hätte eingestanden, dass er die Annehmlichkeiten seines Viertels sehr genoss und eigentlich gerne dort wohnen bleiben würde. Und Ariel hätte zugegeben, dass sie das Beste aus dem Umzug in ein neues Viertel machen wolle (vor allem wenn sie ein eigenes Arbeitszimmer und Hank ein Spielzimmer hätte) und eine größere Wohnung das Leben viel angenehmer mache. Sie waren beide sehr wohl fähig, sich in den jeweils anderen einzufühlen, wenn sie es nur versuchten (eine Eigenschaft, die auch klugen Spieltheoretikern eigen ist) – taten es aber nicht. Stattdessen fuhren sie eine andere Strategie: Jeder verharrte auf seinem Standpunkt und wartete darauf, dass der andere nachgab.

Die Spieltheoretiker Adam und Ehud Kalai (Vater und Sohn) führen als Beispiel folgendes Experiment an: Die bevorzugte Raumtemperatur zweier Personen differiert jeweils um nur wenige Grad – 21,6 bzw. 20,5. Die Personen halten sich in zwei nebeneinanderliegenden Räumen auf und haben jeweils einen Thermostat zur Verfügung. Jede Temperatur, die eine der beiden Personen wählt, fließt in die von der anderen Person gewählte Temperatur ein und ergibt eine Durchschnittstemperatur. Bei gewählten 21 Grad bzw. 20 Grad liegt der Durchschnitt demgemäß bei 20,5 Grad. Das ist für den einen zu kalt, für den anderen zu warm. Und so drehen die beiden die Thermostate jeweils um ein Grad nach oben bzw. nach unten. Die erste Person stellt die Temperatur auf 22 Grad, die zweite auf 19 Grad. Doch das Problem ist auch jetzt nicht behoben: Die Durchschnittstemperatur beträgt immer noch 20,5 Grad. Und so weiter, und so fort.

»Was als minimale Differenz begann, artet in einer enormen Polarisierung aus«, stellt Ehud Kalai fest.

Die totale Polarisierung ist eine Form des sogenannten »Nash-Gleichgewichts« (auch: *Nash-Equilibrium*), benannt nach dem Wirtschaftsnobelpreisträger John Forbes Nash. Simpel ausgedrückt beschreibt ein Nash-Gleichgewicht eine Situation, in der keiner der Beteiligten einen Anreiz hat, von seiner Strategie abzuweichen, da keiner von beiden daraus einen Vorteil hätte – unter der Voraussetzung, man weiß, welche Pläne der andere verfolgen und welche Entscheidungen er treffen wird.

Beispiel: Zwei Fluggesellschaften verkaufen Tickets für Flüge von New York nach Rom für 500 US-Dollar. Um mehr Kunden zu gewinnen, entscheidet *Cheap Air,* den Preis auf 400 Dollar zu senken. Die rivalisierende Fluggesellschaft *Cut Rate Air* muss den Preis nun ebenfalls auf 400 Dollar senken oder aber sie riskiert, Kunden an *Cheap Air* zu verlieren. So lange *Cheap Air* den Preis auf diesem Niveau hält, muss *Cut Rate Air* dasselbe tun. Entscheidet *Cheap Air* jedoch, seine Strategie zu ändern und den Ticketpreis wieder auf 500 Dollar hochzusetzen, wird *Cheap Air* Kunden an *Cut Rate Air* verlieren, weil diese plötzlich die preiswertere Fluglinie ist. Beide Fluggesellschaften halten also am Ticketpreis von 400 Dollar fest – und streichen niedrigere Gewinne ein als vorher.

Noch ärgerlicher für *Cheap Air* wäre es allerdings, wenn *Cut Rate Air* beschließen würde, den Ticketpreis auf 300 Dollar zu senken, um seinen Konkurrenten endgültig abzuhängen. Was dann? Dann würde *Cheap Air* nachziehen.

Frustrierend, meinen Sie nicht?

Dass so etwas geschehen kann, hat seinen Grund zum Teil darin, dass beide Seiten unabhängig voneinander agieren. Sie kooperieren nicht. Würden sie kooperieren, könnten beide einen größeren Nutzen daraus ziehen. (Fluggesellschaften können wegen Preisabsprachen belangt werden, aber das ist eine ganz andere Geschichte.)

Zurück zu Ariel und Ryan. Ariels Bestehen darauf, im gleichen Viertel wohnen zu bleiben, stieß bei Ryan auf ein ebenso großes Beharren, in ein anderes Viertel umzuziehen. Nachgeben würde bedeuten, die Schlacht zu verlieren. Und so wurde aus dem Beharren ein Verharren in festgefahrenen Positionen.

»Es gab keinen Platz für Verhandlungen«, sagte Ariel. Alles oder nichts – so das beidseitige Motto.

DIE LÖSUNG: *Absprachen*

Realistisch betrachtet, mussten Ariel und Ryan sich früher oder später in irgendeiner Form einigen, wenn sie verheiratet bleiben wollten (was sie letztlich auch blieben).

Als wir die Situation der beiden Ehud Kalai schilderten, hieß seine Lösung: Kommunikation und Kooperation. Wenn zwei Menschen auf eine Polarisierung zusteuerten, so Kalai, müssten sie dies erst einmal erkennen. Dann müssen sie einen Kompromiss finden und sich auf diesen festlegen. »Und hier kommt die Kommunikation ins Spiel«, sagt Kalai.

Doch was kann der Einzelne kommunizieren?

»Information«, antwortet Kalai.

Erinnern Sie sich an Kapitel 7, als wir betonten, dass Information ein großartiges ökonomisches Werkzeug sei, um der Kommunikation auf die Sprünge zu helfen? In Ariels und Ryans Fall verfügte keiner der beiden über die nötige Information, um einen Kompromiss erlangen zu können. Ariel zum Beispiel hatte Ryan nie gesagt (nur uns), dass sie sich vorstellen könnte, auch weiter weg zu ziehen, sofern sie eine ansprechende Wohngegend fänden und sie ein Auto zur Verfügung hätte, um weiterhin in ihren Lieblingsläden einkaufen zu können. Sie hatte Angst, dass sie sich damit seinen Vorgaben fügen würde und es kein Zurück mehr gab. Und Ryan hatte Ariel nie gesagt (nur uns), dass er Angst hatte, für alle künftigen Differenzen einen Präzedenzfall zu schaffen: Gab er jetzt nach, würde Ariel womöglich denken, er würde immer einlenken.

Würden Ariel und Ryan jedoch jene Informationen teilen, die sie für sich behielten, hätte sich jeder der beiden ein Stück auf den anderen zubewegen können. Sie hätten wahrscheinlich einen Weg gefunden, um zu kooperieren.

In der Geschäftswelt wird das Teilen wichtiger Informationen unter gewissen Umständen als Absprache angesehen. Derartiges ist in der Wirtschaft verboten. Wenn Unternehmen, die in Konkurrenz miteinander stehen, Informationen teilen, ist es meist der Kunde, der am Ende das Nachsehen hat. Zwar muss beispielsweise jede Fluglinie ihre Preise unabhängig gestalten, reagiert aber beinahe umgehend auf die Preise der anderen. Und deshalb gibt es bei Flugtickets kaum Preisunterschiede.

In der Ehe jedoch sind Absprachen nicht nur erlaubt, sondern auch eine gute Strategie. Und genau so eine Strategie überlegten sich schließlich auch Ariel und Ryan – und zwar nicht, weil wir es ihnen nahegelegt haben, sondern weil ihnen nach Dutzenden von Wohnungsbesichtigungen und Streitereien kaum eine andere Wahl blieb, als endlich anzufangen, strategisch zu denken.

Ariel fragte sich, wie Ryan wohl reagieren würde, wenn sie ihre Strategie änderte (und verhielt sich damit, ohne es zu wissen, wie ein Spieltheoretiker). Was, wenn sie sich einen Schritt auf ihn zubewegte, ihm in seinen Argumenten Recht gab und ihm sagte, dass ein Wegzug vielleicht doch einige Vorteile hätte – sie könnten Geld sparen, das sie eines Tages für andere Dinge verwenden könnten, für ein Eigenheim beispielsweise oder Hanks Ausbildung? »Ryan liebt es, Recht zu haben«, erklärte Ariel. »Und ich bin im Laufe der Jahre dahintergekommen, dass es ihm oft nur darum geht. Wenn ich also sage ›Ja, Ryan, du hast Recht‹, dann freut er sich wahrscheinlich so, dass er allem zustimmt.«

Ryan überlegte inzwischen fieberhaft, wie er ein bisschen von dem retten konnte, was er wollte. Er kannte Ariel gut genug, um zu wissen, dass sie die *Fähigkeit* besaß, Kompromisse zu schließen. Er beschloss, ihr vorzuschlagen, dass er bereit wäre, im gleichen Viertel wohnen zu bleiben, wenn sie eine Wohnung fänden, die nicht teurer war als ihre jetzige. »In dem Moment, da ich ihr den Vorschlag machte, merkte ich ihr sofort an, wie sie nachgiebiger wurde. Sie ist wirklich leicht zu durchschauen«, sagte Ryan.

Ariel war fortan sehr viel offener für seine Meinung in der Wohnungsfrage.

Und so ging die Geschichte aus: größere Wohnung im gleichen Viertel. Die neue Wohnung war sogar billiger als die alte, da sie in einer weniger gefragten Straße lag. Doch sie bot jede Menge Platz für die drei. Und da sich der Wohnungsmarkt zufällig in einer Rezession befand, konnten sie den Preis sogar noch runterhandeln. Zudem stellte der Eigentümer in Aussicht, die Wohnung ein Jahr später verkaufen zu wollen und räumte ihnen das Vorkaufsrecht ein. Indem sie eine Absprache trafen, erzielten Ariel und Ryan das bestmögliche Ergebnis – von Spieltheorie hatten sie, bis sie uns trafen, nie gehört gehabt.

FALLSTUDIE **2**

DIE AKTEURE: *Heather und Pradeep*

DAS PROBLEM: *Das Gefangenendilemma*

Heather und Pradeep hatten einen Sohn: Zach. Er hasste es, Hausaufgaben zu machen. Er war ein schlaues Kerlchen mit einem süßen Lächeln (wenn er lächeln wollte!). Aber Schulaufgaben konnte er nicht ausstehen, wie er nicht müde wurde zu betonen. Da Zach inzwischen fünfzehn war und seine Eltern wollten, dass er aufs College ging, war die Schule ein großes Thema.

Das Problem war, dass keiner der Eltern der »Buhmann« sein wollte, wenn es darum ging, Zach dazu zu bewegen, seine Hausaufgaben zu machen. Heather und Pradeep hatten beide anstren-

371

gende Jobs, arbeiteten lange und hatten keine Lust, sich auch noch mit Zach herumzustreiten, wenn sie abends nach Hause kamen. Es fiel ihnen leichter nachzugeben.

»Er ist ein guter Junge«, sagten sie sich immer wieder, fürchteten aber insgeheim, dass er ihnen eines Tages vorwerfen würde, ihn nicht härter rangenommen zu haben.

Um das Problem anzupacken, ersannen Heather und Pradeep eine Strategie à la »guter Bulle/böser Bulle«. Jeden Abend fragte der »gute« Bulle Zach, was er für die Schule erledigen musste und bot seine Hilfe an.

Um 21 Uhr kontrollierte der »böse« Bulle, ob Zach seine Schulaufgaben tatsächlich gemacht hatte. Wenn nicht, hagelte es eine Strafe: kein Fernsehen, kein Internet, keine Videospiele. Der böse Bulle bot zwar ebenfalls seine Hilfe an, sorgte aber mit Strafen für Disziplin.

Der böse Bulle zu sein, war keine schöne Aufgabe. Es war immer die gleiche Leier mit Zach: er hasste seine Lehrer, blöde Schule, wieso konnten seine Eltern ihn nicht einfach in Ruhe lassen, nach Harvard will doch sowieso kein Mensch, und überhaupt, wer braucht im wirklichen Leben schon Algebra …

Heather und Pradeep beschlossen, sich in der Rolle des bösen Bullen abzuwechseln. Das klappte eine Weile auch ganz gut, bis Heather eines Abends von einem besonders anstrengenden Arbeitstag nach Hause kam. Eigentlich war es an ihr, den bösen Bullen zu spielen. Fünf Minuten nach der 21-Uhr-Kontrolle kam sie mit Zach ins Wohnzimmer. Pradeep sah erstaunt zu, wie Zach sich vor den Fernseher setzte. »Ist ja super«, flüsterte Pradeep seiner Frau zu. »Hat er seine Hausaufgaben erledigt?«

»Nein. Aber mir war das heute Abend einfach zu viel.«

Pradeep war platt. »Einen Moment mal«, sagte er. »Wir hatten eine Abmachung.«

»Du wirst ihn jetzt nicht zurück an seinen Schreibtisch dirigieren«, sagte sie.

»Nein, ich bin heute ja auch nicht dran«, sagte Pradeep. »Und rate mal! Morgen auch nicht, und übermorgen auch nicht!« Pradeep war der Meinung, dass er sich nicht an die Regeln zu halten brauchte, wenn Heather das auch nicht tat.

Ganz unbeabsichtigt hatten sich Heather und Pradeep in eine Situation manövriert, die als das »Gefangenendilemma« bekannt ist. Diesem Ansatz der Spieltheorie zufolge können die beteiligten Parteien nur gleichzeitig gewinnen oder verlieren.

In dem Beispiel, von dem das Spiel seinen Namen hat, geht es um zwei einer schweren Straftat Verdächtige – nennen wir sie Pat und Joe. Die beiden werden getrennt voneinander verhört und von der Polizei unter Druck gesetzt, gegen ihren jeweiligen Komplizen auszusagen. Da die beiden weder miteinander sprechen noch einander sehen dürfen, müssen sie sich entscheiden, ohne zu wissen, was der jeweils andere tun wird. Es gibt drei mögliche Szenarien:

1. Einer schweigt, der andere gesteht: Freispruch für den einen, zehn Jahre Haft für den anderen.
2. Beide schweigen: In Ermangelung von Beweisen ein Jahr Haft für beide wegen kleinerer Delikte.
3. Beide gestehen: Fünf Jahre Haft für beide.

Grafisch dargestellt, sieht es folgendermaßen aus:

	Joe schweigt	Joe gesteht
Pat schweigt	*Ein Jahr Haft* / Ein Jahr Haft	*10 Jahre Haft* / Freispruch
Pat gesteht	*Freispruch* / 10 Jahre Haft	*5 Jahre Haft* / 5 Jahre Haft

Die Ergebnisse für Pat haben wir kursiv gesetzt, um sie von Joes Ergebnissen zu unterscheiden. Angenommen, Pat hält den Mund; dann wäre es für Joe das Beste, Pat zu belasten – Pat bekäme zehn Jahre aufgebrummt und Joe käme frei. Und angenommen, Pat verpfeift Joe, dann wäre es immer noch am besten, Joe würde gestehen, gegen Pat aussagen und bekäme fünf Jahre – andernfalls, wenn Joe den Mund hält, ist am Ende er es, der zehn Jahre ins Gefängnis muss. So oder so, was immer Pat macht, es wäre das Beste für Joe zu gestehen. Das Problem: Beide kommen zu genau dem gleichen Schluss. Also belasten sie sich gegenseitig und bekommen beide fünf Jahre. Hätten sie doch nur den Mund gehalten!

Das Gefangenendilemma bietet wertvolle Einsichten in das Entscheidungsverhalten in Pattsituationen. Die Strategie, die Wirtschaftswissenschaftler als die »erstbeste« bezeichnen, ist die Kooperation. Wenn aber zwei Menschen unabhängig voneinander operieren, können sie nicht darauf vertrauen, dass der andere kooperiert, und so verfahren sie nach der Strategie »töten oder getötet werden«.

Im Umgang mit dem Hausaufgaben-Problem ihres Sohnes handelten Heather und Pradeep eindeutig nichtkooperativ – und schufen damit ihr eigenes Gefangenendilemma. Die beiden möglichen Strategien seien hier noch einmal dargestellt: 1) Jeder wendet eine nichtkooperative Strategie an, um den Kampf mit Zach zu vermeiden, muss aber damit rechnen, dass der andere genau das Gleiche tut. (Oh, und Zach erledigt seine Hausaufgaben natürlich auch nicht.) 2) Die beiden kooperieren und stellen damit sicher, das bestmögliche Resultat für alle Beteiligten zu erzielen (Zach erledigt seine Schulaufgaben.)

Die Falle beim Gefangenendilemma ist folgende: Die nicht-kooperative Strategie erscheint einem Beteiligten für den Moment besser, läuft am Ende aber auf ein schlechteres Ergebnis für beide Seiten hinaus.

	Pradeep als »böser Bulle«	Pradeep kooperiert nicht
Heather als »böser Bulle«	Zach erledigt seine Schulaufgaben Ehefrieden	Zach erledigt seine Schulaufgaben Unfrieden in der Ehe
Heather kooperiert nicht	Zach erledigt seine Schulaufgaben Ehefrieden	Zach erledigt seine Schulaufgaben nicht Unfrieden in der Ehe

Die optimale Strategie ist eindeutig jene im oberen linken Feld, doch Heather und Pradeep befanden sich im unteren rechten Feld, weil Heather an jenem Abend ihre Rolle als »böser« Bulle nicht spielte, was Pradeep dazu veranlasste, seine Rolle als »böser« Bulle ebenfalls nicht mehr erfüllen zu wollen.

Zum Glück waren Heather und Pradeep nicht wie Pat und Joe. Sie wurden nicht in getrennten Räumen festgehalten und es bestand für sie auch kein Kommunikationsverbot. Sie hatten zudem mehr Gelegenheiten zu kooperieren, wohingegen Pat und Joe nur eine einzige Chance hatten, um die richtige Entscheidung zu treffen – insofern könnte man Heather und Pradeeps Ehe auch als »Wiederholungsspiel« bezeichnen.

»Ein Merkmal von Wiederholungsspielen ist, dass man eine gemeinsame Geschichte hat«, erläutert der Harvard-Ökonom Al Roth. »In einer Ehe will man in diese Geschichte investieren. Sie und Ihr Ehemann sollten dabei die glühendsten Historiker Ihrer Ehe sein.«

Es stellt sich dennoch die Frage, was Heather und Pradeep zu einer verlässlichen Kooperation bewegen könnte, wo die nichtkooperative Strategie doch so verlockend ist? Wie könnten beide am Ende über das Gefangenendilemma triumphieren?

DIE LÖSUNG: *Selbstverpflichtungswerkzeug*

In Kapitel 8 haben wir über intertemporale Entscheidungen gesprochen, die durch eine Art zwischenzeitlichen Kompromiss gekennzeichnet sind und eine sehr gute Strategie darstellen. Selbstverpflichtungswerkzeuge stellen sicher, dass Sie in Ihrem langfristigen Interesse handeln (dass Sie beispielsweise die Kühlschranktür mit einem Vorhängeschloss sichern und Ihrer Frau den Schlüssel überlassen, damit Sie sich nicht Abend für Abend voll stopfen). Ein Selbstverpflichtungswerkzeug ist eine Art Verpflichtungsanreiz. Wenn Sie ein Werkzeug schaffen, das Sie motiviert zu kooperieren, und die Option zu schummeln, ausschließt, können Sie das Gefangenendilemma umgehen. Die Versuchung, abtrünnig zu werden, kann zwar noch immer vorhanden sein – schließlich sind wir alle nur Menschen –, aber die Möglichkeit, ihr zu erliegen, ist nicht mehr gegeben.

Nachdem jeder der beiden einige Male nicht kooperiert hatte, wurde Heather und Pradeep klar, dass sie ein Selbstverpflichtungswerkzeug brauchten, wenn sie Zach je die Chance eröffnen wollten, später aufs College zu gehen. Sie sprachen schlicht von einem »neuen Plan«.

Dieser neue Plan beinhaltete Konsequenzen. Wer seine Rolle als »böser Bulle« nicht erfüllte, musste sie eine ganze Woche lang jeden Abend spielen. Der andere war dann eine Woche lang der »gute Bulle« und durfte ausgehen, während der böse Bulle sich mit Zach herumärgern und dafür sorgen musste, dass dieser sein Abendbrot bekam, die Hausaufgaben erledigte und um 22 Uhr im Bett lag. Nicht, dass die beiden ihren Sohn nicht geliebt hätten, aber ein fünfzehnjähriger Teenager konnte ziemlich schwierig sein, und da war es allemal reizvoller, sich außer Haus einen schönen Abend zu machen.

Weshalb der Plan auch funktionierte. Jeder wusste um die Konsequenzen. Und jeder konnte sich auf den anderen verlassen.

FALLSTUDIE **3**

DIE AKTEURE: *Ingrid und Mike*

DAS PROBLEM: *Trittbrettfahren*

Ingrid und Mike waren noch kein Jahr verheiratet, da hatte Ingrid schon die Nase voll. Wie Mike hatte auch sie einen stressigen Job. Sie arbeitete als Kommunikationscoach für große Konzerne, und Mike hatte sich gerade mit einer kleinen Hedgefondsfirma selbständig gemacht. Wie Mike ging auch Ingrid gerne aus. Und wie Mike wollte sie in ihrer Freizeit alles Mögliche unternehmen – ins Fitnessstudio gehen, vor dem Fernseher lümmeln, Freunde treffen.

Doch im Gegensatz zu Mike kam sie sich wie eine Hausfrau in den 1950er-Jahren vor. Sie erledigte die Wäsche. Sie machte die Betten. Sie leerte den Mülleimer. Sie räumte das dreckige Geschirr vom Küchentisch und organisierte die Wochenenden. Mike genoss die saubere Wäsche, das frische Bett, den geleerten Abfalleimer, den sauberen Küchentisch und die Wochenenden, die sich auf wundersame Weise mit jeder Menge Spaß und Freunden gestalteten. »Muss schön sein, Mike zu sein«, kommentierte Ingrid.

Ein Wirtschaftswissenschaftler würde Mike als Trittbrettfahrer bezeichnen.

Trittbrettfahrer sitzen zu Hause und genießen den Frieden, während andere als Soldat in den Krieg ziehen. Trittbrettfahrer fahren SUVs (sogenannte Geländelimousinen) und überlassen es den Besitzern von Hybridautos, sich um die Umwelt zu sorgen. Trittbrettfahrer gehen nicht wählen, profitieren aber dennoch von Demokratisierungsprozessen. In der noch jungen Ehe von Ingrid und Mike hatte Letzterer es sich angewöhnt, sich zurückzulehnen und Ingrid die Hausarbeit machen zu lassen. Das war seine Strategie – um ehrlich zu sein, eine sehr intelligente. Denn was er nicht machte, erledigte sie. Und das wusste er. Das Trittbrettfahren machte ihm Spaß. »Ich merke eigentlich sehr schnell, wenn man mich ausnutzt«, sagte uns Ingrid. »Aber das hält mich anscheinend nicht davon ab, trotzdem alles zu machen.«

Würde das Haus zu einem regelrechten Saustall verkommen, wenn Ingrid streiken würde? Würden die beiden die Wochenenden daheim verbringen und Mensch-ärgere-dich-nicht spielen? »Wenn ich nicht wäre, würden wir im Dreck ersticken«, erzählte sie uns.

Mike hingegen beteuerte, er würde ja durchaus sauber machen, den Mülleimer leeren und die Wochenenden organisieren – aber eben nicht nach Ingrids Regiment. »Sie ist so pingelig«, beschwerte sich Mike. »Das ist doch nicht meine Schuld.«

DIE LÖSUNG: *Die gemischte Strategie*

Um die Situation bestmöglich zu lösen (nicht einseitig zu gewinnen, wohlgemerkt!) mussten wir Ingrid überzeugen, strategisch zu denken. Wir baten sie, sich zwei Fragen zu stellen:

1. Was wäre für sie das ideale Ergebnis – und was ein akzeptables?
2. Mit welcher Strategie könnte sie Mike dazu bewegen, genau so viel zu tun, um das für sie akzeptable Ergebnis zu erreichen?

Das für sie ideale Ergebnis, so meinte sie, sähe folgendermaßen aus: Mike übernimmt die Hälfte aller anfallenden Hausarbeiten, nach ihrer Vorgabe und nach ihrem Zeitplan. »Man kann ja Träume haben«, sagte sie.

Das für sie akzeptable Ergebnis sähe so aus, dass Mike die Hälfte der anfallenden Hausarbeiten übernimmt, nach seinem Zeitplan und nach seinen Vorstellungen, auch wenn das für sie bedeutete, dass sie länger auf saubere Gläser warten und das Abendessen möglicherweise außer Haus einnehmen müsste.

Es gab noch weitere Szenarien, mit denen Ingrid leben könnte:

Mike übernimmt zeitweise einen Teil der Hausarbeiten. Oder er übernimmt mehr Verantwortung in bestimmten Bereichen, dafür konnte sie machen, wozu sie Lust hatte. Wir versuchten, ihr zu erklären, dass sie damit einen komparativen Vorteil in bestimmten Bereichen hätte (siehe Kapitel 1) und sich dann auch allein um diese kümmern müsste. Widerwillig musste sie zugeben, dass wir Recht hatten.

Eine klare Strategie. In der Hitze des Gefechts liegt es uns jedoch meist fern, über ideale und akzeptable Lösungen zu verhandeln. Wir wollen Ideallösungen. Schluss. Aus. Doch wie die Spieltheorie zeigt, ist das bestmögliche Ergebnis (unter gegebenen Umständen) in einer Zweierkonstellation nur zu erreichen, wenn wir die Strategien des Mitspielers in Betracht ziehen.

Nachdem Ingrid die für sie akzeptablen Ergebnisse herausgearbeitet hatte, galt es, eine Strategie zu finden, um diese Resultate zu erreichen. Und dafür durfte sie Mark keinerlei Gelegenheit mehr zum Trittbrettfahren bieten. Sie könnte von einer »reinen (unvermischten) Strategie« (ständig alles zu machen) auf eine »gemischte Strategie« (zu einer Zeit dies zu machen, zu einer anderen Zeit das zu machen) umschwenken.

Eine gemischte Strategie bedeutet, die Dinge in einer gemischten Form zu erledigen, um die andere Partei auf Trab zu halten. Diese Strategie wird in vielen Kontexten angewendet, nicht nur als Lösung für Trittbrettfahrer in Partnerschaften. So etwa kommt sie beim Fußball zum Einsatz, wenn die Schützen beim Elfmeter den Schuss mal in die eine, mal in die andere Ecke antäuschen. Oder im Tennis, wenn die Spieler versuchen, ihre Gegner mit Vorhand- und Rückhandspiel zu verwirren. Ähnlich verfährt das Finanzamt mit gelegentlichen Steuerprüfungen, wobei offen bleibt, wen es wann treffen wird – weshalb die meisten von uns brav ihre Steuererklärung machen (zumindest halbwegs).

Wie ließ sich die gemischte Strategie nun für Ingrid und Mike anwenden? Zum Beispiel folgendermaßen: Ingrid plante das bevorstehende Wochenenden nur für sich, und Mike blieb zu Hause sich selbst überlassen. In der Woche darauf, ihr Kleiderschrank war voll mit sauberer Wäsche, ließ sie seine Wäsche liegen, so dass er irgendwann keine frische Unterhose und keine sauberen Socken mehr hatte. In der folgenden Woche beschloss sie, sich nicht an dem vollgestellten Küchentisch zu stören. Sie dachte sich immer etwas Neues aus, um Mike zu verwirren.

Ingrid plante voraus und baute darauf, dass Mike irgendwann aus seinem Trott fallen und reagieren würde. Und zu Ingrids großer Freude passierte genau das (manchmal jedenfalls). Mike räumte gelegentlich etwas weg oder griff zum Telefon und verabredete sich mit Freunden. Er erledigte die Wäsche, wenn er merkte, dass seine Unterwäsche knapp wurde. Und irgendwie wurden auch die Gläser sauber.

Sogar Ingrid musste zugeben, dass ihre neue Strategie zum bestmöglichen Ergebnis führte (unter den gegebenen Umständen namens Mike). Mike wandelte sich zwar nicht urplötzlich zum Supergatten ihrer Träume, doch mit der gemischten Strategie machte sie aus ihm zumindest den akzeptablen Ehemann ihrer Träume.

»Diese Spieltheorie funktioniert wirklich!«, sagte Ingrid.

Okay, das hat sie so nicht gesagt. Aber sie war überglücklich, dass sie unser Versuchskaninchen sein durfte. Das hat sie wirklich so gesagt.

DIE AKTEURE: *Marcus und Gary*

DAS PROBLEM: *Geschlechterkampf*

Marcus und Gary waren zwei pensionierte Akademiker, die selbst an den Wochenenden nur selten ausgingen. Marcus war nach wie vor ein Workaholic – glücklich, den Samstag *und* Sonntag in seinem Arbeitszimmer verbringen zu können, um an seinem Buch über die Päpste des Mittelalters zu schreiben. Gary, ein Experte auf dem Gebiet der romantischen Dichter, beschäftigte sich zwar ebenso leidenschaftlich mit seinem Thema, war sich aber auch der Tatsache bewusst, dass es im Leben mehr gab als die akademische Welt. Er wollte, dass sie an den Wochenenden gemeinsam etwas unternahmen – schwimmen gehen, Ausflüge machen etc.

Gary lag Marcus ständig in den Ohren, dass er weniger arbeiten solle, fand aber kein Gehör.

»Was machen wir am Wochenende?« Meist lautete Garys unschuldige Frage an einem Donnerstag so.

»Machen?«, antwortete Marcus dann.

»Wie wäre es mit Kino?«

»Vielleicht Sonntag, mal sehen, wie weit ich mit meiner Arbeit komme.«

Dann war der Sonntag da, und Marcus fing an zu jammern. Draußen sei es zu heiß oder zu kalt, oder sein Knie täte noch vom letzten Spaziergang weh. Also zwang sich Gary ebenfalls zu arbeiten, werkelte im Garten oder surfte im Internet. Marcus vertiefte sich indes in seine Studien.

Wo ist der Fehler in diesem Bild?

Fehler hat dieses Bild viele. Aber wir wollen nur einen herausgreifen, nämlich die Tatsache, dass Gary ausgehen wollte, es aber nicht tat. Wenn Gary mit Marcus zusammen sein wollte – was er offenbar wollte –, musste er zu Hause bleiben.

Gary und Marcus spielten ein Spiel. In der Spieltheorie heißt es »Kampf der Geschlechter«. In diesem Spiel wollen zwei Spieler gemeinsam etwas unternehmen, haben jedoch unterschiedliche Pläne; sie wollen den Abend aber *unbedingt* zusammen verbringen. (Lassen Sie sich nicht von der Tatsache irritieren, dass Gary und Marcus beides Männer sind und der Kampf der Geschlechter klassischerweise einen Mann und eine Frau vorsieht.)

Ein Spieltheoretiker würde das Szenario folgendermaßen darstellen:

	Gary bleibt zu Hause und arbeitet	Gary geht in den Zoo
Marcus bleibt zu Hause und arbeitet	3:2	0:0
Marcus geht in den Zoo	0:0	2:3

Die Zahlen geben an, wie glücklich Marcus und Gary mit der jeweiligen Situation wären: 0 = am unglücklichsten; 3 = am glücklichsten. Wenn der eine etwas anderes macht als der andere, fühlen sich beide unglücklich und einsam. Bleiben sie aber beide zu Hause und arbeiten, erlebt Marcus das höchste Glücksgefühl (3), da er das tut, was er gerne tun möchte – mit dem Mann, mit dem er zusammen sein will. Gary hingegen erlebt nur ein mittleres Glücksgefühl (2) und ist einigermaßen glücklich in Marcus' Gesellschaft, wäre aber lieber mit ihm in den Zoo gegangen. In ähnlicher Weise wäre Gary überglücklich, mit Marcus im Zoo zu sein, während Marcus nur einigermaßen glücklich wäre und Garys Gesellschaft zwar genießen würde, sich aber in einem fort fragen würde, was er wohl gerade an seinem Schreibtisch verpasst.

Im Unterschied zu anderen Spielen beginnt der »Kampf der Geschlechter« mit Spielern, denen an einer Kooperation gelegen ist. Doch egal, wie sie es anstellen, einer wird am Ende immer glücklicher sein als der andere. Eine Lösung wäre, eine Münze zu werfen. Ja, ernsthaft. Diese Idee stammt von dem Nobelpreisträger Robert Aumann. Können sich die Spieler nicht verbindlich einigen, was sie tun wollen, so Aumann, können sie den Zufall entscheiden lassen – entweder durch eine Münze oder einen Mittler.

Hier ist sie also, die Lösung für all Ihre Probleme: Werfen Sie eine Münze! Wir haben es Ihnen ja gleich gesagt: Die Ökonomie ist der einfachste Weg zu einer glücklichen Partnerschaft.

LÖSUNG: ***Vorteil des zuerst Handelnden***

Gary kam nicht auf die Idee, eine Münze zu werfen. Und selbst wenn, hätte Marcus nie zugestimmt, sein Schicksal der Laune des Zufalls zu überlassen. Gary änderte schließlich seine Strategie – er nahm die Wochenenden in eigene Regie.

Samstags stand er auf und machte Kaffee. Und wie immer leistete Marcus ihm dabei in der Küche Gesellschaft. Doch dann verkündete Gary, er habe eine geführte Wandertour durch ein Naturreservat gebucht, das etwa eine Stunde Fahrt außerhalb der

Stadt lag, und sie in 30 Minuten abfahrbereit sein müssten. Er hatte Marcus wohlweislich nicht früher informiert, um ihm keine Möglichkeit zum Widerspruch zu geben.

»Ich wusste, wenn ich es als Frage formuliere, würde Marcus natürlich Nein sagen«, erzählte Gary. »Er würde eine Ausrede finden, um zu Hause zu bleiben.« Zu Marcus sagte er, dass seine Arbeit eben bis Sonntag warten müsse, und versicherte ihm, »dass in der Welt des Mittelalters bis dahin wohl kaum etwas Weltbewegendes passieren wird«.

WAS DIE LEUTE SAGEN …

Über das Nachgeben

Gary und Marcus waren nicht das einzige Paar, das auf diese Art in der Klemme steckte. Hier einige weitere Klagen, die wir zu hören bekamen:

- Wir haben nur morgens Sex, weil es ihr dann am meisten Spaß macht.
- Wir sind öfter mit seinen Freunden zusammen als mit meinen.
- Wir gehen ständig in die gleichen drei Restaurants.
- Wir verbringen den gesamten Urlaub mit der Familie. Warum können wir den Urlaub nicht auch einmal allein verbringen?

Fällt Ihnen etwas auf? Die »beleidigte« Ehehälfte gibt den Vorlieben des Partners nach, anstatt nach ihren eigenen Interessen zu handeln. Genau das bezeichnet man als klassischen Kampf der Geschlechter: auf Spaß zu verzichten, um Zeit mit dem Partner zu verbringen.

Zu Garys Erleichterung kam Marcus mit – wenn auch nicht ohne Gebrumm. »Warte. Naturreservat? Das heißt Moskitos. Hast du an Mückenschutz gedacht?«

»Ja, hab ich«, sagte Gary.

Er hat sich den Vorteil des zuerst Handelnden zunutze gemacht. In der Spieletheorie erlangt ein Spieler einen Vorteil über den anderen, indem er den ersten Schritt macht. Marcus hatte diesen Vorteil des zuerst Handelnden lange Zeit, indem er sich an seinen Schreibtisch setzte und kaum davon wegbewegte. Gary, der gerne in Marcus' Gesellschaft war, hatte sich damit arrangiert – bis zu jenem Tag, an dem er sich zum zuerst Handelnden machte.

Und Gary ließ es nicht bei dem einen Mal bewenden. Damit das Ganze nicht sofort wieder einschlief, kaufte er Saisonkarten für Ballett- und Theateraufführungen. Wenn Marcus etwas nicht ausstehen konnte, dann war es Geld zu verschwenden. Also nutzte er die Karten, da sie nun schon einmal gekauft waren.

»Gary kennt mich eben in- und auswendig«, erzählte uns Marcus. »Was nicht immer gut ist.«

Diese Strategie funktionierte für Marcus und Gary ausgezeichnet. Aber es gibt noch weitere Lösungen für den »Kampf der Geschlechter«, die wir Ihnen nicht vorenthalten wollen: Ändern Sie die Spielregeln. Der Kampf der Geschlechter ist nicht auf Liebespaare beschränkt. Es wird immer dann gespielt, wenn zwei Personen zwar unterschiedliche Dinge erreichen, letztendlich aber auch zusammenarbeiten wollen. Beispiel: Zwei Autorinnen möchten zusammen ein Buch schreiben. Die eine über Ökonomie, die andere über Ehe. Wenn beide an ihren Präferenzen festhalten, kommt das Buch nie zustande. Aber keine der beiden will es alleine schreiben. Das heißt, eine der beiden muss nachgeben.

Wenn die beiden klug sind, ändern sie die Spielregeln. Und sie beschließen etwas Überraschendes: Sie verquicken ihre Präferenzen und schreiben ein Buch über Wirtschaft *und* Beziehungen.

Zur Lösung des Kampfs der Geschlechter gibt es eben meist auch einen Plan C. Man muss nur gründlich danach suchen: Ob zwei Urlaube im Jahr, Sex am Nachmittag. Oder eben dieses Buch, das an dieser Stelle zu Ende ist.

DANK

Dass es dieses Buch gibt, haben wir rund 2000 Menschen zu verdanken – Ökonomen, Psychologen, Freunden, Freunden von Freunden, Kollegen, Eltern, Geschwistern, völlig Fremden, Recherche-Assistenten, Babysittern, Lektoren, Ehepartnern und Kindern.

Ein großes Dankeschön geht an Gary Becker, dafür, dass er uns von Anfang an zu diesem Projekt ermutigt hat. Auch David Laibson, David Hirshleifer und Howard Rachlin halfen mit, uns den Weg in die richtige Richtung zu weisen. Danken möchten wir zudem all unseren Professoren – Alvin Roth, Shelly Lundberg, Claudia Olivetti, Raymond Fisman, Ulrike Malmendier, Casey Mulligan, Bart Lipman, Andrew Postlewaite, Devin Pope, Sergiu Hart, Ehud Kalai, Robert Frank, Betsey Stevenson, Justin Wolfers, Ernst Fehr, Uri Gneezy, Colin Camerer, Robert Shiller, Emir Kamenica,

Allen Parkman, Daniele Paserman, Claudia Goldin und Daniel Hamermesh.

John Gottman und Julie Schwartz Gottman haben uns ein ganzes Wochenende geschenkt, das sich als unbezahlbar erwies – für dieses Buch ebenso wie für unsere Ehen. (Paula arbeitet weiterhin an ihrer Geduld, Jenny an ihrem Ton.) Thomas Sexton, Peter Kramer, Stephen Konscul, Jonathan Bloch, David Tannenbaum, Connie Feutz, Gerald Weeks, Lois Braverman und John Buri haben uns weitere Lehrstunden in Sachen Liebe und Kompromissbereitschaft erteilt.

Unsere »Ehe-Umfrage« ist das Ergebnis der harten Arbeit von Mike Brezner und Gil Bugarin von *United Sample*. Die Umfrage wäre aber ohne all jene Menschen, die 63 unentschuldbar neugierige Fragen über ihr Privatleben beantwortet haben, nicht zustande gekommen.

Für Michael Luca, unseren unerschrockenen Recherche-Assistenten, gab es kein ökonomisches Rätsel, das er nicht hätte lösen können. Unseren Vorschlag, ihn für den Nobelpreis zu nominieren, haben wir bereits bei der Royal Swedish Academy of Sciences eingereicht. Unsere Agentin Amy Williams unterbrach ihren Mutterschaftsurlaub und hat dieses Buch inmitten der größten Finanzkrise seit der Großen Depression vermarktet. Susan Kamil hat uns als Autorinnen ausgewählt und glaubte fest an uns. Und dass sie an uns glaubte, daran hat sie uns erinnert, wann immer es vonnöten war (und das war nicht selten der Fall). Andy Ward – Lektor, Therapeut, Retter, Visionär, Scherzkeks, Freund. Du hast es erst möglich gemacht.

Paula dankt ...

Tom Weber, der beriet, inspirierte und sogar bis nach Long Island fuhr, um Spieltheoretiker zu treffen. Charles Duhigg, der das Schicksal herausgefordert und die Einleitung geschrieben hat. Mia Steinberg, psychologische Beraterin. Jessie Knadler, scharfsinnige Leserin und ekstatische Trance-Tänzerin. Shirley Nord, Nancy Cuervo, Alice Proujansky, Natalie Hall, Laurie Saft Ginsberg, Stacy Lewin- Farber, Dan Farber, Marisa Milanese, Mo Lee, Rob Baedeker, Laura Scholes, Bunny Finley, Gale Wilson und Michael Williams sorgten für den organisatorischen Unterbau. Ich danke Jeff und Sonya, meinen Korrespondenten im Mittleren Osten, Untertitelschreibern, Videofilmern und Rollenvorbildern.

Mein Dank gilt auch meinen Eltern, Lenore und Mark, von deren Ehe sich jede andere eine Scheibe abschneiden kann.

Nivi danke ich, dass er mir ganz unbeabsichtigt die Idee zu diesem Buch geliefert hat, dass er mit mir morgens um 5:30 Uhr aufgestanden ist, dass er mich angetrieben hat und dass er mich geheiratet hat und mich liebt.

Ida, du süße Nudel, danke, dass du immer da warst.

Jenny dankt …

John Leonard, für das Zimmer, das ich mein Eigen nennen durfte. Alex Michel, der mich immer wieder herausgefordert hat. Hal Lux, ein weiser Mann und präziser Lektor. Charles Duhigg für das katastrophale Blind Date. Emily Miller, Amy Noonan, Laura Lafave und Amy Williams – großartige Freunde, die oft zu kurz kamen.

Ben und Tickie, Richard und Charlie sowie Ben und Jackie, die uns willkommen geheißen haben, wann immer wir vor der Tür standen.

Larry Ingrassia und der *New York Times* für die Freistellung, wenngleich meine zeitliche Koordinierung schwer zu wünschen übrig ließ.

Susana, du bist die Ruhe in Person im größten Sturm des Chaos. Was für ein Segen, dass wir dich haben.

Ein großer Dank gilt meinen Eltern, die mir gezeigt haben, was es braucht, damit eine Ehe funktioniert: Liebe, harte Arbeit sowie zwei Waschbecken im Badezimmer. Imogen und Richard, dem unübertroffenen Team.

Thorold, danke, dass du diesem Buch so wohl gesonnen warst, dass du aus jedem Gezeitentümpel und jeder Parklücke ein echtes Abenteuer gemacht hast: Du bist der größte Glücksfall. Dass du mir die Liebe schenkst, die ich brauche, und auf unsere Ehe setzt.

Ella, die heller als die Sonne strahlt. Ich bin wahnsinnig gerne deine Mama. Tess (alias »Boris«), danke, dass du geduldig gewartet hast, bis das Buch fertig war.

Den Menschen, die ihre Geschichten mit uns geteilt haben.

Ihr seid das Herzstück dieses Buches. Als wir unsere Reise begonnen haben, wussten wir, dass eine Partnerschaft Kompromisse fordert. Aber ihr habt uns gelehrt, dass die härtesten Kompromisse, wenn sie weise und in Liebe eingegangen werden, auch den größten Lohn erbringen.

ANMERKUNGEN

Kapitel 1: Arbeitsteilung

S. 26: »New Zealand Finds Isolation Is an Asset«,
New York Times, 6. Oktober 2002.

S. 28: Wir versuchen, die Dinge möglichst einfach darzustellen. Wirtschaftswissenschaftler machen in diesem Zusammenhang aber gerne eine weitere Rechnung auf (die zum gleichen Ergebnis führt). Sie bezieht die Opportunitätskosten mit ein, die bei der Herstellung von Strümpfen und Wein entstehen – jene Kosten also, die entstehen, wenn man ein Gut für den Erwerb eines anderen Gutes aufgibt. Für Portugal bestehen die Opportunitätskosten für ein Paar Strümpfe aus zwei Flaschen Wein. Das heißt: Für jedes Paar Strümpfe, das das Land produziert, gibt es die Produktion von zwei Flaschen Wein auf. Für England bestehen die Opportunitätskosten für ein Paar Strümpfe dagegen lediglich aus einer halben Flasche Wein.

Die Opportunitätskosten für eine Flasche Wein bestehen also aus einem halben Paar Strümpfen für Portugal und aus zwei Paar Strümpfen für England. England hat in Sachen Strümpfe die Nase ganz klar vorn.

S. 37: Betsey Stevenson und Justin Wolfers, »Marriage and the Market«, *Cato Unbound,* 18. Januar 2008, http://www. cato-unbound.org.

S. 38: »As Marriage and Parenthood Drift Apart, Public Is Concerned About Social Impact,« Pew Research Center, Juli 2007, http://pewresearch.org/assets/social/pdf/marriage.pdf.

Lauren F. Landsburg, »Comparative Advantage«, *Library of Economics and Liberty,* http://www.econlib.org/library/Topics/Details/comparativeadvantage.html.

Szuc_9780679604402_4p_03_r1.f.qxp 12/15/10 3:03 PM Page 309

S. 40: In ihrem Aufsatz »Mothers and Sons«: Preference Development and Female Labor Force Dynamics« (*Quarterly Journal of Economics 119,* no. 4 [November 2004]: 1249–1299), fanden die Ökonomen Raquel Fernandez, Alessandra Fogli und Claudia Olivetti heraus, dass Männer eher berufstätige Frauen heiraten, wenn ihre eigenen Mütter ebenfalls berufstätig waren. Dieses Ergebnis deckt sich mit den Ausführungen in der Fachliteratur zu der Frage, inwiefern Kinder (im Hinblick auf ihr späteres Leben als Erwachsene) durch das Verhalten von Rollenvorbildern – vom Lehrer über Politiker bis zu den Eltern – beeinflusst werden.

S. 45: Steven Landsburg, *The Armchair Economist: Economics and Everyday Life* (New York: Free Press, 1995), 81.

S. 60: Jagdish Bhagwati, »A New Vocabulary for Trade,« *New York Times,* 4. August 2005.

Kapitel 2: Risikoaversion

S. 65: Amos Tversky und Daniel Kahneman, »Loss Aversion in Riskless Choice: A Reference-Dependent Model«, *Quarterly Journal of Economics 106,* no. 4 (November 1991): 1039–1061.

S. 67: David Gauthier-Villars und Carrick Mollenkamp, »How to Lose $7.2 Billion: A Trader's Tale«, *The Wall Street Journal,* 2. Februar 2008.

S. 68: Jenny Anderson, »Craving the High That Risky Trading Can Bring«, *New York Times,* 7. February 2008.
Daniel Kahneman und Amos Tversky, »Prospect Theory: An Analysis of Decision Under Risk,« *Econometrica 47,* no. 2 (März 1979): 263–292.

S. 69: Der Wahrscheinlichkeitstheorie zufolge werden Sie in einem Spiel, das Ihnen eine 80-prozentige Gewinnchance auf 4000 Euro (und eine 20-prozentige Chance, leer auszugehen), in Aussicht stellt, im Schnitt 3200 Euro gewinnen (80 % x 4000 EUR + 20 % x 0 EUR = 3200 EUR). Wenn Sie nur einmal spielen, gewinnen Sie entweder 4000 EUR oder nichts. Wenn Sie eine ganze Nacht lang spielen, wird sich Ihr Glück ausgleichen, und Ihre Gewinne dürften bei

3200 EUR pro Spiel liegen (im Schnitt). Eine 80-prozentige Chance, 4000 EUR zu verlieren, bedeutet, dass Ihre Verluste sich im Schnitt bei 3200 EUR pro Spiel bewegen, wenn Sie durchweg diese Variante wählen. Was ist? Sie dürfen uns ruhig vertrauen.

S. 70: David Leonhardt, »Seeing Inflation Only in the Prices That Go Up«, *New York Times,* 7. Mai 2008.

S. 83: Daniel Kahneman, Jack L. Knetsch, Richard H. Thaler, »Experimental Tests of the Endowment Effect and the Coase Theorem«, *Journal of Political Economy* 98, no. 6 (Dezember 1990): 1325–1348.

S. 84: Amos Tversky, Daniel Kahneman, »The Framing of Decisions and the Psychology of Choice«, *Science* 211, no. 4481 (1981): 453–458.

S. 89: D. Marazziti, H.S. Akiskal, A. Rossi, G.B. Cassano, »Alteration of the Platelet Serotonin Transporter in Romantic Love«, *Psychological Medicine* 29:3 (1999): 741–745.

S. 93: Richard H. Thaler, *The Winner's Curse: Paradoxes and Anomalies of Economic Life* (Princeton, N.J.: Princeton University Press, 1992), 70.

S. 94: Martin Weber, Colin Camerer, »The Disposition Effect in Securities Trading: An Experimental Analysis«, *Journal of Economic Behavior and Organization,* 33:2 (1998): 167–184.

S. 94: Philip A. Fisher und Ken Fisher, *Common Stocks and Uncommon Profits* (New York: John Wiley & Sons, 1997), 100.

Kapitel 3: Angebot und Nachfrage

S. 105: »As Marriage and Parenthood Drift Apart, Public Is Concerned About Social Impact«, Pew Research Center, Juli 2007, http://pewresearch.org/assets/social/pdf/marriage.pdf.

S. 105: Tom W. Smith, »American Sexual Behavior: Trends, Socio-Demographic Differences, and Risk Behavior«, *GSS Topical Report* No. 25, National Opinion Research Center, University of Chicago, März 2006, http://www.norc.org.

S. 106: Tara Parker-Pope, »When Sex Leaves the Marriage«, *New York Times,* 3. Juni 2009.

S. 106: Caitlin Flanagan, »The Wifely Duty«, *Atlantic Monthly,* Januar-Februar 2003.

S. 108: Stacy Tessler Lindau, L. Philip Schumm, Edward O. Laumann, Wendy Levinson, Colm A. O'Muircheartaigh, Linda J. Waite, »A Study of Sexuality and Health Among Older Adults in the United States«, *New England Journal of Medicine* 357, no. 8 (2007).

S. 115: Gretchen Morgenson, »It's Time for Swaps to Lose Their Swagger«, *New York Times,* 23. Februar 2010.

S. 121: Gary S. Becker und Kevin M. Murphy, »A Theory of Rational Addiction«, *Journal of Political Economy* 96, no. 4 (1988): 675–700.

S. 123: Gary Charness und Uri Gneezy, »Incentives to Exercise«, *Econometrica* 7, no. 3 (2009): 909–931.

S. 133: Michael Luca und Jonathan Smith, »Why Is First Best?: Responses to Information Aggregation in the *U.S. News* College Rankings«, Arbeitspapier 2010, http://ssrn.com/abstract-1472129.

Kapitel 4: Moralisches Risiko

S. 138: Tom Baker, »On the Genealogy of Moral Hazard«, *Texas Law Review* 75, no. 2 (1996): 237.

S. 141: Tom W. Smith, »Altruism and Empathy in America: Trends and Correlates«, National Opinion Research Center, University of Chicago, 9. Februar 2006, http://www.norc.org.

S. 148: Sebastian Galiani und Ernesto Schargrodsky, »Property Rights for the Poor: Effects of Land Titling«, *Journal of Public Economics* 94, no. 9–10 (2010).

S. 155: John M. Gottman und Clifford I. Notarius, »Marital Research in the 20th Century and a Research Agenda for the 21st Century«, *Family Process* 41, no. 2 (2002).

S. 155: John W. Jacobs, *All You Need Is Love and Other Lies About Marriage* (New York: HarperCollins, 2004).

S. 157: Weiterführende Literatur zu den Themen Baseball und moralisches Risiko, siehe: Kenneth Lehn, »Property Rights, Risk Sharing, and Player Disability«, *Journal of Law and Economics* 25 (Oktober 1982): 343–366.

S. 159: Theodore Bergstrom, »Economics in a Family Way«, *Journal of Economic Literature* 34, no. 4 (1996): 1903–1934.

S. 161: Michael Conlin, Stacy Dickert-Conlin, John Pepper, »The Deer Hunter: The Unintended Effects of Hunting Regulations«, *Review of Economics and Statistics* 91, no. 1 (2009): 178–187.

Kapitel 5: Anreize

S. 173: Monica Langley, »Parting Shots: In the AIG Divorce, a Battle over Who Gets What – Former Chief Threatens Suit over Files and Mementos; A Push to Choose Sides – Snowball's Health Records«, *The Wall Street Journal,* 4. Mai 2005.

S. 173: Devin Leonard, »Greenberg & Sons«, *Fortune,* 14. Februar 2005.

S. 175: Gretchen Morgenson, »Behind Insurer's Crisis, Blind Eye to Web of Risk«, *New York Times,* 27. September 2010.

S. 175: Serena Ng und Thomas Catan, »We Were ›Prudent‹: AIG Man at Center of Crisis«, *The Wall Street Journal,* 1. Juli 2010.

S. 175: Edward P. Lazear, »Performance Pay and Productivity«, *American Economic Review* 90, no. 5 (2000): 1346–1361.

S. 178: Mehr zu Cassano und seiner Rolle in der Finanzkrise siehe: Michael Lewis, »The Man Who Crashed the World«, *Vanity Fair,* August 2009.

S. 180: Carl Mellström und Magnus Johannesson, »Crowding Out in Blood Donation: Was Titmuss Right?«, *European Economic Association* 16, no. 4 (2008): 845–863.

S. 180: Radha Iyengar, »I'd Rather Be Hanged for a Sheep than a Lamb: The Unintended Consequences of ›Three-Strikes‹ Laws«, *National Bureau of Economic Research,* Arbeitspapier, Februar 2008, http://www.nber.org.

S. 188: Ernst Fehr und Bettina Rockenbach, »Detrimental Effects of Sanctions on Human Altruism«, Nature 422

(März 2003). (Fehr und Rockenbach führten ihr Experiment mit »Geldeinheiten« durch.)

S. 195: Avinash K. Dixit und Barry J. Nalebuff, *The Art of Strategy: A Game Theorist's Guide to Success in Business & Life* (New York: W. W. Norton & Co., 2008), 76.

S. 208: Dan Ariely, Emir Kamenica, Drazen Prelec, »Man's Search for Meaning: The Case of Legos«, *Journal of Economic Behavior and Organization* 67, no. 3 (2008): 671–677.

Kapitel 6: Kompromisse

S. 209: Quelle: Mayor's Office of Management and Budget. Dargestellt sind die städtischen Bruttoeinnahmen von 2008. http://www.nyc.gov/html/omb/downloads/pdf/eco710pdf.

S. 211: R. B. Ekelund Jr., »Jules Dupuit and the Theory of Marginal Cost Pricing«, *Journal of Political Economy* 76, no. 3 (1968): 462–471. Jules Dupuit, einem französischen Ingenieur des 19. Jahrhunderts, wird die Erfindung der Kosten-Nutzen-Analyse zugeschrieben. Allerdings wird in der Fachwelt darüber debattiert, ob Dupuit das Konzept des Grenznutzens, der als Schlüssel zum Verständnis der Kosten-Nutzen-Analyse gilt, in vollem Umfang erfasst hat. Deshalb schreiben wir die Analyse lieber Marshall zu, zumal uns seine Geschichte besser gefällt.

S. 214: Brent R. Hickman, »Effort, Race Gaps and Affirmative Action: A Structural Policy Analysis of U. S. College Admissions« (ausführliches Arbeitspapier zur Kosten-Nutzen-Analyse). Kurz und bündig: Hickman betrachtet die

Kosten, die Highschool-Studenten bezahlen, um gute Schul-leistungen zu erbringen (Dabei könnten sie mit all dem Geld so viel Spaß haben!) vs. den Nutzen, der sich daraus für sie ergibt (größere Chancen auf einen Collegebesuch).

S. 229: Alan Stern, »NASA's Black Hole Budgets«, *New York Times,* 24. November 2008.

S. 229: http://gregmankiw.blogspot.com/2006/06 /jd-vs-phd-my-story.html.

S. 237: Karl Sigmund, Ernst Fehr, Martin A. Nowak, »The Economics of Fair Play«, *Scientific American,* Januar 2002.

S. 238: Joseph Henrich, Robert Boyd, Samuel Bowles, Colin Camerer, Ernst Fehr, Herbert Gintis, Richard McElreath, »In Search of Homo Economicus: Behavioral Experiments in 15 Small-Scale Societies«, *American Economic Review* 91, no. 2 (2001): 73–78.

S. 238: Richard Thaler, *The Winner's Curse* (Princeton, N.J.: Princeton University Press, 1992).

Kapitel 7: Asymmetrische Information

S. 247: George A. Akerlof, »Writing ›The Market for Lemons‹: A Personal and Interpretive Essay«, 14. November 2003, http://www.nobelprize.org.

S. 263: Jeffrey M. Jones, »In U.S., More Would Like to Lose Weight Than Are Trying To«, Gallup, 20. November 2009, http://www.gallup.com.

S. 272: Sheena S. Iyengar und Mark R. Lepper, »When Choice Is Demotivating: Can One Desire Too Much of a Good

Thing«, *Journal of Personality and Social Psychology* 79, no. 6 (2000): 995–1006.

S. 273: Kunst und die Wissenschaft der Liebe: Ein Wochen-end-Workshop für Paare, Leitung: Drs. John und Julie Gottman (Seattle, Juni 2009).

Kapitel 8: Intertemporale Entscheidungen

S. 277: Automatisierter Zugang zur elektronischen Gerichts-datenbank. Die zitierte Zahl repräsentiert die Anzahl der Pleiten pro Tag im Jahr 2010 im Monat Mai. http://www. aacer.com.

S. 277: R. Warren James, »The Life and Work of John Rae«, *Canadian Journal of Economics and Political Science* 17, no. 2 (1951): 141–163.

S. 278: Shane Frederick, George Loewenstein, Ted O'Don-oghue, »Time Discounting and Time Preference: A Criti-cal Review«, *Journal of Economic Literature* 40 (Juni 2002): 351–401.

S. 280: Craig Lambert, »The Marketplace of Perceptions«, *Harvard Magazine,* März/April 2006.

S. 284: George Loewenstein, »Hot-Cold Empathy Gaps and Medical Decision Making«, *Health Psychology* 24, no. 4 (2005): S. 49.

S. 286: Dan Ariely und George Loewenstein, »The Heat of the Moment: The Effect of Sexual Arousal on Sexual De-cision Making«, *Journal of Behavioral Decision Making* 19, no. 2 (2006): 87–98.

S. 295: Daniel Read, George Loewenstein, Shobana Kalyanaraman, »Mixing Virtue and Vice: Combining the Immediacy Effect and the Diversification Heuristic«, *Journal of Behavioral Decision Making* 12, no. 4 (1999): 257–273.

Kapitel 9: Blasen

S. 308: Unsere Version der Tulpenmanie lehnt sich an den Bestseller von Charles Mackay mit dem Titel *Extraordinary Popular Delusions and the Madness of Crowds* an. Wir haben die Geschichte, die von einigen bezweifelt und von anderen schlechtgeredet wird, etwas ausgestaltet. Wir sind zwar keine Experten für die niederländische Geschichte des 17. Jahrhunderts, aber wir finden, dass das Buch von Mackay auch heute noch die Lektüre wert ist! Und da wir selbst etliche Blasen durchlebt haben, halten wir seine Erzählung nicht für sehr weit hergeholt. Michael Lewis, der Herausgeber von *The Price of Everything: Rediscovering the Six Classics of Economics,* führt Mackays Tulpenmanie ebenfalls an. Und als kluger Kopf weiß Lewis, wovon er redet.

S. 313: John Maynard Keynes, *Allgemeine Theorie der Beschäftigung, des Zinses und des Geldes* (Duncker & Humblot, 2009)

S. 316: Robert Reich, »John Maynard Keynes«, *Time,* 29. März 1999.

S. 317: Francis Bacon, *Neues Organon (Novum Organum)* (Meiner 1990).

S. 318: Charles Mackay, der britische Journalist, der uns von der Tulpenmanie erzählte, schreibt in seinem Werk *Extraordinary Popular Delusions and the Madness of Crowds:*

»Menschen denken in Herden. Sie werden in Herden verrückt, während sie ihre Sinne nur langsam wieder zurück-
erlangen – einen nach dem anderen.«

S. 325: Joseph Schumpeter, *Kapitalismus, Sozialismus und
Demokratie* (UTB, 2005).

S. 325: Robert L. Heilbroner, *Die Denker der Wirtschaft:
Ideen und Konzepte der großen Wirtschaftsphilosophen* (FinanzBuch Verlag, 2006).

S. 326: Thomas K. McCraw, *Joseph A. Schumpeter: Eine Bio-
grafie* (Murmann, 2008).

S. 326: W. Michael Cox und Richard Alm, »Creative De-
struction«, *Concise Encyclopedia of Economics,* Library of
Economics and Liberty, http://www.econlib.org/library/
Enc/CreativeDestruction.html.

S. 333: Warren Buffett, »The Superinvestors of Graham- and-
Doddsville«, Rede zum 50. Jahrestag des Erscheinens von
Security Analysis von Benjamin Graham und David Dodd;
17. Mai 1984. http://tilsonfunds.com/motley_berkshire_
superinvestors.php.

S. 338: Mary Buffett und David Clark, *Das Tao des Warren
Buffett: Folgen Sie dem besten Anleger der Welt auf dem Weg
zum Börsenerfolg!* (Börsenmedien, 2008).

S. 339: Alice Schroeder, *Warren Buffett – Das Leben ist wie
ein Schneeball* (FinanzBuch Verlag, 2010).

S. 345: Baruch Fischhoff, Andrew Parker, Wandi Bruine De
Bruin, Julie Downs, Claire Palmgren, Robyn Dawes, Charles
F. Manski, »Teen Expectations for Significant Life Events«,
Public Opinion Quarterly 64, no. 2 (2000): 189–205.

S. 345: Lynn A. Baker und Robert E. Emery, »When Every Relationship Is Above Average: Perceptions and Expectations of Divorce Around the Time of Marriage«, *Law and Human Behavior* 17, no. 4 (August 1993).

S. 346: http://freakonomics.blogs.nytimes.com/2009/08/04 /scaling-the-heights-of-corporate-greed-chafkin-and-lo-on-risk.

S. 348: http://blogs.harvardbusiness.org/vermeulen/2009/ 03/businesses-and-the-icarus-para.html.

S. 349: Shillers Index basiert auf Umfragen unter institutionellen Anlegern. Für individuelle Anleger lag der Vertrauensverlust 2003 geringfügig höher als 2006.

Kapitel 10: Spieltheorie

S. 360: Robert J. Aumann, »Game Theory in the Talmud,« *Research Bulletin Series on Jewish Law and Economics,* http://dept.econ.yorku.ca/ ~ jros/docs/AumannGame. pdf.

S. 362: Thomas Schelling, *Choice and Consequence: Perspectives of an Errant Economist* (Cambridge, Mass.: Harvard University Press, 1995), 214.

S. 362: siehe: Adam Smith, *Theorie der ethischen Gefühle* (Meiner, 2010).

S. 363: Avinash K. Dixit und Barry J. Nalebuff, *Spieltheorie für Einsteiger: Strategisches Know-how für Gewinner (*Schäffer-Poeschel Verlag, 1997).

S. 384: Len Fisher, *Rock, Paper, Scissors: Game Theory in Everyday Life* (New York: Basic Books, 2008), 85.

REGISTER